李 伟　王 辉　刘 伟　主编

汽车传感器

结构·原理·检测·维修

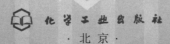

化学工业出版社

·北京·

内容简介

本书在系统介绍传感器结构与测量原理的基础上，总结了汽车传感器的结构类型、常见故障及影响、故障检测方法，并给出了新款汽车传感器检测实例。本书还介绍了常用汽车传感器的安装位置、结构原理、电路图、动态检测方法、静态检测方法及更换调整等。

本书内容丰富，具有较强的实用性和可操作性，适合汽车维修人员及相关技术人员参考使用，也可作为大中专院校汽车专业教材及汽车检测相关专业学生的参考书。

图书在版编目（CIP）数据

汽车传感器结构·原理·检测·维修/李伟，王辉，刘伟主编.—北京：化学工业出版社，2024.6
ISBN 978-7-122-44724-1

Ⅰ.①汽… Ⅱ.①李…②王…③刘… Ⅲ.①汽车-传感器-结构②汽车-传感器-理论③汽车-传感器-检测④汽车-传感器-车辆修理 Ⅳ.①U463.6

中国国家版本馆 CIP 数据核字（2024）第 091206 号

责任编辑：陈景薇 　　　　　　　　　　　　文字编辑：冯国庆
责任校对：张茜越 　　　　　　　　　　　　装帧设计：张　辉

出版发行：化学工业出版社
　　　　　（北京市东城区青年湖南街 13 号　邮政编码 100011）
印　　刷：北京云浩印刷有限责任公司
装　　订：三河市振勇印装有限公司
787mm×1092mm　1/16　印张 18　字数 467 千字
2024 年 8 月北京第 1 版第 1 次印刷

购书咨询：010-64518888 　　　　　　　　售后服务：010-64518899
网　　址：http://www.cip.com.cn
凡购买本书，如有缺损质量问题，本社销售中心负责调换。

定　　价：98.00 元 　　　　　　　　　　　　版权所有　违者必究

前　言

　　汽车传感器是汽车电子控制系统中的重要部件，在汽车上，发动机、底盘及车身均有多种电子控制技术的应用，一些电子控制系统具有多项控制功能，每项控制功能均配有若干个传感器。因此，汽车上传感器的数量很大，种类繁多。传感器的好坏，是电控单元能否正常实施各项控制功能的关键。汽车电子系统最主要的工作就是汽车传感器的检测，因此熟悉汽车传感器的结构原理，掌握汽车传感器的检测方法，是汽车维修从业人员必须具备的专业知识和技能。

　　本书系统、全面地介绍了新款汽车用各种传感器的构造和工作原理，突出了传感器的检测方法。同时在编写的过程中，力求做到以下几点。

　　① 全面性：涵盖新款车型上大部分传感器。

　　② 先进性：紧跟新型汽车电子发展步伐，重点介绍新型传感器。

　　③ 实用性：结合新车型进行讲解，具有实用性和针对性；同时，为避免空洞无物的说教，针对每个传感器的检测，提供完整的电路图，使读者在具体运用中体会和学习传感器检测的精髓。

　　④ 易懂性：用深入浅出的语言介绍工作原理和检测方法。

　　为方便学习，本书还配有学习课件和任务单（内容包括填空、选择、问答、电路分析检测），读者可发邮件到 1204107416@qq.com 获取资源。

　　本书文字简练，通俗易懂，适合汽车维修学员及汽车爱好者参考阅读。本书共分十章，第一章至第五章主要由李伟编写，第五章至第七章主要由吉林省科技职业学院讲师王辉编写，第八章至第十章主要由吉林城市职业学院讲师刘伟编写。参加本书编写的人员还有李校研、李春山、李微、马珍、吕春影等。

　　由于经验不足，书中不完善之处在所难免，恳请广大读者批评指正。

编者

目　录

第四章　压力传感器　/ 044

第五章　位置与角度传感器　/ 085

第六章　爆震传感器和碰撞传感器　/ 162

第七章　气体浓度传感器　/ 180

第一章

传感器概述

第一节　传感器的分类及组成

随着汽车向电子化、集成化、信息化、网络化、智能化方向发展，现代汽车采用电子控制技术已经越来越普遍。现代汽车是以计算机为控制中心的高度自动化控制系统，该系统随着汽车功能的不断增多而日臻完善和复杂。如果没有各类传感器提供发动机、汽车工作状况和外部环境等信息，电子控制装置就失去了决策依据。可以说，汽车电子技术成功与否在很大程度上取决于传感器。

一、传感器的定义与组成

1. 传感器的定义

传感器是一种信号转化装置，它可以将非电信号转换为电信号，其主要作用是向汽车电脑提供运行的各种工况信息。汽车传感器过去单纯用于发动机上，现在已经扩展到底盘、车身、灯光和电气等各个系统。

2. 传感器的组成

传感器一般由敏感元件、转换元件和其他辅助元件组成。有时也将信号调节与转换电路及辅助电源作为传感器的组成部分。

① 信号调节与转换电路一般是指能把传感元件输出的电信号转换为便于显示、记录、处理和控制的有用电信号的电路，信号调节与转换的电路选择要视传感元件的类型而定，常用电路有信号放大器电桥、振荡器、阻抗变换器等。

② 敏感元件指直接感受被测量（一般为非电量），并输出与被测量成确定关系的其他量（一般为电量）的元件。如应变式压力传感器的弹性膜片就是敏感元件，它的作用是将压力转换成膜片的变形。

③ 转换元件指传感器中能将敏感元件感受（或响应）的被测量转换成适合传输和（或）测量的电信号的元件。当输出为规定的标准信号时，则一般称为变送器，又称转换器，一般情况下不直接接收被测量，而是将敏感元件输出的量转换为电量输出。如应变式压力传感器的应变片，它的作用是将弹性膜片的变形转换为电阻值的变化。

二、传感器的分类

汽车传感器的种类很多，且一种被测参数可用多种不同类型的传感器来测量，而同工种传感器往往也可以测量多种被测参数。传感器的分类有多种方法，常见的分类方法如下。

1. 按能量关系分类

传感器按能量关系分类可分为主动型和被动型两类。汽车上使用的传感器大多数属于被动型传感器，这类被动型传感器需要外加输入电源才能产生电信号，所以这类传感器实际上是一个能量控制器。

2. 按信号转换关系分类

传感器按信号转换关系分类，可分为由一种非电量转换成另一种非电量，以及由非电量转换为电量两种。由一种非电量转换成另一种非电量的传感器，如弹性敏感元件和气动传感器；由非电量转换成电量的传感器，如热电偶温度传感器、压电式加速度传感器等。

3. 按输入量分类

传感器按输入量分类即按被测量分类，可分为位移、速度、加速度、角位移、角速度、力、力矩、压力、真空度、温度、电流、气体成分、浓度等传感器。

4. 按工作原理分类

传感器按工作原理分类，可分为电阻式、电容式、应变式、电感式、光电式、光敏式、压电式、热电式等传感器。

5. 按输出信号分类

传感器按输出信号分类，可分为模拟式和数字式两种。

① 模拟电压信号是指随时间延续而连续变化的电信号。在汽车电脑控制系统中，大多数传感器以产生模拟电压信号为主。

② 数字电压信号是指随时间延续而不连续变化的电信号。该信号只有两种状态，即高电平和低电平，同时也包括一些开关信号。数字电压信号不需要经过 A/D 转换即可以被 ECU 直接处理。

6. 按使用功能分类

传感器按使用功能分类，可分为两类：一类是使驾驶员了解汽车各部分状态的传感器；另一类是用于控制汽车运行状态的传感器。

三、传感器的信号

汽车上传感器的电子信号可以分为直流、交流、频率调制、脉宽调制和串行数据等信号。电子信号是控制系统中各个传感器、控制电脑和其他设备之间相互通信的基本语言，电子信号各有不同的特点，用于不同的通信目的。

1. 直流（DC）信号

在任何周期里，方向不随时间变化的电压、电流信号属于直流信号。直流信号可以分为恒压直流信号和非恒压直流信号两种。在汽车中产生恒压直流信号的电源装置有蓄电池电压和发动机控制电脑输出的传感器参考电压。如图 1-1 所示是非恒压直流信号波形。

2. 频率调制信号

保持波的幅度恒定而改变频率称为频率调制。在汽车中产生可变频率信号的传感器主要是光电式传感器和霍尔式传感器。

3. 交流（AC）信号

大小和方向随时间变化的信号属于交流信号。在汽车中产生交流信号的传感器主要是磁电式传感器和爆震传感器等，如图 1-2 所示是磁电式传感器产生的交流信号波形。

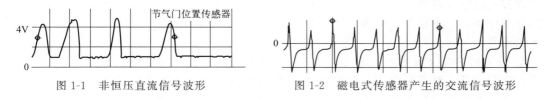

图 1-1　非恒压直流信号波形　　　图 1-2　磁电式传感器产生的交流信号波形

4. 串行数据多路信号

串行数据信号是按时序逐位将组成数据和字符的码元予以传输的信号。串行数据传输，所需通信线少，串行传送的速度低，但传送的距离可以很长，因此串行适用于长距离而速度要求不高的场合。若汽车中具备有自诊断能力和其他串行数据传送能力的控制模块，则串行数据由发动机控制电脑（PCM）、车身控制电脑（BCM）、防盗和防抱死制动系统（ABS）或其控制模块产生，在配备具有自我诊断功能的各种电脑之间传递。

在汽车发动机控制电脑和其他电子智能设备中用于通信的串行数字信号是非常复杂的信号。在实际中，要用专门的解码器读取。发动机冷却液温度传感器发生故障时 PCM 输出的串行数据（多路）信号波形如图 1-3 所示。

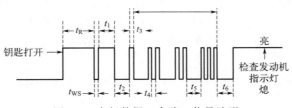

图 1-3　串行数据（多路）信号波形

5. 脉宽调制信号

脉冲宽度调制（PWM）的简称为脉宽调制。脉宽调制信号就是经过脉冲宽度调制的信号。脉冲宽度就是在一个周期内元件持续的工作时间，如图 1-4 所示。

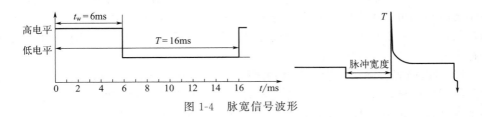

图 1-4　脉宽信号波形

第二节　传感器的检测

一、传感器的检测方法

1. 解码检测法

读取与清除故障码是解码器的主要功能，因此很容易判断出故障的大致方向和部位，为传感器的检测和排查提供了方向。但有以下几点需要注意。

① 并不是所有的故障都会出现故障码。例如，三菱 V73 的 6 线式步进电机由于是 ECU 以脉冲方式进行控制的，因此没有监控装置，所以出现故障后，没有故障码。又如，当水温传感器的电阻发生漂移而不准确时，如果电阻总值没有超出规定范围，虽然有故障，但不会显示故障码。

② 故障码的含义说明需弄清楚，是传感器或执行器自身故障还是线路故障；对于线路故障，要分清是短路还是断路，是与电源短路或断路，还是与接地短路或断路等。只有清楚、明白故障码的确切含义，才能更好地利用故障码排除故障，维修起来也可以少走弯路。

③ 通过解码器查出的故障码，只是说明某一系统或相关系统有故障，不要看到故障码就断定是该传感器或执行器有故障，直接进行更换，其他系统也会造成同样故障而出现相同的故障码。

例如在检查 ABS 时，如果出现关于"轮速传感器信号不良"的故障码时，不要立即更换轮速传感器，应检查电路各连接插头与插座针脚接触是否良好，传感器触发轮是否有脏污、锈蚀、断路或短路等现象，有些安装在车轮上的传感器，其磁芯经常会吸附一些制动鼓磨掉的铁屑而导致工作不良，此时只需拆下传感器并清除磁芯上的污垢即可解决问题。同时还要观察感应齿圈是否有变形、缺齿等现象，这些都是导致出现关于"轮速传感器信号不良"故障码的原因，而轮速传感器本身并不一定损坏。

④ 要弄清楚是历史性故障码还是当前的故障码，以及故障码出现的次数。如果是历史性故障码，则表示故障较早之前出现过，现在不出现了，但在 ECU 里面有一定的存储记忆；而当前故障码则表示是最近出现的故障，当前故障码绝大部分和目前出现的系统故障有很大关系。

大众公司的解码器上故障码前显示"SP"，均表示临时的偶发性故障。故障发生的原因不外乎以下情况：发动机运转或点火钥匙打开的过程中拔下了某个电气插头，或者某个传感器或执行器的插头虚接等，这些是软故障，不是硬故障。

⑤ 若读不出故障码但车辆依旧有故障症状，此时要利用解码器的数据流对传感器和执行器进行深入分析和判断。所谓数据流，简单来说就是电控系统中的一些主要传感器和执行器的当前工作参数值（如发动机转速、蓄电池电压、空气流量、喷油时间、节气门开度、点火提前角、水温等）。维修过程中，可以通过阅读数据流来分析和发现故障所在，特别是当电控系统无故障码可供参考时，数据流分析则更加重要。每个传感器和执行器在一定条件下的工作参数值是有一定标准范围的，可以通过实际值与标准值的比较来判断某传感器和执行器是否存在异常。

⑥ 当参考故障码排除故障后，要利用解码器来清除故障码，也就是从 ECU 内部储存器中清除其故障码记忆，并在发动机运转一段时间后（有条件的话，可以进行路试），再通过解码器来测试是否还会出现相似的故障现象，或者存储同样的故障码。

2. 测试灯检测法

有自制的测试灯和检测专用的测试灯；可以自带电源，也可以不带电源。自制的测试灯可以用发光二极管（LED）外接 650Ω 电阻串联制成。测试灯主要有以下几个功能。

① 检查传感器、电控元件本体或连接电路的通、断。

② 检测传感器参考电压供给是否正常。

③ 根据测试灯发光二极管频闪信号，可以检查传感器是否有脉冲输出，或 ECU 是否有执行信号输出。

3. 故障征兆现象判断法

依据故障征兆，运用经验判断，是最直观的方法。但其缺点是需要长时间的经验积累，准确率低，误判的可能性较大。在维修大众车系发动机时，如果发动机油耗和排气污染增加，发动机出现怠速不稳、缺火、喘振等故障现象，则很大可能是氧传感器出现故障。这是因为：一是从车型来看，该车型出现氧传感器故障的概率比较高；二是从现象来看，氧传感器出现故障，将使电子燃油喷射系统的电脑不能得到排气管中氧浓度的信息，因而不能对空燃比进行反馈控制。

4. 万用表检测法

汽车上使用的万用表，一般都不主张使用指针式万用表，甚至在检测某些元件时，特别是半导体元件、有关 ECU 电路时，强调必须使用数字式万用表。这是因为数字式万用表阻抗大，通过元器件的电流小，可以避免在测量时烧毁其他元器件。

① 电阻检测法主要用于可变电阻、电位计传感器和磁电式传感器电阻的检测，对于半导体元件，一般要与标准元件的测量值对比才能得出结论。对于磁电式轮速传感器，可以用欧姆挡检查其电阻值，一般在室温时，电阻在 $600\sim2300\Omega$ 范围内为正常。电阻太小，表明线圈短路；电阻过大，表明连接不良；电阻非常大，表明断路；线圈与外壳导通，表明搭铁。

② 电流检测法主要用于产生电流调制信号的新型的集成电路传感器，如轮速传感器，通过万用表也可以对传感器进行检测。将万用表拨至量程在 200mA 以上的电流挡处，将表笔串联在其中一根输出线上，另一根输出线正常接线（对于指针式万用表要注意极性），接通汽车电路使 ABS 通电，用手缓慢转动传感器安装侧的车轮，正常情况下，电流指示应在 $8\sim15$mA 之间来回波动。如果读数值只固定在 8mA 或 15mA 上，同时调整空气间隙无效，则说明传感器失效。另外，如果接通电路后电流数值直接显示 0 或 100mA 以上时，在确认万用表接线无误后，可以判定传感器已经断线或短路。

③ 对于有源传感器，由于在工作时自身可以产生电压，因此可以使用电压检测法来检测传感器工作是否正常，例如氧传感器、磁电式曲轴位置/凸轮轴位置传感器、爆震传感器等。仍以 ABS 用磁电式轮速传感器为例，拆开 ABS ECU 接线插座或拔下轮速传感器的接线插头，使被测车轮以 1r/s 的速度转动时，使用万用表交流毫伏挡测量各车轮的轮速传感器对应端子间的电压，万用表指示值应在 70mV 以上。如测量值低于规定值，原因可能是传感器与轮齿的间隙过大或传感器本身有问题，需要更换新件。

5. 示波器检测法

示波器主要用于显示控制系统中输入、输出信号的电压波形，以供维修人员根据波形分析判断电控系统故障。示波器比一般电子设备的显示速度快，是唯一能显示瞬时波形的检测仪器，也是电控系统故障诊断中的重要设备。示波器检测是非常准确和直观的检测方法，可以将传感器的输出电流或电压以波形的形式显示出来，也是传感器等电气元件检测的发展方向。

6. 替代法

替代法就是通过试换的方法来查找可疑传感器的故障，又称试换法。替代法可确定故障部位或缩小故障范围，但不一定能确定故障原因。在检修传感器时，最好使用相同车型、相同年款、相同型号、相同规格的传感器，暂时替代有疑问的传感器。替代后如故障现象消失，说明故障是由该传感器引起的，被替代传感器存在问题。如果故障现象依然存在，说明故障不是由该传感器而引起的，故障在其他部分。

使用替代法检验传感器的好坏，简单又直接，但要求有一定的维修经验和可以用来替换的正常的传感器。替换时需要注意两点：一是不能用不同输出特性的传感器来替代，否则容易引起错误判断；二是不要绝对地认为新的零件就是好的零件，否则会导致误判，因为有的新零件本身就是坏的。

二、传感器的检测注意事项

① 蓄电池搭铁极性切不可接错，必须负极搭铁。严禁在发动机高速转动时将蓄电池从电路中断开，以防产生瞬时过电压将 ECU 和传感器损坏。

② 在车身上进行电弧焊时，应先断开 ECU 电源。在靠近 ECU 或传感器的地方进行车身修理作业时，更应特别注意。

③ ECU 和传感器必须防止受潮。不允许将微机或传感器的密封装置损坏，更不允许用水冲洗。ECU 必须防止受剧烈震动。

④ 电控系统中，故障多的不是 ECU、传感器和执行部件，而是连接器。连接器常会因松旷、脱焊、烧蚀、锈蚀和脏污而接触不良或瞬时短路，因此当出现故障时不要轻易地更换电子器件，而应首先检查连接器的状况。

⑤ 断开蓄电池时需注意以下三点：一是必须关闭点火开关，如果在点火开关接通的状态下断开蓄电池连接，电路中的自感电动势会对电子元器件有击穿的危险；二是检查自诊断故障码是否存在，若有故障码，应记下故障码后再断开蓄电池；三是断开蓄电池前，应牢记带防盗码的音响设备的编码，否则在下次使用中，音响系统自锁会影响使用。

⑥ 在拆卸或安装电感式传感器时，应将点火开关断开（OFF），以防止其自感电动势损伤 ECU 和产生新的故障。

⑦ 注意检查搭铁线的状况，其电阻值一般不应大于 1.5Ω。

⑧ 带有安全气囊系统的汽车，对安全气囊进行检修时，如果操作不当将会使安全气囊意外张开，因此必须严格按操作程序进行，对安全气囊进行检修作业时，先将点火开关置于关闭位置，然后断开蓄电池负极，等待 90s 后再进行操作，以免发生意外。

⑨ 检修氧传感器时，要注意不要让氧传感器跌落碰撞到其他物体，不要用水冷却。更换氧传感器时，一定要用专用的防粘胶液刷涂螺纹，以免下次拆卸困难。

⑩ 某些故障报警灯的功率不得随意改变，否则会出现异常情况。

⑪ 注意屏蔽线。对于电磁式凸轮轴位置传感器输出信号情况，单单通过测量电压或电阻来确定其是好是坏是不全面的。对于很多电磁式传感器，测量电阻和电压都正常，但线路屏蔽不好也会导致故障。

⑫ 在点火开关接通的情况下，不要进行断开任何电气设备的操作，以免电路中产生的感应电动势损坏电子元件。

第二章 空气流量传感器

空气流量传感器又称空气流量计，一般安装在进气管上，其作用是检测发动机进气量的大小，并将进气量信息通过电路的连接转化为电信号输入 ECU，以供 ECU 确定喷油量和点火时间。空气流量传感器获得的进气量信号是 ECU 进行喷油控制的主要依据，若其损坏或其电路连接出现故障，则会使发动机的进气量测量不准确，使进入气缸的混合气过浓或过稀，从而导致 ECU 无法对喷油量进行准确的控制，进而使发动机运转不正常，排放超标。

根据进气量检测方式的不同，计量空气流量的方法有两种类型，即 D 型（压力型）和 L 型（空气流量型）。

D 型是利用检测进气歧管内的绝对压力来计算吸入气缸的空气量的，所用的传感器是进气歧管绝对压力传感器，测量方法属于间接测量法。

L 型采用直接测量的方法，即利用空气流量传感器直接测量吸入进气管的空气流量。L 型又分为体积流量型传感器和质量流量型传感器两种。

第一节 热膜式空气流量传感器

一、热膜式空气流量传感器的结构与工作原理

1. 热膜式空气流量传感器的结构

热膜式空气流量传感器是热线式空气流量传感器的改进型（大众 CC、新帕萨特），它的发热体是热膜（由发热金属铂固定在薄的树脂膜上制成），而不是热线。热膜式空气流量传感器发热体不直接承受空气流动所产生的作用力，增加了发热体的强度，提高了流量计的可靠性。同时与热线式空气流量传感器相比，热膜式空气流量传感器的热膜电阻的阻值较大，消耗电流较小，使用寿命也较长。但是由于其发热元件表面的一层保护薄膜存在辐射热传导作用，因此响应特性稍差。热膜式空气流量传感器的结构如图 2-1 所示。

热膜式空气流量传感器内部的进气通道上设有一个矩形护套（相当于取样套），热膜电阻设在护套中。为了防止污物沉积到热膜电阻上影响测量精度，在护套的空气入口一侧设有空气过滤层，用以过滤空气中的污物。为了防止空气温度变化使测量精度受到影响，在热膜电阻附近的气流上游设有铂金属膜式温度补偿电阻。温度补偿电阻和热膜电阻与传感器内部控制电路连接，控制电路与线束连接器插座连接，线束设在传感器壳体中部。

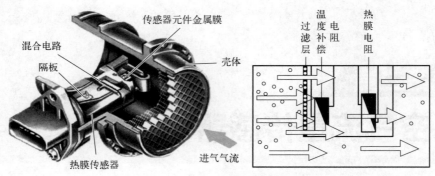

图 2-1　热膜式空气流量传感器结构

2. 热膜式空气流量传感器的工作原理

热膜式空气流量传感器与热线式空气流量传感器的工作原理大致一样。传感器的热膜电阻 R_H、温度补偿电阻 R_T、精密电阻 R_1 及 R_2、信号取样电阻 R_s 在电路板上以惠斯顿电桥的方式连接，如图 2-2 所示。当空气气流流经发热元件并使其受到冷却时，发热元件即热膜电阻温度降低，阻值减小，电桥电压失去平衡，控制电路将增大供给发热元件的电流，使其温度保持高于温度补偿电阻温度一个固定值（一般仍为 100℃）。电流增量的大小取决于发热元件受到冷却的程度，即取决于流过传感器的空气量。当电桥电流增大时，信号取样电阻 R_s 上的电压就会升高，从而将空气流量的变化转化为电压信号 U_s 的变化。信号电压输入 ECU 后，ECU 可根据信号电压的高低计算出空气流量的大小。

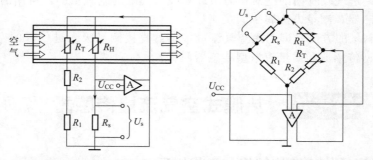

(a) 热膜式空气流量传感器的连接电路　(b) 热膜式空气流量传感器内电阻组成的电桥电路

图 2-2　热膜式空气流量传感器电路

R_T—温度补偿电阻；R_H—热膜电阻；R_s—信号取样电阻；R_1, R_2—精密电阻；
U_{CC}—电源电压；U_s—信号电压；A—控制电路

当发动机怠速或空气为热空气时，因为怠速时节气门关闭或接近全闭，所以空气流速低，空气量少；又因空气温度越高，其密度越小，所以在体积相同的情况下，发热元件受到冷却的程度小，阻值降低的幅度小，所以电桥平衡需要的电流小，如图 2-3 所示，故信号取样电阻上的信号电压低。ECU 根据信号电压即可计算出空气量。

当发动机负荷增大或为冷空气时，因为节气门开度增大，所以空气流速加快，使空气流量增大；冷空气密度大，在体积相同的情况下冷空气质量大，所以发热元件受到冷却的程度增大，阻值减小幅度大，保持电桥平衡需要的电流增大，因此当发动机负荷增大时，信号电压升高。

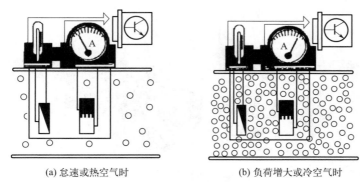

(a) 怠速或热空气时　　　　　　　(b) 负荷增大或冷空气时

图 2-3　热膜式空气流量传感器的测量原理

二、热膜式空气流量传感器 HFM6

1. 热膜式空气流量传感器 HFM6 的结构

热膜式空气流量传感器 HFM6 的组成如图 2-4 所示。

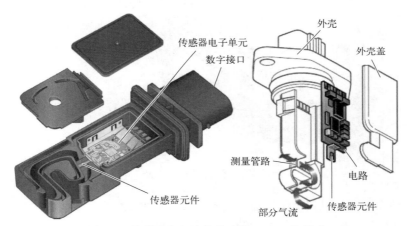

图 2-4　热膜式空气流量传感器 HFM6 的组成

与先前的空气流量传感器相比，新一代空气流量传感器的信号可以通过数字接口传递给发动机控制单元进行准确、稳定的分析。空气流量传感器的电路和传感器元件安装在一个紧凑的塑料外壳上。

在空气流量传感器总成的最下端有一条测量管路，伸入传感器元件组中。测量管路从进气歧管的气流中引入一部分气流并引导其流经传感器元件。

传感器元件测量这部分气流中进气以及反方向的空气流量。对于空气流量的测算信号由电路进行处理分析，并传递给发动机控制单元。

2. 旁路通道

与以往的型号 HFM5 相比，新一代空气流量传感器的旁路通道在流动性方面进行了优化。用于空气流量测量的空气分流在阻流边后面被吸入旁路通道，如图 2-5 所示。

通过阻流边的构造在其后产生负压。在这个负压的作用下，空气分流被吸入旁路通道，以进行空气流量测量。迟缓的污粒跟不上这种快速的运动，通过分离孔被重新导入进气中。这样，测量结果不会因污粒而失真，传感器元件也不会因其而损坏。

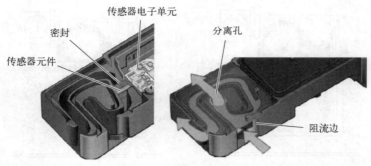

图 2-5　传感器的旁路通道

3. 测量方法

传感器元件位于传感器电子单元旁边，并伸入用于空气流量测量的空气分流内。在传感器元件上有一个热电阻、两个与温度相关的电阻（R_1 和 R_2）以及一个进气温度传感器，如图 2-6 所示。

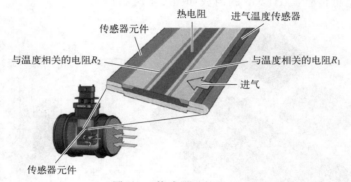

图 2-6　传感器元件位置

传感器元件在中间通过热电阻被加热到高于进气温度120℃。示例：进气温度30℃，热电阻被加热至120℃，则测得温度为 120℃＋30℃＝150℃。

由于与热电阻之间的间距，传感器至边缘的温度逐渐降低，见表2-1。电子模块通过 R_1 和 R_2 的温度差识别出进气空气流量和流向。

表 2-1　测量值显示

项目	测量值/℃	项目	测量值/℃
进气温度	30	无进气流时 R_1 和 R_2 的温度	90
传感器元件边缘温度	30	有进气流时 R_1 的温度	50
热电阻	150	有进气流时 R_2 的温度	约90

4. 回流识别

（1）工作原理　为保证最佳的空燃比和低的燃油消耗，发动机管理系统需要知道到底有多少空气最终进入发动机气缸内。空气流量传感器为管理系统提供此项信息。

气门的开关动作会导致进气歧管内的空气朝相反的方向流动。带反向流量识别的热膜式空气流量传感器探测气流的反向流动，并将此信号发送给发动机控制单元。由此，空气流量得以精确测算。

进气门关闭时，吸入的空气受其阻碍回流到空气流量传感器中。如果回流未被识别出来，则测量结果就会出错。回流的空气碰到传感器元件，先流过与温度相关的电阻 R_2，接下来流过热电阻，然后流过与温度相关的电阻 R_1。电子模块通过 R_1 和 R_2 的温度差识别出回流空气的流量和流向，如图 2-7 所示。

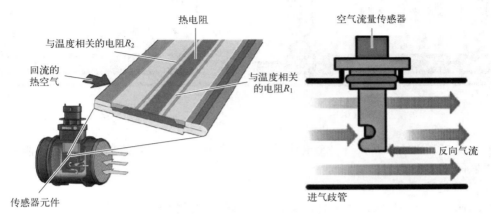

图 2-7　传感器回流识别

（2）功能　集成在传感器元件上的是两个温度传感器（T_1 和 T_2）和一个加热元件。

传感器内部元件设计如图 2-8 所示。连接传感器和加热元件的基板之所以使用玻璃膜，是因为它的导热性极差，这可以防止热量从加热元件通过玻璃膜传给传感器，如果传给传感器将导致测量误差。

加热元件负责加热流经玻璃膜的空气。由于没有气流，所以热辐射均匀，并且传感器与加热元件等距布置，因此两个传感器能测量到相同的空气温度，如图 2-9 所示。

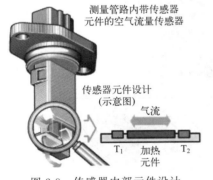

图 2-8　传感器内部元件设计

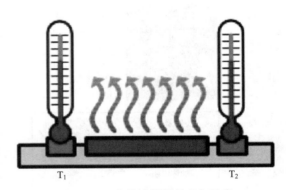

图 2-9　两个传感器测量空气温度

（3）空气流量识别　在进气冲程时，气流经传感器元件从 T_1 流经 T_2。气流使传感器 T_1 得以冷却，然后流经加热元件又重新被加热，从而使传感器 T_2 达不到传感器 T_1 那样的冷却程度，如图 2-10 所示，因此 T_1 的温度比 T_2 低。温差信号发送给电路，从而计算出进气流量。

（4）反向气流识别　如果气流反方向流过传感器元件，则 T_2 受冷却后的温度下降的程度比 T_1 大。由此，电路能识别出气流的反向流动。它将从进气流量中减去这部分反向气流的流量，并将信号反馈给发动机控制单元，如图 2-11 所示。

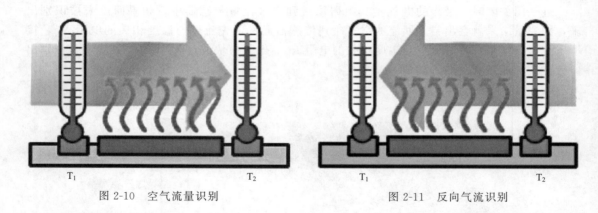

图 2-10　空气流量识别　　　　　　　图 2-11　反向气流识别

发动机控制单元由此获得一个电信号：它能准确标定出实际的空气流量，并能更准确地标定喷射的燃油质量。

5. 工作过程

空气流量传感器的传感器元件耸立在发动机吸入的气流中。一部分空气流经空气流量传感器的旁通气道。旁通气道内有传感器电子装置，该电子装置上集成一个加热电阻和两个温度传感器，如图 2-12 所示。这两个温度传感器用来识别空气的流动方向：吸入的空气首先经过温度传感器 1，从关闭的气门回流的空气首先经过温度传感器 2 与加热电阻合用，发动机控制单元就可计算出吸入空气中的含氧量。

至发动机控制单元的空气流量信号传递：空气流量传感器向发动机控制单元传递一个包含被测空气流量的数字信号（频率），如图 2-13 所示。发动机控制单元通过周期长度来识别测得的空气流量。优点：数字信息相对于模拟线路连接来说，对干扰不敏感。

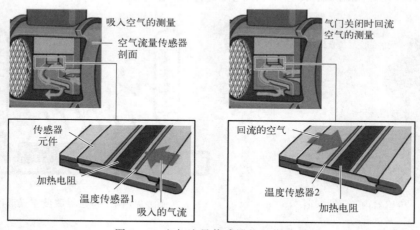

图 2-12　空气流量传感器的工作过程

三、热膜式空气流量传感器的检测方法

1. 大众迈腾 1.8TSI 发动机热膜式空气流量传感器 G70 检测

大众迈腾 1.8TSI 发动机使用的是热膜式空气流量传感器 G70，计量发动机的进气量，如图 2-14 所示为热膜式空气流量传感器插头，如图 2-15 和图 2-16 所示为该传感器与 J519 车载电网控制单元、ECU 的连接电路。

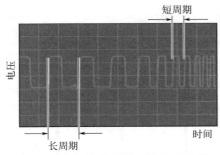

图2-13 空气流量的数字信号（频率）

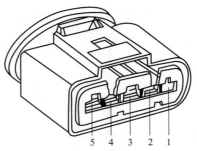

图2-14 热膜式空气流量传感器插头
1～5—插头

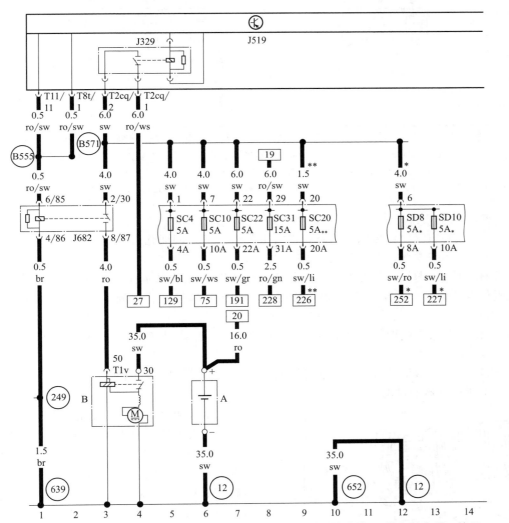

图2-15 蓄电池、起动机、总线端15供电继电器、接线端50供电继电器、熔丝

A—蓄电池；B—起动机；J329—总线端15供电继电器，在车载电网控制单元继电器支架上；J519—车载电网控制单元；J682—接线端50供电继电器，在仪表板下左侧的继电器板上5号位（53继电器）；SC4—熔丝架C上的熔丝4；SC10—熔丝架C上的熔丝10；SC20—熔丝架C上的熔丝20；SC22—熔丝架C上的熔丝22；SC31—熔丝架C上的熔丝31；SD8—熔丝架D上的熔丝8；SD10—熔丝架D上的熔丝10；T1v—1芯黑色插头连接；T2cq—2芯黑色插头连接；T8t—8芯黑色插头连接；T11—11芯黑色插头连接；12—发动机舱内左侧接地点，在左前纵梁上；249—接地连接2，在车身线束中；639—接地点，在左侧A柱上；652—变速器和发动机接地的接地点；B555—正极连接2（50），在车身线束中；B571—连接38，在车身线束中

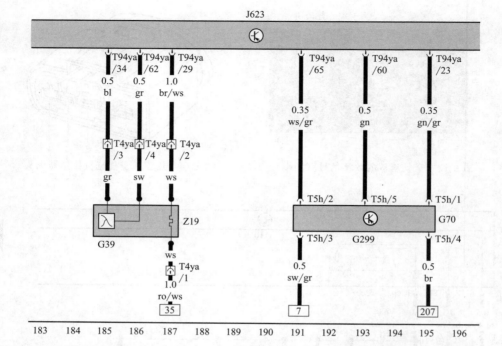

图 2-16　发动机控制单元、λ 传感器、空气流量传感器、λ 传感器加热装置、进气温度传感器 2

G39—λ 传感器；G70—空气流量传感器；G299—进气温度传感器 2；J519—车载电网控制单元；J623—发动机控制单元；
T4ya—4 芯棕色插头连接；T5h—5 芯黑色插头连接；T94ya—94 芯黑色插头连接；Z19—λ 传感器加热装置

（1）热膜式空气流量传感器各插头的端子说明

① TH5/5 为空气流量传感器信号线，电压在 0～5V 之间变化。

② TH5/4 为搭铁线，在车身线束 B702 中。

③ TH5/3 为电源线，打开点火开关时，由点火开关 15 号线向 J527 转向柱电子装置控制单元提供电源信号，再向 J519 提供电源信号，J519 向 J329 提供电源继电器吸合信号，并经熔丝 SC22（5A）向空气流量传感器提供蓄电池电压。

④ TH5/2 为进气温度传感器信号线（温度低时电压高，温度高时电压低，如在 20℃时电压为 0.5～3V）。

⑤ TH5/1 为电源信号线，由发动机控制单元 J623 提供 5V 参考电压。

（2）检测传感器的供电电压及信号电压

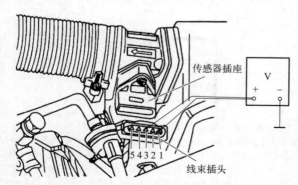

图 2-17　检测热膜式空气流量传感器的电源电压
1～5—插头

① 检测电源电压。关闭点火开关，拆下空气滤清器，打开点火开关，即置于 ON 位置但不启动发动机。用万用表的电压挡测量空气流量传感器插头中的 TH5/3 端子与 TH5/4 端子之间的电压值，为蓄电池电压；然后用万用表测量插头中的 TH5/5 端子与 TH5/4 端子间的电压标准值，应为 5V，如图 2-17 所示。

② 检测信号电压。关闭点火开关，拆下空气滤清器，打开点火开关，即置于 ON 位置但不启动发动机。用万用表

的电压挡测量空气流量传感器插头中的 TH5/1 端子与 TH5/4 端子之间的电压值。将"＋"表笔插入空气流量传感器 5 号端子线束中，"－"表笔插入 3 号端子的线束中。然后用电吹风（冷风挡）向流量传感器空气入口吹气，观察信号电压的变化值。若信号电压不变化，说明空气流量传感器失效，应更换。标准值：$2.0 \sim 4.0V$。

（3）检测线束导通性（断路）　关闭点火开关，拔下空气流量传感器的插头，拔下电控单元 J623 的线束连接器，用万用表检测插头 TH5/1 端子与 ECU 连接器的 TH94ya/23 端子间的电阻值，标准值应小于 1Ω。用万用表检测插头 TH5/5 端子与 J623 连接器的 TH94ya/60 端子间的电阻值，标准值应小于 1Ω。用万用表检测插头 TH5/2 端子与 ECU 连接器的 TH94ya/65 端子间的电阻值，标准值应小于 1Ω。

（4）用诊断仪检测　用 VAS5052 诊断仪检测空气流量传感器信号，操作步骤如下。输入地址码 01 进入发动机测试选项，输入 08 读取测量数据组，输入 02 读取基本功能数据。显示区域 4 即为进气空气流量，其标准值为 $2.0 \sim 4.5g/s$。若小于 $2.0g/s$，说明进气系统有泄漏；若大于 $4.5g/s$，说明发动机负荷太大。偏离标准值可能是空气流量传感器或其线路有故障。如果空气流量传感器有故障，会出现故障码 00553，表示 G70 空气流量传感器线路对地断路或短路。

说明：进气温度传感器负责在发动机控制单元内部计算进气温度，但这一数据并不在数据流中提供。即便在出现故障时，该信息也不一定会以故障码的形式被记录在发动机控制单元中（与发动机控制单元软件版本号有关）。

（5）输出信号的万用表电压法检测　在线路连接完好的情况下，使发动机怠速运转，利用背插法，用万用表电压挡测量 TH5/5 端子与地之间电压，在发动机怠速时应为 1.4V，急加速时为 2.8V，否则说明空气流量传感器计量有偏差。

2. 大众 CC、新款帕萨特热膜式空气流量传感器检测

大众 CC、新款帕萨特 1.8TSI 发动机使用的是改进的三线（取消了进气温度传感器）热膜式空气流量传感器 G70，计量发动机的进气量，如图 2-18 和图 2-19 所示为该传感器与 J519 车载电网控制单元、ECU 的连接电路。

（1）热膜式空气流量传感器各插头的端子说明

① T5f/1 为空气流量传感器信号线，由 J623 发动机控制单元提供 5V 电压。

② T5f/2 为空气流量传感器搭铁线。

③ T5f/3 为电源线，打开点火开关时，由点火开关 15 号线向 J519 提供电源信号，J519 向 J329 提供电源使继电器吸合，并经熔丝 SC10（10A）向空气流量传感器提供蓄电池电压。

（2）检测传感器的供电电压及信号电压

① 检测电源电压。关闭点火开关，拆下空气滤清器，打开点火开关，即置于 ON 位置但不启动发动机。用万用表的电压挡测量空气流量传感器插头中的 T5f/1 端子与 T5f/2 端子之间的电压值，为 5V；然后用万用表测量插头中的 T5f/3 端子与 TH5/2 搭铁（或车身）间的电压，应为蓄电池电压。

② 检测信号电压。将万用表"＋"表笔插入空气流量传感器 T5f/1 端子线束中，"－"表笔插入 T5f/2 端子线束中；然后用电吹风（冷风挡）向空气流量传感器空气入口吹气，观察信号电压的变化值。若信号电压不变化，说明空气流量传感器失效，应更换。

（3）检测线束导通性（断路）　关闭点火开关，拔下空气流量传感器的插头，拔下电控单元 J623 的线束连接器，用万用表检测插头中的 T5f/1 端子与 J623 连接器中的 T94/23 端子间的电阻值，标准值应小于 1Ω。用万用表检测插头中的 T5f/2 端子与 J623 连接器中的

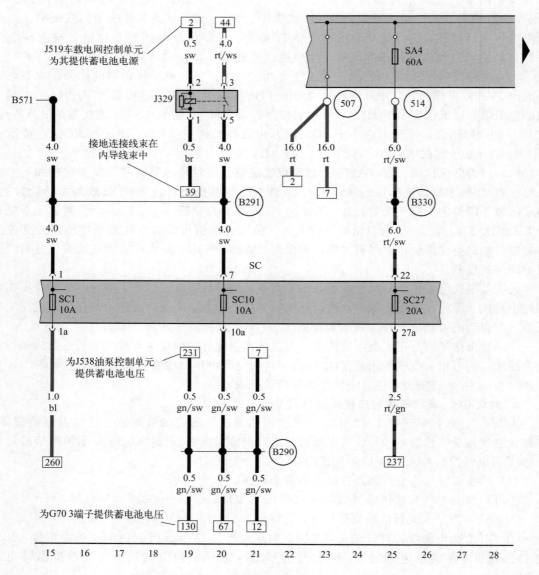

图 2-18　端子 15 供电继电器、熔丝座 A、熔丝座 C

J329—端子 15 供电继电器；SA—熔丝座 A；SA4—熔丝架 A 上的熔丝 4；SC—熔丝座 C；SC1—熔丝架 C 上的熔丝 1；SC10—熔丝架 C 上的熔丝 10；SC27—熔丝架 C 上的熔丝 27；507—螺栓连接（30），在蓄电池熔丝座上；514—螺栓连接 4（30a），在继电器板上；B290—正极连接 14（15a），在主导线束中；B291—正极连接 15（15a），在主导线束中；B330—正极连接 16（30a），在主导线束中；B571—接地连接 38，在主导线束中

T94/65 端子间的电阻值，标准值应小于 1Ω。

3. 桑塔纳 2000GSI、捷达 GT/GTX 轿车空气流量传感器检测

桑塔纳 2000GSI、捷达 GT/GTX 轿车均使用同一类型的热膜式空气流量传感器来计量发动机的进气量，热膜式空气流量传感器与 ECU 之间的连接线束如图 2-20 所示。

（1）热膜式空气流量传感器各插头的端子说明　端子 1 为空脚；端子 2 为 12V 电源线；端子 3 负信号线；端子 4 为由 ECU 提供的 5V 电源；端子 5 为信号线。

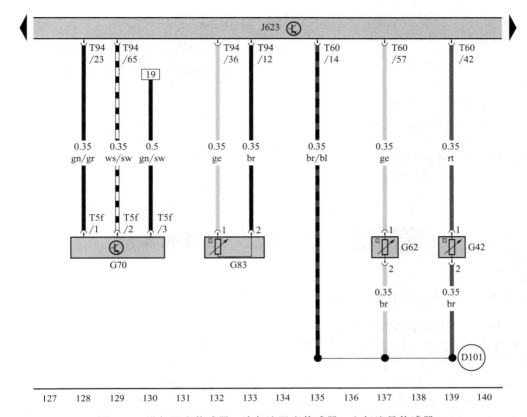

图 2-19　进气温度传感器、冷却液温度传感器、空气流量传感器、
冷凝器出口上的冷却液温度传感器、发动机控制单元

G42—进气温度传感器；G62—冷却液温度传感器；G70—空气流量传感器；G83—冷凝器出口上的冷却
液温度传感器，黑色；J623—发动机控制单元，排水槽内中部；T5f—5 芯插头连接；T60—60 芯插头连
接；T94—94 芯插头连接；D101—连接 1，在发动机舱导线束中

（2）检测传感器的供电电压及信号电压

① 检测电源电压。关闭点火开关，拆下空气滤清器，打开点火开关，即置于 ON 位置但不启动发动机。用万用表的电压挡测量空气流量传感器插头中的 2 端子（正信号线）与搭铁线之间的电压值，应为蓄电池电压。然后用万用表测量插头中的 4 端子与搭铁间的电压，应为 5V。

② 检测信号电压。关闭点火开关，拆下空气滤清器，打开点火开关，即置于 ON 位置但不启动发动机。将万用表"＋"表笔插入空气流量传感器 5 号端子线束中，"－"表笔插入 3 号端子（负信号线）的线束中；然后用电吹风（冷风挡）向空气流量传感器空气入口吹气，观察信号电压的变化值。若信号电压不变化，说明空气流量传感器失效，应更换。标准值：2.0～4.0V。

（3）检测线束导通性（断路）　关闭点火开关，拔下空气流量传感器的插头，拔下电控单元 J220 的线束连接器，用万用表检测插头 3 端子与电控单元 J220 连接器的 12 端子间的电阻值，标准值应小于 1Ω。用万用表检测插头中的 4 端子与电控单元 J220 连接器中的 11 端子间的电阻值，标准值应小于 1Ω。用万用表检测插头中的 5 端子与电控单元 J220 连接器中的 13 端子间的电阻值，标准值应小于 1Ω，如图 2-21 所示。

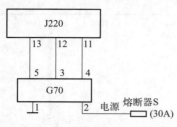

图 2-20　热膜式空气流量传感器
与 ECU 之间的连接线束

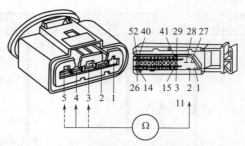

图 2-21　热膜式空气流量传感器中的
插头与控制单元的导通性

第二节　热线式空气流量传感器

一、热线式空气流量传感器的结构与工作原理

1. 热线式空气流量传感器的结构

热线式空气流量传感器按其铂金热线安装位置的不同可分为主流测量方式及旁通测量方式两种，如图 2-22 和图 2-23 所示。主流测量方式热线式空气流量传感器由铂金热线、温度补偿电阻（冷线）、取样管、控制线路板、防护网及连接器组成。热线是一根直径约为 0.07mm 的铂金丝，它装在取样管内的支承环上，其阻值随温度变化而变化，当传感器工作时，它能被控制电路提供的电流加热到 120℃ 左右，因此称为热线；取样管由一个热线支承环和两个塑料护套组成，它置于空气流量传感器主空气道的中央，两端有防护网，防护网通过卡箍固定在流量传感器的壳体上；温度补偿电阻（冷线）安装在热线附近，且靠近进气口一侧，当传感器工作时，控制电路向其提供一个电流使其温度始终低于热线温度 100℃，这样冷线温度可以作参考标准，使进气温度的变化不会影响到热线测量进气量的精度；控制线路板上的插座与发动机的 ECU 相连，用于输入信号。

旁通测量方式热线式空气流量传感器与主流测量方式空气流量传感器的主要区别在于，它把铂金热线和温度补偿电阻（冷线）安装在旁通气道上，且热线和补偿电阻用铂丝缠绕在陶瓷螺旋管上。

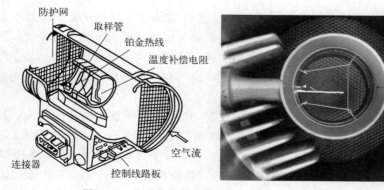

图 2-22　热线式空气流量传感器的结构（主流测量方式）

2. 热线式空气流量传感器的工作原理

热线式空气流量传感器的工作原理如图 2-24 所示。安装在控制电路板上的精密电阻 R_A 和电桥电阻 R_B 与热线电阻 R_H 及温度补偿电阻 R_K 组成了惠斯通电桥。热线电阻 R_H 放在进气道内，当进气气流流经它时，其热量被流过的空气吸收，使热线变冷，且空气流量增大时，被带走的热量也增加，热线式空气流量传感器就是利用热线与空气之间的这种热传递进行空气流量测定的。

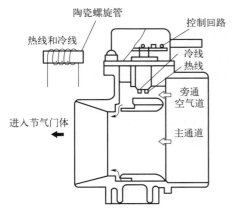

图 2-23　热线式空气流量传感器
的结构（旁通测量方式）

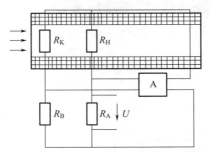

图 2-24　热线式空气流量传感器的工作原理
A—混合集成电路；R_H—热线电阻；R_K—温度补偿电阻；
R_A—精密电阻；R_B—电桥电阻

混合集成电路 A 控制热线温度，当空气流过该热线时，由于空气带走热量使热线的电阻值发生变化，从而使惠斯通电桥失去平衡。为了保持该电桥的平衡，必须提高电压，加大通过热线的电流，进而使热线的温度升高，使原来的电阻值恢复。根据这一原理，通过控制电路，改变惠斯通电桥的电压和电流，使热线损失的热量与电流加热热线产生的热量相等，并使热线的温度和其电阻值保持一致。这样通过热线电阻的电流便是空气流量的单一函数，也就是热线电流随空气流量的增大而增大，随空气流量的减小而减小。加热电流通过精密电阻 R_A 产生的电压降作为电压输出信号输送给 ECU，于是微机便可通过电压降的大小测得空气流量。

精密电阻 R_A 为一个温度系数很低的金属薄电阻；温度补偿电阻 R_K 用于对热线电阻的温度进行参照，使其温度差控制在 100℃ 左右，从而提高测量精度，它与电桥电阻 R_B 的阻值都较高，这样能减少电能的损耗。

热线式空气流量传感器由于热线表面与空气直接接触，在使用一段时间后，热线表面易受空气尘埃沾污，其热辐射能力降低将会影响传感器的测量精度，因此控制电路设置有"自洁电路"以实现自洁功能。每当发动机熄火后，微机将控制自洁电路接通，将热线加热到 1000℃ 左右，并持续约 1s 的时间，从而将黏附在热线上的尘埃烧掉。另一种防止热线沾污的方法是将热线的保持温度提高，一般保持温度设在 200℃ 以上，以便烧掉黏附的污物。

二、热线式空气流量传感器的检测

新款上海别克轿车采用的空气流量传感器为热线式空气流量传感器，它使用热线电阻式元件，该元件与温度补偿电阻、精密电阻、电桥电阻及环境温度传感器共同组成惠斯通电桥。热线式空气流量传感器为三导线型，安装在进气歧管中，如图 2-25 所示，传感器插头如图 2-26 所示，其与 ECU 的连接电路如图 2-27 所示。

图 2-25　热线式空气流量传感器安装位置

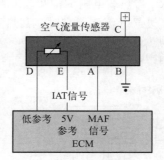

图 2-26　传感器插头

A—空气流量传感器信号端子；B—搭铁端子；C—12V 供电；
D—进气温度信号端子（电压模拟信号，
温度越高，电压越低）；E—5V 供电

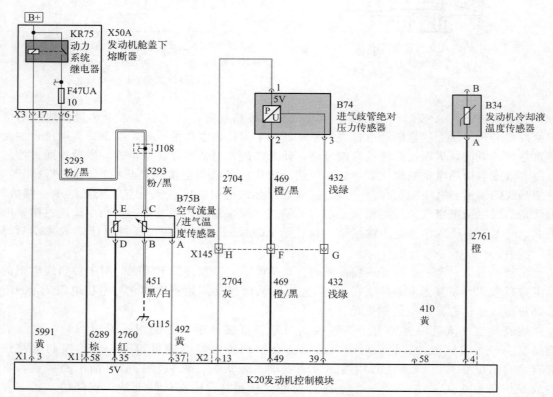

图 2-27　空气流量传感器与 ECU 的连接电路

对热线式空气流量传感器进行检测时，应主要检测其输出信号电压。首先关闭点火开关，拔下传感器连接器，然后将点火开关转至 ON 位置，但不启动发动机。用数字式万用表电压挡测量空气流量传感器信号端子和搭铁端子之间的电压，即 A 端子与 B 端子之间的电压，应为 5V。当传感器输出电压正常时，可用吹风机向此传感器进气口吹风，其信号电压应随吹风量大小的变化而变化，且应符合标准规定值，否则，说明空气流量传感器已损坏，应当更换。

故障案例

案例 1：途观发动机故障灯亮故障

【故障现象】

一辆上汽大众途观 1.8TSI 运动型多功能车，行驶里程为 6 万千米，该车发动机故障灯亮。

【故障分析】

维修人员检测发动机控制单元，发现有故障码 P0100（空气流量传感器电源电压异常）存在，但实际测量空气流量传感器的电源电压却是正常的。试车发现发动机怠速运转平稳，只是在急加速时略微感到加速不良。观察数据流，怠速时的喷油修正量正常，但空气流量却为 359g/s，显然喷油控制已经忽略了空气流量传感器的信号。

经观察发现，在空气流量传感器线束的根部有折过的痕迹。拆下来后发现，空气流量传感器的电源线绝缘层已经破损，与信号线之间存在短路现象。

【故障排除】

修复破损线束，故障排除。

案例 2：上汽通用凯迪拉克 CTS 发动机偶尔会出现抖动的故障

【故障现象】

一辆 2018 年产上汽通用凯迪拉克 CTS 轿车，装配 3.6L 发动机，行驶里程为 2 万千米。用户反映该车发动机故障指示灯常亮，而且发动机偶尔会出现抖动的现象。

【故障分析】

首先用 TECH2 故障诊断仪连接车辆，发现发动机控制单元存在 2 个故障码：P2190（怠速组 2 燃油调整系统浓）和 P2188（怠速组 1 燃油修正系统浓）。查看数据流发现，气缸列 1 长期燃油修正值为 −43%，气缸列 2 长期燃油修正值为 −39%，说明发动机工作时混合气过浓。

根据多年的维修经验，首先更换了高压油泵、喷油器以及机油，并清洗了节气门，试车后发现故障依旧。重新梳理了维修思路后，维修人员把曲轴箱通风管路、炭罐电磁阀管路和电子真空泵管路，分别脱离进气歧管并堵住接口，观察短期及长期燃油修正值。此时数据调整依旧是负值，系统还是存在混合气浓的情况，说明故障位置并不在曲轴箱通风系统、燃油系统和电子真空泵。

由于没有同款车辆进行对比，所以维修人员只能找比较接近的同排量发动机，做发动机数据流对比。与店中停放的上汽通用凯迪拉克 SLS 车型的 3.6L 发动机数据流进行对比，发现相同工况下，故障车的空气流量传感器数据值偏大，实测值和计算值达到了 6.33g/s，而正常车的空气流量传感器数据流实测值和计算值仅为 3.72g/s，说明故障车的空气流量传感器数据有问题。

【故障排除】

更换空气流量传感器后，燃油修正值数据恢复正常，故障排除。

案例 3：冷启动困难，启动后怠速时发动机抖动严重故障

【故障现象】

一辆上汽大众桑塔纳轿车，行驶里程为 3 万千米。用户反映该车冷启动困难，启动后怠

速时发动机抖动严重。

【故障分析】

试车确认故障确实存在，但热车后发动机抖动有所改善。连接诊断仪检测，发现多个故障码：00553（空气流量传感器断路/对地短路）、01250（气缸2喷油阀断路/对正极短路）、00525（氧传感器没有信号）。读取数据流发现怠速时的喷油脉宽不稳定。

本着先易后难的思路，首先检查了空气流量传感器及其线束，未发现异常；检查2缸的火花塞、高压线及高压点火单元等，均正常；检查2缸喷油器供电电压为13.05V，正常。随后对2缸喷油器进行了微波清洗，并拆下氧传感器进行了清洗，装复试车，发动机抖动问题明显改善。再次读取故障码，发现氧传感器和2缸喷油器的故障码消失，说明以上部件故障已排除，但关于空气流量传感器的故障码依然存在。

根据故障码，笔者拆解进气系统进行深入检查，发现空气滤清器很脏，可能已经很长时间没有更换了，因此导致其后面的空气流量传感器的金属热膜也出现了脏污的情况。

【故障排除】

使用清洗剂清洗空气流量传感器后，发动机数据流恢复正常，试车，故障排除。

案例4：2018年款丰田车偶尔自动熄火故障

【故障现象】

一辆2018年款丰田车，搭载1UR-Ⅱ发动机，累计行驶里程约为3万千米。车辆行驶过程中，发动机有时会自行熄火，熄火后重新启动发动机，组合仪表上的发动机故障灯点亮。

【故障诊断】

接车后首先试车验证故障现象。接通点火开关，启动发动机，发动机顺利启动，此时，组合仪表上的发动机故障灯长亮。询问得知，故障是3天前开始出现的，发动机自行熄火后，重新启动发动机，有时可以顺利启动，有时需要等待一段时间才能启动。

接下来，维修人员用故障检测仪GTS进行检测，读取到的故障码如表2-2所示。记录并尝试清除故障码，故障码可以清除。为了能尽快确认到车主所反映的故障现象，进行路试，无论是直线行驶还是转弯行驶，车辆自行熄火的故障始终没有出现，且也没有发现组合仪表上的发动机故障灯点亮。

表2-2　读取到的故障码

故障码	说明
P0031	氧气(A/F)传感器加热器控制电路低(组1传感器1)
P0037	氧传感器加热器控制电路低(1列2号传感器)
P0051	氧气(A/F)传感器加热器控制电路低(组2传感器1)
P0057	氧传感器加热器控制电路低(2列2号传感器)
● P0102	质量空气流量电路低
P0113	进气温度电路高输入
● P0660	进气歧管调谐阀控制电路/开路(1列)
P1603	发动机失速历史
● P1604	启动性故障
P1605	怠速不稳定

第2天车辆在行驶过程中还是会自动熄火。连接故障检测仪读取故障码，读得的故障码与之前一样。记录并尝试清除故障码，故障码可以清除，怀疑故障与发动机电控系统线路间歇性接触不良有关，于是试车，用故障检测仪查看发动机数据流有无异常变化。在路试过程中，发动机的确出现过1次熄火，重新启动发动机，发动机顺利启动，此时，组合仪表上的发动机故障灯点亮，用故障检测仪进行检测，读得的故障码保持不变。回厂后，对存储的故障码做出如下分析：如果空燃比传感器B1S1、空燃比传感器B2S1、氧传感器B1S2、氧传感器B2S2电路出现故障，则一般不会导致发动机熄火；如果空气流量传感器电路出现故障，则很有可能导致发动机熄火。查阅相关电路，得知空气流量传感器、氧传感器B1S2、

氧传感器 B2S2 等的供电来自发动机室接线盒内的熔丝 EFI No.2（7.5A），空燃比传感器 B1S1 和空燃比传感器 B2S1 的供电来自发动机室接线盒内的熔丝 A/F HTR（15A）。打开发动机室接线盒盖，用手对接线盒施加振动，发动机瞬间熄火，此时，用万用表测量空气流量传感器端子 1（供电端子）的电压为 0。继续对接线盒施加振动，测得的电压又变为 12V，说明故障是由发动机室接线盒内部存在接触不良所致。重新启动发动机，发动机顺利启动，试着按压发动机室接线盒内集成继电器模块上的熔丝 EFI No.2 时，发动机也会熄火，怀疑熔丝 EFI No.2 存在间歇性断路故障。拔下熔丝 EFI No.2 进行仔细检查，未发现熔丝有烧蚀痕迹；检查熔丝 EFI No.2 的底座，也未发现有氧化腐蚀及松动现象。更换熔丝 EFI No.2，按照上述方法继续测试，故障依旧。带着疑问，拆下集成继电器模块，用 1 根粗导线跨接集成继电器模块与发动机室接线盒电源端，启动发动机，用手晃动集成继电器模块下方各导线连接器，上述故障现象没有出现，由此判断为集成继电器模块内部故障。

【故障排除】

更换集成继电器模块后反复试车，上述故障现象不再出现，故障排除。

第三章

温度传感器

第一节　概述

温度传感器广泛应用于现代汽车的各大系统中。在工业自动化的用途中，常用的温度传感器有热电阻式、热电偶式、热敏铁氧体式、晶体管型、集成型5种。

热电阻式温度传感器是根据热电阻效应制成的传感器，热电阻效应是指物质的电阻率随其本身温度的变化而变化。热电阻按材料分为金属热电阻和热敏电阻。

若以金属元件作为检测元件来制作传感器，则要求材料的电阻温度系数、物理化学性能稳定且其自身的电阻率较大，这样就使得铂和铜电阻成为较理想的、常用的热电阻材料。其中铂在很宽的温度范围内都能保持良好的特性，因此得到了广泛的应用；而铜虽然仅适用于-50~150℃的温度范围，但其测温精度高，稳定性好，且易加工，价格便宜。

热敏电阻则是用陶瓷半导体材料与其他金属氧化物按适当的比例混合后高温烧结而制成的温度系数很大的电阻体，在工作范围内，按陶瓷半导体与温度的特性关系可分为三种类型：第一种是负温度系数热敏电阻（NTC），其电阻值随温度升高而减小；第二种是正温度系数热敏电阻（PTC），其电阻值随温度升高而按指数函数增加；第三种是临界温度系数热敏电阻（CRT），其电阻值随温度升高而按指数函数减小。

图3-1　热电效应原理

热电偶式温度传感器是根据热电效应温差制成的，即将两种不同材料的金属黏合在一起，如图3-1所示，在A、B间产生温度差 ΔT_{AB} 时，两点间会出现一个电位差 ΔU_{AB}，即A、B间的电位差仅仅取决于其温度差的大小。测量时，将其中的一端置于恒温箱中，另一端置于被测物中，被测物温度变化时，ΔU_{AB} 也将发生变化，这样 ΔU_{AB} 的变化实际上就是被测物温度变化的反映。

热敏铁氧体式温度传感器实际上是一种开关式传感器，即制成热敏铁氧体式温度传感器的材料具有强磁性，此材料的环境温度超过某一温度时，其磁性急剧变化，从而形成不同的磁场，使传感器的舌簧开关导通或断开，进而形成电路的通断。

目前在汽车上应用的主要有热电阻式中的热敏电阻式温度传感器、热电偶式温度传感器、热敏铁氧体式温度传感器，其中又以热敏电阻式温度传感器应用最为广泛，如安装在冷却液管道上的冷却液温度传感器、安装在仪表板上的冷却液温度表传感器、安装在风窗玻璃底下及前保险杠内的车内外空气温度传感器、安装在空气流量传感器内或滤清器内或进气歧管或进气导管内的进气温度传感器、安装在空调蒸发器片上的蒸发器出口温度传感器、安装在三元催化转化器上的排气温度传感器、安装在 EGR 进气道上的 EGR 检测温度传感器、安装在变速器液压阀体上的变速器油液温度传感器等；热电偶式温度传感器由于热电位差不高，在汽车上应用较少，主要用于排气系统中排气温度的确定。热敏铁氧体式温度传感器在汽车上主要用于控制散热器的冷却风扇。

第二节　热敏电阻式温度传感器

热敏电阻式温度传感器由于其灵敏度高，能够测量微小的温差，结构简单，价格低廉，经济性好，在汽车的电子控制系统中的使用越来越广泛。

一、进气温度传感器

1. 进气温度传感器的结构和原理

进气温度传感器用于检测进气温度，并将温度信号变换为电信号传送给 ECU。进气温度信号是各种控制功能的修正信号。如果进气温度传感器信号中断，就会导致热启动困难，废气排放量增大。

由于空气流量传感器测定的空气流量为体积流量，因此需要配装进气温度传感器和大气压力传感器。ECU 根据发动机的进气温度和压力信号修正喷油量，使发动机自动适应外部环境温度（寒冷、高温）和压力（高原、平原）的变化。当进气温度低时（空气密度大），热敏电阻的阻值大，传感器输入 ECU 的信号电压高，ECU 控制喷油器增加喷油量；反之，当进气温度高时（空气密度小），热敏电阻阻值小，传感器 ECU 的信号电压低，ECU 将控制喷油器减少喷油量。

（1）进气温度传感器的安装位置和结构　进气温度传感器通常安装在空气滤清器之后的进气软管上、空气流量传感器和进气压力传感器上，有的还在空气流量传感器和谐振腔上各安装一个，以提高喷油量的控制精度，如图 3-2 所示。

进气温度传感器在电子汽油喷射系统中的作用是测量进气温度，由于进气密度随温度改变而变化，而喷油量是按空气质量计算的，理想空气燃油比是

图 3-2　进气温度传感器的安装位置

14.7∶1，因此，ECU 必须根据进气温度对喷油量进行修正，以获得最佳的空燃比。

进气温度传感器的结构如图 3-3 所示，主要由绝缘套、塑料外壳、防水插座、铜垫圈、

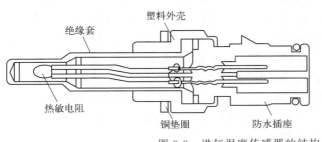

图 3-3　进气温度传感器的结构

热敏电阻等组成。

（2）进气温度传感器的工作原理　进气温度传感器采用负温度系数的热敏电阻作为检测元件，为准确测量进气温度，常用塑料外壳加以保护，以防安装部位的温度影响传感器的工作精度。

进气温度传感器与 ECU 的连接电路如图 3-4 所示。ECU 根据进气温度传感器输入的信号来修正基本喷油量。进气温度传感器的工作特性曲线如图 3-5 所示。

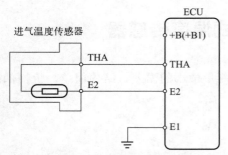 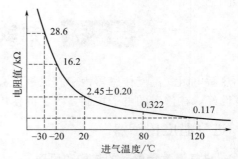

图 3-4　进气温度传感器与 ECU 的连接电路　　　图 3-5　进气温度传感器的工作特性曲线

2. 进气温度传感器的检测方法

（1）单体检测　关闭点火开关，断开进气温度传感器线束连接器，从发动机上拆下传感器。用制冷剂或压缩空气对进气温度传感器降温，也可采用放入水中加热的方法对此传感器进行加热，如图 3-6 所示。用万用表电阻挡测量传感器两端子间的电阻（电阻值应为 $0.2\sim20\mathrm{k}\Omega$），其电阻值随温度变化而变化的规律应与图 3-5 所示的特性曲线的变化规律一致，如果电阻值不在此范围内，则应更换进气温度传感器。

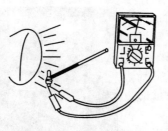 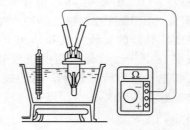

(a) 用电吹风吹进气温度传感器　　　(b) 用热水加热进气温度传感器

图 3-6　进气温度传感器检测

（2）就车检测　拔下传感器插头，接通点火开关，测量插头上 THA 端子与 E2 端子之间的电压，应为 5V，若无电压，则应检查 ECU 连接器上 THA 端子与 E2 端子间的电压。若此电压为 5V，则表明 ECU 与传感器之间的线路有故障。若无 5V 电压，则为 ECU 有故障。插回插件，启动发动机，测量传感器 THA 端子与 E2 端子之间在不同温度下的电压，应在 $0.1\sim4.8\mathrm{V}$ 之间变化（车型不同略有差异，但变化规律基本上是相同的）。如果测量值与规定值不符，说明进气温度传感器有故障或者损坏，应重换新件。

（3）检测进气温度传感器与 ECU 之间的连接线束的电阻值　用高阻抗万用表的电阻挡测量传感器的信号端子与 ECU 的信号端子之间的连接线束及传感器的地线端子与 ECU 的地线端子之间的电阻。此时线路应导通，且电阻应小于 1.5Ω，否则说明线束短路或接线端子的接触不好，应继续检查或更换线束。

二、冷却液温度传感器

1. 冷却液温度传感器的工作原理

冷却液温度传感器用于检测发动机冷却液的温度，向 ECU 输入温度信号，作为燃油喷射和点火正时的修正信号，同时也是其他控制系统的控制信号。在冷却液温度较低的冷机状态下，加大空燃比，使发动机稳定地运转。在发动机为冷机时，如不能发出冷机状态信号，则空燃比变得较小，发动机处于不正常状态。反之，发动机处于暖机状态，若发出冷机状态信号，空燃比过大，发动机仍处于不正常状态。冷却液温度传感器的特性如图 3-7 所示。冷却液温度传感器的接头端子与 ECU 的连接电路如图 3-8 所示，冷却液温度传感器与 ECU 的电路如图 3-9 所示，其中 THW 为信号端子，为地线。

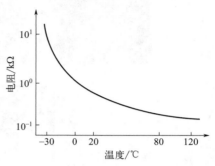

图 3-7　冷却液温度传感器的特性

从图 3-9 中可以看出，ECU 使 5V 的电压通过 1kΩ 电阻和晶体三极管串联后再与 10kΩ 电阻的并联电路，然后经过传感器接地。在温度比较低时，传感器的热敏电阻的阻值较大，此时 ECU 使晶体三极管截止，5V 的电压仅仅通过 10kΩ 电阻及传感器后接地，由于传感器的热敏电阻的阻值与 10kΩ 电阻的阻值相差不大，这样传感器所测得的数值比较准确；而当温度达到一个特定值 51.6℃ 时，热敏电阻的阻值发生了很大的变化，此时其阻值相对 10kΩ 已经较小，测得的数值不再准确，这时 ECU 使晶体管导通，这样 5V 电压就通过 1kΩ 电阻和晶体三极管串联后再与 10kΩ 电阻的并联电路，然后经过传感器接地，由于并联后的阻值与 1kΩ 相差不大，即与温度升高后的传感器的阻值相差不大，这样即使温度升高后发生变化，也能使测量结果准确。

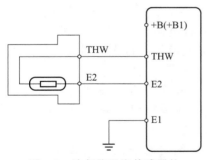

图 3-8　冷却液温度传感器的
接头端子与 ECU 的连接电路

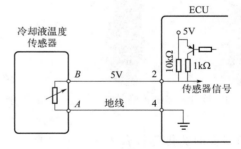

图 3-9　冷却液温度传感
器与 ECU 的电路

2. 冷却液温度传感器的安装位置和结构

冷却液温度传感器（即水温传感器）一般安装在电控发动机的缸体、缸盖的水套及其上的出水管等处，如图 3-10 所示。冷却液温度传感器的结构如图 3-11 所示，有两端子式和单端子式两种，主要由热敏电阻、金属引线、接线插座和壳体组成。

3. 冷却液温度传感器的检测方法

冷却液温度传感器的工作性能好坏直接影响着电喷发动机的喷油量，从而影响发动机的燃烧性能，若传感器损坏，会使汽车发动机出现不易启动、工作不平稳等故障，若同时出现此类故障，则应对此传感器进行检测。其实，在搭载电控喷射发动机的汽车上，一般都有故

(a) 安装在缸体上

(b) 安装在冷却液循环通道上

图 3-10　冷却液温度传感器的安装位置

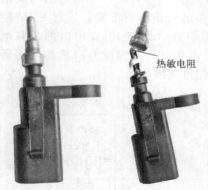

图 3-11　冷却液温度传感器的结构

障自诊断系统，若传感器或其他元件损坏，则故障自诊断系统几乎都能检测到故障部位，且以故障码的形式在屏幕上显示出来。冷却液温度传感器的检测方法如下。

（1）检测冷却液温度传感器的电阻

① 就车检测。关闭点火开关，拔下冷却液温度传感器连接器接头，用高阻抗数字式万用表电阻挡检测传感器接头两端子间的电阻，如图 3-12 所示，阻值应为 $0.2\sim20\text{k}\Omega$，若电阻值偏差过大，则说明传感器已失效或损坏，应更换传感器。

② 单体检测。从车上拆下冷却液温度传感器，并将其置于水杯中，缓慢加热提高水温，同时用万用表测量传感器两端子间的电阻值，如图 3-13 所示，其电阻值随温度的变化应符合表 3-1 所示的要求，否则说明传感器已失效或损坏，应更换传感器。

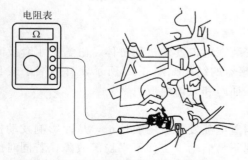

图 3-12　冷却液温度传感器就车检测

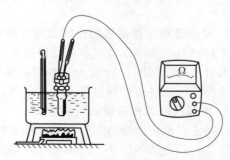

图 3-13　冷却液温度传感器单体检测

表 3-1　冷却液温度传感器电阻值随温度的变化

冷却液温度/℃	电阻值/kΩ	冷却液温度/℃	电阻值/kΩ
−20	10～20	40	0.9～1.3
0	4～7	60	0.4～0.7
20	2～3	80	0.2～0.4

（2）检测冷却液温度传感器的信号电压　打开点火开关，用万用表的两端子分别连接冷却液温度传感器的信号线或 ECU 的信号线与地线，注意正负极，用其电压挡测量传感器的输出电压值，其大小应随冷却液温度的变化而变化，即温度低时电压高，温度高时电压低，测量结果应符合标准规定值，否则应更换传感器。

（3）检测冷却液温度传感器与 ECU 之间的连接线束的电阻值　用高阻抗万用表的电阻挡测量传感器的信号端子与 ECU 的信号端子之间的连接线束及传感器的地线端子与 ECU 的地线端子之间的电阻，此时线路应导通，即电阻值应小于 1.5Ω，否则说明线束短路或接线端子的接触不好，应继续检查或更换线束。

4. 检测方法在具体车型上的应用

以上对冷却液温度传感器的检测方法已经进行了简单介绍，现在就一些常见车型上的冷却液温度传感器的检测方法进行举例说明。

（1）大众 CC 轿车冷却液温度传感器的检测　大众 CC、速腾、迈腾、高尔夫轿车都使用同一型号的冷却液温度传感器 G62，G62 采用负温度系数的热敏电阻，安装在发动机冷却液出水管即冷却水套中（图 3-14），用于检测发动机冷却液的温度，并把所检测到的温度信号以电信号的形式输入 ECU，为修正喷油量及点火时间提供依据。G62 的接头端子号码为 1 和 2，与 J623 控制单元的 T60/14 和 T60/57 号接头端子相连，各传感器与发动机控制单元的连接如图 3-15 所示。

冷却液温度传感器 G62 不断地向 ECU 输入冷却液温度的信号，如果此温度传感器损坏，则信号也将中断，ECU 也不能再确定水温，会导致发动机冷机或热机时出现启动困难、油耗增加、怠速不稳、排放升高等故障。冷却液温度传感器的检测方法如下。

图 3-14　冷却液传感器的结构及安装位置

① 检测电源电压。拔下冷却液温度传感器的连接器接头，打开点火开关，测量 ECU 相应端子间 J623 控制单元的 T60/14 和 T60/57 号的电压，应为 5V 左右。

② 检测信号电压。插上冷却液温度传感器的插头，接通点火开关，检测端子 2 和端子 1 之间的信号电压，应为 0.5～4.8V，若电压值不在此范围内，则表明传感器已失效或损坏，应更换。冷却液温度传感器的信号电压与冷却液温度之间的关系如表 3-2 所示。

表 3-2　冷却液温度传感器的信号电压与冷却液温度之间的关系

冷却液温度/℃	信号电压值/V	冷却液温度/℃	信号电压值/V
−20	4.78	60	2.25
−10	4.62	80	1.99
0	4.45	100	1.56
20	3.78	120	0.70
40	3.09		

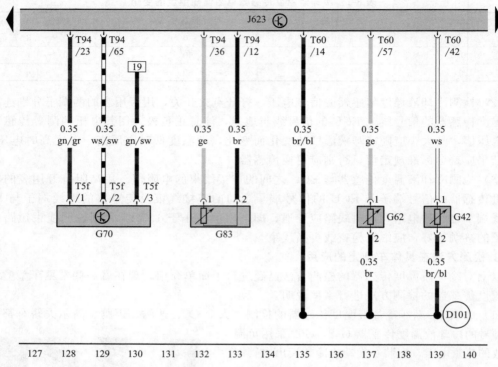

图 3-15　进气温度传感器、冷却液温度传感器、空气流量传感器、
冷凝器出口上的冷却液温度传感器与发动机控制单元的连接

G42—进气温度传感器；G62—冷却液温度传感器；G70—空气流量传感器；G83—冷凝器出口上
的冷却液温度传感器，黑色；J623—发动机控制单元，排水槽内部；T5f—5 芯插头连接；
T60—60 芯插头连接；T94—94 芯插头连接；D101—连接 1，在发动机舱导线束中

③ 检测电阻。断开点火开关，拆下冷却液温度传感器，并将其放入装满水的容器里加热，用万用表测量不同温度下传感器两端子（1-2）间的阻值，应满足表 3-3 所示的要求，否则，应更换传感器。

表 3-3　冷却液温度传感器的电阻值与温度之间的关系

温度/℃	电阻值/Ω	温度/℃	电阻值/Ω
0	5000～6500	60	540～675
10	3350～4400	70	400～500
20	2250～3000	80	275～375
30	1500～2100	90	200～290
40	950～1400	100	150～225
50	700～950		

（2）新款捷达轿车冷却液温度传感器的检测　新款捷达轿车冷却液温度传感器 G62 与 G2 水温表传感器安装在一个壳体里。冷却液温度传感器是一个 NTC 电阻，当水温升高时，电阻值降低。水温表传感器则将水温信号输入 ECU，修正燃油喷射量和点火正时等。捷达轿车冷却液温度传感器的结构、安装位置及电路连接如图 3-16 和图 3-17 所示。

冷却液温度传感器不断地向 ECU 输入水温信号，如果信号中断，不能再确定水温，会

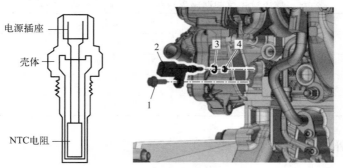

图 3-16　新款捷达冷却液温度传感器的结构与安装位置
1—拧出螺栓；2—冷却液温度传感器 G62；3—O形环；4—支撑环

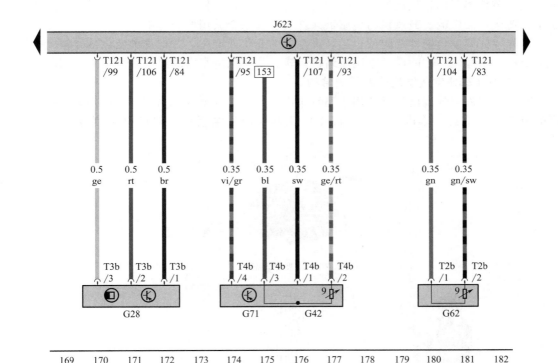

图 3-17　发动机转速传感器、冷却液温度传感器、进气管压力传感器、发动机控制单元
G28—发动机转速传感器；G42—进气温度传感器；G62—冷却液温度传感器；G71—进气管压力传感器；J623—发动机控制单元；T2b—2 芯插头连接；T3b—3 芯插头连接；T4b—4 芯插头连接；T121—121 芯插头连接

导致发动机在冷机或热机时启动困难、油耗增高、怠速不稳、排放升高。冷却液温度传感器接头端子号码为 T2b/1 和 T2b/2，分别与发动机控制单元 J623 的负信号线 T121/104 和 T121/83 线相连接。冷却液温度传感器的检测方法如下所示。

① 检测电源电压。拔下冷却液温度传感器插头，接通点火开关，测量发动机控制单元 J623 的 T121/83 与车身搭铁之间的电压，应为 5V 左右。

② 检测传感器电阻值。关闭点火开关，拔下冷却液温度传感器，将冷却液温度传感器放入盛满水的加热容器中，在不同的温度下，测量传感器端子 T2b/1 和 T2b/2 的电阻值，应符合表 3-4 所示的规定值。如果测量结果不符，表明传感器已损坏，应进行更换。

表 3-4　捷达轿车冷却液温度传感器电阻值与温度之间的关系

温度/℃	电阻值/Ω	温度/℃	电阻值/Ω
10	3500	60	575
20	2500	70	425
40	1250	80	325
50	970	100	200

三、车内、车外空气温度传感器

1. 车内、车外空气温度传感器的工作原理

车内空气温度传感器的壳体内有一个 NTC 温度传感器，它通过一个小鼓风机从车内吸取空气。该传感器测量气流的温度，它可以防止温度传感器处的温升，这种温升可能会对测量结果造成负面影响。鼓风机与传感器元件安装在一个共用的壳体内。

车外空气温度传感器的阻值也随环境温度的变化而变化，并把这种变化信号输入空调控制系统的 ECU，使 ECU 启动空调压缩机运转，从而保持车内的温度在恒定的范围内。

2. 车内、车外空气温度传感器的结构

车内、车外空气温度传感器用于测量车内、外的空气温度，为汽车空调控制系统工作温度的控制提供信息。车内、外空气温度传感器采用负温度系数热敏电阻制成，如图 3-18 所示。

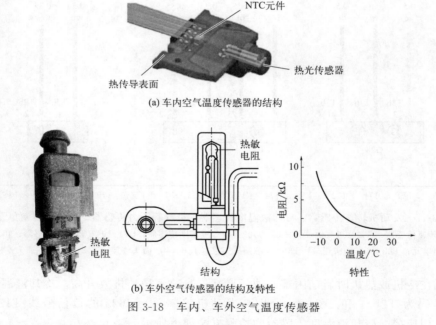

(a) 车内空气温度传感器的结构

(b) 车外空气传感器的结构及特性

图 3-18　车内、车外空气温度传感器

3. 车内、车外空气温度传感器的安装位置

车外空气温度传感器与车内空气温度传感器在空调系统中与电位计串联，当车外空气温度变化时，车外空气温度传感器的电阻值也随之发生变化，这时，空调控制系统启动空调压缩机运转，保持车内温度恒定在设定范围。车外空气温度传感器一般安装在汽车前部，如图 3-19 所示；车内空气温度传感器有两个，一个安装在驾驶室空调控制面板前端，如

图 3-20 所示，一个安装在后挡风玻璃下面。车内、车外空气温度传感器的接头端子与自动空调控制单元的连接电路及电路图如图 3-21 和图 3-22 所示。

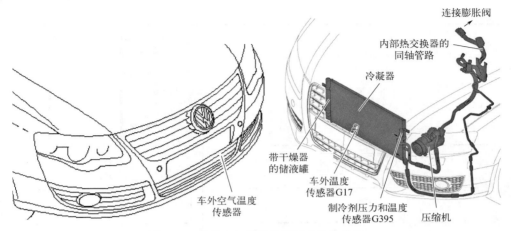

图 3-19　车外空气温度传感器的安装位置

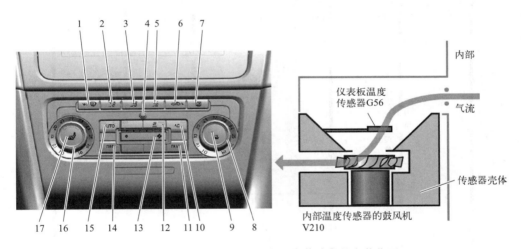

图 3-20　高尔夫 A6 车内空气温度传感器的安装位置

1—挡风玻璃除霜按钮；2—按钮，上部气流分配；3—按钮，中部气流分配；4—车内空气温度传感器；5—按钮，下部气流分配；6—循环空气运行模式或自动循环空气运行模式的按钮；7—后风窗加热按钮；8—车内温度旋钮（右侧）；9—右侧座椅加热装置按钮（选装）；10—A/C 按钮；11—按钮 ECON；12—快速加热按钮 E537；13—风扇调节器；14—空调 OFF 按钮；15—自动（AUTO）按钮；16—车内温度旋钮；17—座椅加热装置按钮（选装）

4. 车内空气温度传感器

对于车内空气温度传感器，热敏电阻装在塑料壳内，利用抽风装置将车内空气从吸气孔处吸入塑料壳内来检测车内温度。

（1）电压测量　拆下空调控制器，但连接线不断开，将点火开关旋至 ON 位置，用万用表测量传感器 G56 两端子之间的电压，测量时电压会随温度的升高而下降，在 25℃ 时电压应为 1.8～2.2V，在 40℃ 时电压为 1.2～1.6V。

（2）电阻测量　拆下车内空气温度传感器，测量连接器的端子之间的电阻。电阻应随温度的升高而减小。在 25℃ 时阻值为 1.65～1.75kΩ，在 40℃ 时阻值为 0.55～0.65kΩ。

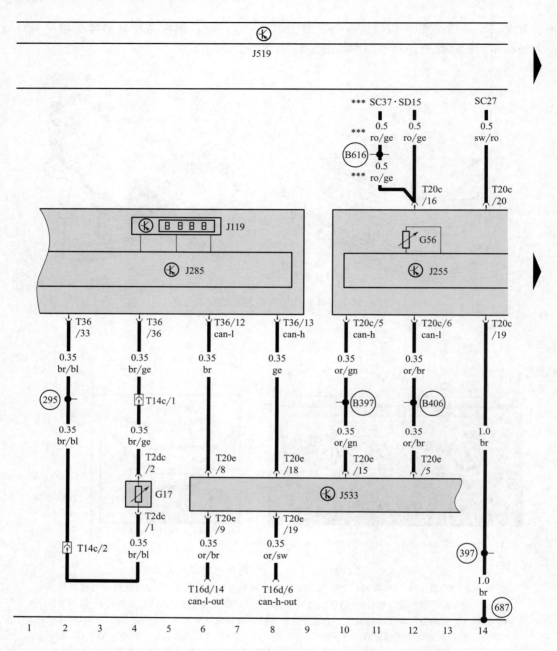

图 3-21　组合仪表、车外空气温度传感器、全自动空调控制单元、自诊断接口、熔丝

G17—车外空气温度传感器；G56—仪表板温度传感器；J119—多功能显示器；J255—全自动空调控制单元；J285—组合仪表控制单元；J519—车载电网控制单元；J533—数据总线诊断接口；SC27—熔丝架 C 上的熔丝 27；SC37—熔丝架 C 上的熔丝 37；SD15—熔丝架 D 上的熔丝 15；T2dc—2 芯插头连接；T14c—14 芯插头连接，左前保险杠接柱；T16d—16 芯插头连接，自诊断接口；T20c,T20e—20 芯插头连接；T36—36 芯插头连接；295—接地连接 10，在车内线束中；397—接地连接 32，在主线束中；687—接地点 1，在中间通道上；B397—连接 1（舒适 CAN 总线 High），在主线束中；B406—连接 1（舒适 CAN 总线 Low），在主线束中；B616—正极连接 12（30a），在车内线束中

（3）故障的应对策略　若该传感器发生故障，则内部温度使用一个固定的替代温度值 25℃。

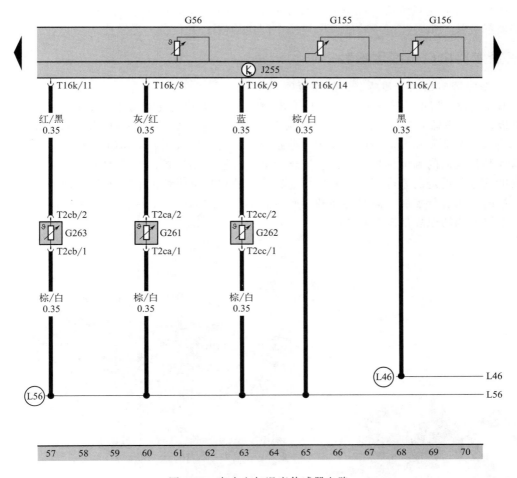

图 3-22　车内空气温度传感器电路

G56—仪表板温度传感器，在空调控制面板上；G155—左侧出风口温度调节器；G156—右侧出风口温度调节器；G261—左侧脚部空间出风口温度传感器，在空调器左侧上部；G262—右侧脚部空间出风口温度传感器，在空调器右侧上部；G263—蒸发器出风口温度传感器；J255—控制单元，在仪表板中部；T2ca—2 针插头，黑色，左侧脚部空间出风口温度传感器插头；T2cb—2 针插头，黑色，蒸发器出风口温度传感器插头；T2cc—2 针插头，黑色，右侧脚部空间出风口温度传感器插头；T16k—16 针插头，黑色，在 Climatronic 控制单元上 B 号位；L46，L56—连接线，在空调线束中

5. 车外空气温度传感器

车外空气温度传感器也称环境温度传感器、外界空气温度传感器或大气温度传感器，它能影响出风口空气的温度、鼓风机的转速、进气门的位置和模式门的位置以及压缩机的工作状态。

（1）电压测量　拆下汽车散热器防护栅，但连接线不断开，将点火开关旋至 ON 位置，用万用表测量传感器 T36/33 和 T36/36 两端子之间的电压，测量时电压会随温度的升高而下降，在 25℃时电压为 1.4～1.8V，在 40℃时电压为 0.9～1.3V。

（2）电阻测量　拆下车内空气温度传感器，测量连接器端子之间的电阻。电阻应随温度的升高而减小。在 25℃时阻值为 1.65～1.75kΩ，在 40℃时阻值为 0.55～0.65kΩ。如果出现故障，替代值 10℃阻值为 2kΩ。

（3）故障的应对策略　若一个传感器失效，则控制单元采用完好传感器的信号。若两个传感器都失效，则关闭制冷功能并采用一个固定的值 10℃ 代替外界温度。

四、蒸发器出口温度传感器

1. 蒸发器出口温度传感器的工作原理

蒸发器出口温度传感器安装在汽车空调系统的蒸发器片上或出风口处（拆卸右侧的脚部空间饰板，将蒸发器温度传感器 G308 沿箭头方向旋转 90°，并将其从外壳中取出），如图 3-23 所示，用以检测蒸发器表面的温度变化，控制压缩机的工作状况。工作时，蒸发器出口温度传感器检测其表面的温度信号，并把它转化为电信号输入温度控制系统的 ECU，ECU 将输入的温度信号与设定的温度调节信号进行比较后，控制空调压缩机电磁离合器的通断，从而对压缩机的工作进行控制；同时还能利用此传感器检测到的温度信号，防止蒸发器出现结冰现象。空调系统的原理如图 3-24 所示。

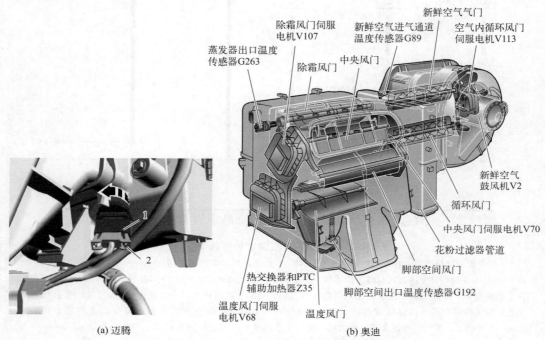

图 3-23　蒸发器出口温度传感器的安装位置
1—连接插头；2—蒸发器出口温度传感器

2. 蒸发器出口温度传感器的结构

蒸发器出口温度传感器仍采用负温度系数的热敏电阻为检测元件，其工作温度为 20～60℃，其结构与特性曲线如图 3-25 所示。蒸发器出口温度传感器与控制单元的连接及电路如图 3-26 所示。

3. 蒸发器出口温度传感器的检测方法

若空调系统发生故障，且在蒸发器的制冷剂出口处即高压管路上出现了结冰现象（即冰堵），同时压缩机不能正常工作，则蒸发器出口温度传感器的连接电路可能出现断路或短路的故障，此时应对蒸发器出口温度传感器进行检测，检测方法如下。

（1）连接器及导线检查　检查蒸发器温度传感器和空调控制器总成之间的连接器及各导线的连接情况，检查空调控制器总成的状况。

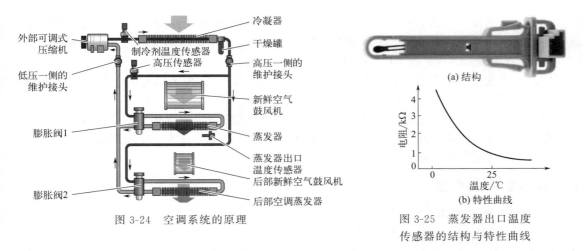

图 3-24 空调系统的原理

图 3-25 蒸发器出口温度传感器的结构与特性曲线

(a) 结构

(b) 特性曲线

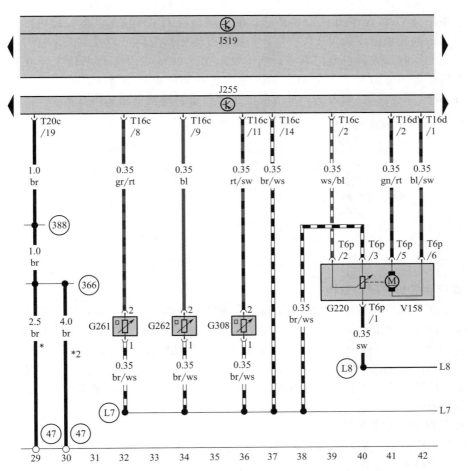

图 3-26 新款高尔夫轿车蒸发器出口温度传感器与控制单元的连接及电路

G220—左侧温度风门伺服电机电位计；G261—左侧脚部空间出风口温度传感器；G262—右侧脚部空间出风口温度传感器；G308—蒸发器温度传感器；J255—Climatronic 控制单元，中控台之后；J519—车载电网控制器；T6p—6 芯插头连接；T16c，T16d—16 芯插头连接；T20c—20 芯插头连接；V158—左侧温度风门伺服电机；47—接地点，在右前脚部空间中；366—接地连接 1，在主导线束中；388—接地连接 23，在主导线束中；L7—连接 3，在空调器导线束中；L8—连接 4，在空调器导线束中；*—仅适用于不带发动机自动启停系统的车辆；* 2—仅适用于带自动启停系统的车辆

（2）电压测量　拆卸右侧的脚部空间饰板，但不断开连接线，将点火开关旋至 ON 位置，用万用表测量传感器 1 和 2 两端子之间的电压，测量时电压会随温度的升高而下降，在 0℃时电压为 2.0～2.4V，在 15℃时电压为 1.4～1.8V。

（3）电阻测量　拆下蒸发器传感器，测量连接器的端子 1 和 2 之间的电阻，正常电阻值：4.5～5.2kΩ（0℃）；2.0～2.7kΩ（15℃）。

（4）故障的应对策略　若没有该传感器的信号，则控制单元就无法知道蒸发器后的空气温度有多高，这样空调压缩机的自适应控制就无法进行。在此情况下，压缩机的功率输出将会降低到不允许蒸发器结冰的温度。

五、排气温度传感器

1. 排气温度传感器的工作原理

当发动机启动时，启动信号开关（ST）打开，同时点火开关打开，此时，报警灯亮，这是制造厂为检查排气温度报警灯灯泡的灯丝是否良好而设置的功能。在行驶过程中，若排气温度过高超过 900℃，则排气温度传感器的电阻值降到 0.43kΩ 以下，此时排气温度报警灯点亮；当车厢底板温度超过 125℃时，底板温度传感器的电阻超过 2kΩ，这时在排气温度报警灯点亮的同时蜂鸣器也发出响声；当排气温度在 900℃以下，底板温度也低于 125℃时，排气温度传感器的电阻大于 0.43kΩ，底板温度传感器的电阻值低于 2kΩ，这时排气温度报警系统灯不亮，蜂鸣器也无声响。排气温度传感器报警系统电路如图 3-27 所示。

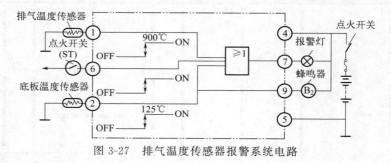

图 3-27　排气温度传感器报警系统电路

2. 排气温度传感器的结构

排气温度传感器安装在汽车排气装置三元催化转化器上，用以检测转化器内排放气体的温度。排气温度传感器的结构如图 3-28 所示，新款奥迪 TDI 2.0L 排气温度传感器的安装位置如图 3-29 所示。这种传感器用于排气装置上三元催化转化器内温度异常高时的报警系统，以防止因过热而使催化剂性能下降，对车辆造成损失。正常工作情况下，该系统不工作，而发生失火等故障或工作条件极为苛刻时，该系统启动，并以排气温度报警灯点亮的方式，向驾驶员发出警告。

3. 排气温度传感器的检测

（1）就车检测　在接通点火开关时，排气温度传感器指示灯亮，而在发动机启动时指示灯熄灭，表明传感器良好。

（2）检测传感器电压　打开点火开关，用万用表分别检测 T94/75、T94/32、T94/9 与搭铁电压，应为 5V，否则表明电路故障。新款奥迪 TDI 2.0L 排气温度电路如图 3-30 所示。

（3）单体检测　排气温度传感器的单体检测是测量电阻值。用炉子加热传感器的顶端 40mm 长的部分，直到靠近火焰呈暗红色，这时传感器连接器端子间的电阻值应为 0.4～20kΩ。排气温度传感器引线的橡胶管有损伤时，应当换用新的传感器。

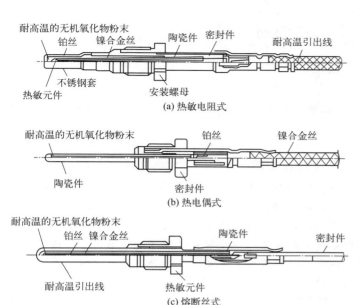

(a) 热敏电阻式

耐高温的无机氧化物粉末
铂丝 镍合金丝 陶瓷件 密封件 耐高温引出线
不锈钢套
热敏元件
安装螺母

(b) 热电偶式

耐高温的无机氧化物粉末
铂丝 镍合金丝
陶瓷件
密封件

(c) 熔断丝式

耐高温的无机氧化物粉末
铂丝 镍合金丝 陶瓷件 密封件
耐高温引出线
热敏元件

图 3-28 排气温度传感器的结构

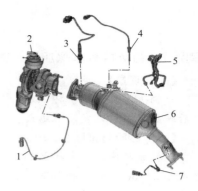

图 3-29 新款奥迪 TDI 2.0L 排气
温度传感器的安装位置

1—废气涡轮增压器；2—氧传感器，G39，
带有氧传感器加热装置 Z19；3—排气温度
传感 3，G495；4—排气压力传感器 1，
G450；5—排气温度传感器 4，G648；
6—颗粒过滤器；7—排气温度传感器 1，G235

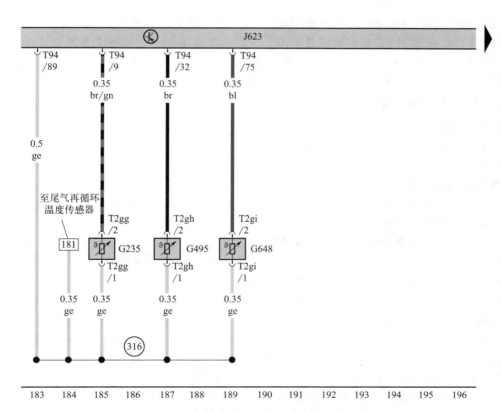

图 3-30 新款奥迪 TDI 2.0L 排气温度电路

G235—排气温度传感器 1；G495—排气温度传感器 3；G648—排气温度传感器 4；J623—发动机
控制单元；T2gg—2 芯插头连接；T2gh—2 芯插头连接；T2gi—2 芯插头连接；
T94—94 芯插头连接；316—接地连接（传感器接地 2），在发动机导线束中

故障案例

案例 1：帕萨特冷车踩加速踏板，发动机熄火

【故障现象】

一辆上海大众帕萨特 1.8T，发动机型号为 BGC。行驶里程大约为 10 万千米。冷车启动后踩加速踏板，发动机熄火。

【故障诊断与排除】

连接故障诊断仪金德 KT600，测试发动机系统，正常，没有故障码。启动发动机，转速在 400～500r/min 并且踩下加速踏板，发动机熄火。熄火后再启动，发动机能顺利着车，又踩加速踏板，发动机又熄火。第 3 次启动发动机，在怠速情况下，让发动机运转几分钟，水温上升后，踩加速踏板，发动机不熄火，并且加速性能很好，怠速也很平稳。怀疑是燃烧室和进气道有积炭，或者喷油嘴有堵塞（油品不良，冷车时会有胶状物质附着在喷油孔上），造成冷车启动时混合气稀，踩加速踏板，发动机熄火。于是进行免拆清洗喷油嘴，用打吊瓶的方法（如同给病人输液，用带有阀门的胶管，一端接装有积炭清洗液的瓶口，另一端接进气歧管上的真空管），启动发动机，打开阀门 1/5，让清洗液进入进气道和燃烧室，怠速稳定在 800r/min，运转一段时间都不会忽高忽低。

将车辆放置一晚，第二天早晨启动发动机，怠速依然如故，在 400～500r/min 时踩加速踏板，发动机熄火。连接金德 KT600，检测发动机仍然无故障码存储；读取发动机数据流，水温显示异常，高达 100℃，而此时是冷车，与实际情况不相符。检查其线路，正常。换上一个新的同型号 059 919 501A 水温传感器，试车，冷车怠速时 1100r/min。踩加速踏板，发动机不熄火，加速性能很好，热车后怠速也很正常，至此故障排除。

案例 2：帕萨特怠速有时高故障

【故障现象】

一辆上海大众帕萨特 2.0L，发动机型号为 BFF，怠速有时正常，有时很高，能达到 1500～2000r/min。

【故障诊断与排除】

接车后试车检查，怠速平稳，没有出现驾驶员所述情况：有时正常，有时不正常。然后路试，除了驾驶员所说在等待红绿灯的过程中怠速不正常外，有时堵车减速挂入空挡时，也有怠速不正常现象，正如驾驶员所说怠速为 1500～2000r/min。怀疑是节气门脏污或卡滞，拆下节气门体，发现节气门内壁附着一层比较厚的油泥，用清洁剂清洗干净，做完节气门控制单元和发动机控制单元的基本设定后试车，故障依旧。连接故障诊断仪金德 KT600 进入发动机控制系统，无故障码，系统正常。为什么怠速不正常，能达到 1500r/min 以上呢？这就是常说的"没有故障码，但发动机确实有故障"。选择功能 08-读数据流，因此时没有出现故障，发动机转速、氧传感器电压、发动机负荷、喷油时间、空气流量传感器流量、水温传感器温度、进气温度传感器温度、炭罐电磁阀占空比都在正常范围。某位汽修专家说过这样一段话："故障诊断一定要在故障状态下进行。"连接好诊断仪，在进行路试中，查看发动机几种重要传感器的数据，发现水温传感器检测的水温不正常（但仪表显示水温正常），有时是 85℃，有时突变到 50℃。停车检查传感器插接器，牢固可靠，抖动传感器线束，没有发现异常，回汽修厂后检测水温传感器与发动机控制单元之间线路均正常，说明水温传感器性能变差。换上一个新的同型号 059 919 501A 水温传感器故障排除。

【维修总结】

水温传感器是发动机 ECU 修正喷油的一个重要传感器，随发动机温度变化，而其内部的电阻也发生变化。发动机 ECU 收到不同的温度信号后，修正控制不同的喷油量（增加或减少），当发动机控制单元收到低温信号后，加大喷油时间，增加喷油量，产生浓的混合气，怠速升高。在没有故障码的情况下，借助诊断仪强大的数据流功能，捕捉影响发动机性能的主要传感器信号差异，结合理论知识，就能排除故障。

案例 3：丰田凯美瑞轿车启动困难故障

【故障现象】

一辆丰田凯美瑞轿车，搭载 2AZ 发动机，行驶里程为 8 万千米。用户反映该车发动机故障灯亮，有时还会出现启动困难。

【故障分析】

维修人员检测发动机控制单元，发现有故障码 P0118（发动机冷却液温度信号异常）存在。试车发现热车时很难启动，怠速忽高忽低，有时高达 2000/min。观察发现，当故障出现时，水温表指针会指到最低位置。检查冷却液，没有发现问题，但当水温表出现异常时，即使不开空调，冷却风扇也会高速运转。可是用手摸上下水管的温差并不大，说明冷却系统工作正常。

当水温表指针指到最低位时观察数据流，发现冷却液温度为 −40℃，用手晃动冷却液温度传感器的插接器，数据流突然显示为 90℃，说明插接器接触不良。

【故障排除】

修复插接器，故障排除。

案例 4：迈腾轿车外部温度不显示故障

【故障现象】

一辆一汽大众迈腾 2.0TSI 轿车，装配涡轮增压直喷发动机，已行驶 5000km。仪表板外部温度在怠速时显示正常，行驶至一定速度后就会由原来的温度显示变为 3 个短横线（---）。

【故障检修】

在仪表上外界温度不显示的故障状态下，用 VAS6150 进行检测，在 17 通道电子组合仪表电控单元内，发现有一个故障码 00779（环境温度传感器 G17 对搭铁短路），此时读取 08-02 组第 4 区显示为 70℃。

迈腾轿车的外界环境温度传感器 G17 采用负温度传感电阻，安装在前保险杠左侧进风格栅处。根据外界温度传感器负温度传感电阻的工作特性，70℃时说明电阻值处于极小状态，结合所报故障码说明 G17 线路出现了对搭铁短路的情况。仪表板电路如图 3-31 所示。

车外空气温度传感器 G17 通过仪表的 T36/36 脚向仪表传递外界空气实际温度信息，此信息经仪表内部模块处理后用于仪表板上外界温度显示功能，同时，经过内部处理后的信息通过仪表上的总线接收器模块发送到仪表 CAN 总线，经由网关发送至其他电控单元。对于迈腾轿车的自动空调，空调的切断控制取决于外界温度调节，通过数据流 08-08-004 第 2 区可查询到外界温度调节值，当第 4 组第 2 区为 0 时，空调不制冷，压缩机负荷为 0。也可理解为当由 G17 反映的外界温度信号低于目标值时，外界温度调节值为 0，使空调压缩机处于切断状态。

根据迈腾轿车仪表线路图，G17 的 2 孔插头的 2 号脚端子通过位于保险杠左前下部的 14 芯插头的 T14c/1 脚，接收来自仪表 T36/36 脚的 5V 基准电压，1 号脚端子通过车内线束

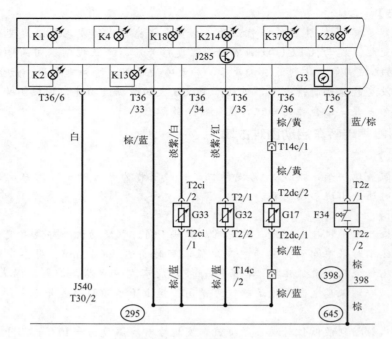

图 3-31　仪表板电路

F34—制动液液位报警信号开关；G3—冷却液温度表；G17—车外空气温度传感器；G32—冷却液不足显示传感器；G33—车窗玻璃清洗液位传感器；J285—组合仪表控制单元；J540—电控机械式驻车制动器控制单元；K1—远光灯指示灯；K2—发电机指示灯；K4—停车灯指示灯；K13—后雾灯指示灯；K18—拖车行驶指示灯；K28—冷却液温度和冷却液不足显示指示灯；K37—车窗玻璃清洗液位指示灯；K214—电动驻车制动器和手制动器故障指示灯；T2，T2ci，T2dc，T2z—2 芯插头连接；T14c—14 芯插头连接，前部保险杠连接位置；T30—30 芯插头连接；T36—36 芯插头连接；295—搭铁连接 10，车内线束中；398—搭铁连接 33，在主线束中；645—前围板上的搭铁点 1

的搭铁连接为 G17 提供搭铁；G17 随外界温度而产生不同的电阻值，仪表电控单元便根据 T36/36 脚所测得的实际信号电压值计算得到不同的外界温度值，同理电控单元的自诊断也以所测得的 36 脚信号电压的偏离特点作为故障分析的依据。G17 线路出现了对搭铁短路，说明 T36/36 脚监测到 0V 状态，分析可能对搭铁短路的部位为：G17 部件、G17 与仪表连接的线束或仪表自身。

　　拔下前保险杠上的 G17 插头，测量 G17 的 2 号脚，没有来自仪表的 5V 电压，进一步测量 G17 电阻为 1.7kΩ，在正常范围内，由此可排除 G17 的故障。同时观察到在 G17 插头拔下的情况下，08-02 第 4 区仍显示为 70℃不变（G17 断路时，仪表应显示温度极低值），进而更说明了 G17 与仪表连接的线路有故障的事实。

　　根据线束故障点常发生在插头处的维修经验，首先拆下保险杠下护板，拔下保险杠左前下部的 14 芯插头。14 芯插头同时连接前保险杠雾灯和转向灯相关线路，检查无腐蚀迹象，从而也排除了插头内的 T14c/1 脚和内部雾灯/转向灯的搭铁脚因进水导电短路的现象。此时再读取 08-02 组第 4 区显示−50℃，说明 14 芯插头的 1 号脚至仪表线路正常。接下来以 T14c/1 为检测点，测量该棕/黄色线对搭铁电阻为 0Ω。而以 T14c/2 为检测点，所测得的对搭铁电阻为无穷大，检测说明连接 T14c/1 脚的棕/黄线在 T14c 插头端至 G17 插头的 2 号脚间出现了对搭铁短路现象。

　　为了更加准确地证明此段线路短路的推论，再从 G17 的 2 号脚处测量进行验证。此时，测得棕/黄线对搭铁电阻变为无穷大。是先前测量的误差还是故障偶发，只有靠事实说明。拆装前保险杠，剥开线束的绝缘保护层，对包含有该棕/黄线的区域进行仔细检查，最终发现该段棕/黄色线在局部有一小处破皮现象，与此紧靠的恰好是雾灯的搭铁线连接管，同时观察到搭铁连接管凸起部位也有轻微的破皮现象，分析可能原因是线夹子固定过紧，使材质较硬的连接管与棕/黄色线相干涉摩擦所致。一旦两根受损线束相接触，便会使自诊断的监控电压检测值变为始终为 0，控制单元便会按照内部程序的报警流程产生相应对搭铁短路的故障码。因两根线的破皮程度很小，在外界振动的状态可能会转化为绝缘状态，这样也为故障点的检测诊断带来一定的难度。另外值得一提的是，当 G17 线路出现断路时，自诊断的监控电压检测值会变为始终为 5V，另因连接 T14c/1 脚的棕/黄色线对正极短路时，检测点也为 5V，因此故障诊断时便不能区分断路和对正极短路现象，此时查询仪表电控单元的故障码存储应为 00799（环境温度传感器 G17 断路或对正极短路）。

　　【故障排除】

　　修复好线束，测量 G17 的 2 号脚，有来自仪表的 5V 稳定电压，固定好 G17 的插头，仪表显示当前外界温度值，清除故障码，故障彻底排除。

第四章

压力传感器

目前，压力传感器在汽车上得到了广泛的应用，常见的有进气歧管压力传感器、大气压力传感器、油压传感器、空气滤清器真空开关、机油压力传感器、空调高低压开关、主动悬架的控制阀压力传感器、蓄压器压力传感器、增压传感器等。

第一节　进气压力传感器

进气歧管绝对压力传感器（也称进气压力传感器或 MAP）用在 D 型和缸内直喷汽油喷射系统（应用在发动机上的电子控制多点间歇式汽油喷射系统中，基本特点是以进气歧管压力和发动机转速为基本控制参数来控制喷油器的基本喷油量）中，根据发动机的负荷测出进气歧管内压力的变化，并通过电路的连接转化为电信号，和转速信号一起输入汽车电控单元（ECU），作为确定喷油器喷油量的基本依据。进气压力增大，喷油量增多，点火提前角变小。

进气压力传感器的种类较多，按其信号的产生原理可以分为电压型和频率型两种。电压型又可分为半导体压敏电阻式（电阻应变计式）和膜盒传动可变电感式；频率型又可分为电容式和表面弹性波式。其中以半导体压敏电阻式应用最多。

一、半导体压敏电阻式进气压力传感器

1. 半导体压敏电阻式进气压力传感器的结构

半导体压敏电阻式进气压力传感器是利用半导体的压阻效应的原理制成的，主要由硅膜片、真空室、硅杯、底座、真空管接头和引线电极等组成，其结构如图 4-1 所示。

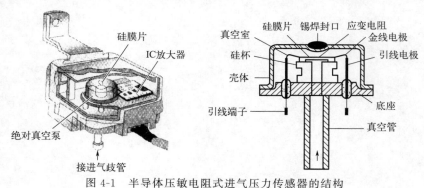

图 4-1　半导体压敏电阻式进气压力传感器的结构

硅膜片是用单晶硅制成的压力转换元件，其长和宽各为 3mm，厚度为 $160\mu m$，在硅膜片的中心部位用腐蚀方法制作了一个直径为 2mm、厚度为 $50\mu m$ 的薄膜片，在薄膜片表面的圆周上，采用集成电路加工和台面扩散技术制作了 4 个阻值相等的应变电阻，并将 4 个电阻连接成惠斯通电桥电路，如图 4-2 所示，然后与传感器内部的温度补偿电阻和信号放大电路等混合集成电路连接。

2. 半导体压敏电阻式进气压力传感器的工作原理

半导体压敏电阻的工作原理如图 4-3 所示。硅膜片一面通真空室，一面承受来自进气歧管中气体的压力，在此气体压力的作用下，硅膜片会产生变形，且压力越大形变越大，硅膜片上应变电阻的阻值在此压力的作用下就会发生变化，使传感器上以惠斯通电桥方式连接的硅膜片应变电阻的平衡被打破，当电桥的输入端输入一定的电压或电流时，在电桥的输出端便可得到相应变化的信号电压或信号电流，因为此信号比较微弱，故采用了混合集成电路进行放大后输入 ECU。

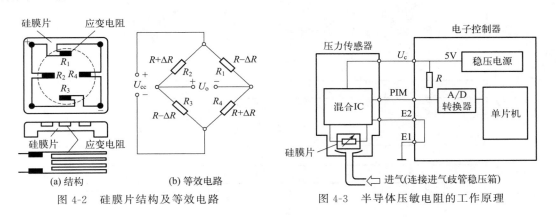

图 4-2　硅膜片结构及等效电路　　　　图 4-3　半导体压敏电阻的工作原理

3. 半导体压敏电阻式进气压力传感器的检测方法

由于半导体压敏电阻式进气压力传感器体积小，精度高，响应性、再现性和抗振性较好，一般不易损坏，应用较广泛。若其损坏或连接线路不良，则易使发动机出现怠速不良、启动不易和启动后熄火的故障。若在汽车运行中出现上述故障，则应对此传感器及相关电路和元件进行检测，检测方法如下。

① 拔下传感器的连接器插头，接通点火开关（但不启动发动机），用万用表电压挡检测连接器插头电源端和接地之间的电压（如图 4-3 所示电路中的 U_c 端子与 E2 端子），应为 4～6V。若无电压，应检测 ECU 相应端子间的电压；若正常，则表明传感器与 ECU 间连接线路发生故障；若无电压，则表明 ECU 发生故障。

② 检测进气压力传感器的输出电压。拔下进气压力传感器与进气歧管连接的真空软管，打开点火开关（但不启动发动机），用电压表测量进气压力传感器的输出电压（如图 4-3 所示电路中的 PIM 端子与 E2 端子）。接着向进气压力传感器内施加真空，并测量在不同真空度下的输出电压，该电压值应随真空度的增大而降低，其变化情况应符合规定，否则应更换。

二、进气压力传感器的检测

1. 大众轿车半导体压敏电阻式进气压力传感器的检测

大众轿车半导体压敏电阻式进气压力传感器与进气温度传感器制成一体，安装在进气系统的动力腔上，这两种传感器配合工作能准确地反映气缸的进气量。进气压力传感器的外形如图 4-4 所示。该传感器连接器的 4 个连接端子 1～4 分别与 ECU 的 220、D101、T60/55、T60/42 端子相连接，其连接电路如图 4-5 所示。

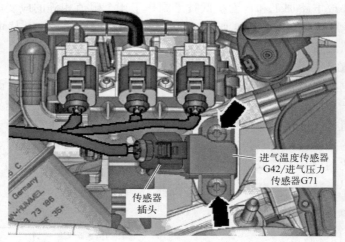

图 4-4　进气压力传感器的外形

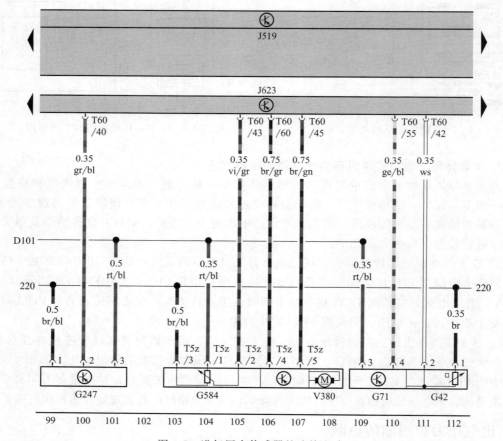

图 4-5　进气压力传感器的连接电路

G42—进气温度传感器；G71—进气压力传感器；G247—燃油压力传感器；G584—调整风门电位计；J519—车载电网控制器；J623—发动机控制器，排水槽内中部；T5z—5 芯插头连接；T60—60 芯插头连接；V380—控制风门调节伺服电机；220—接地连接（传感器接地），在发动机导线束中；D101—连接 1，在发动机舱导线束中

此种压力传感器的检测方法如下。

（1）电阻检测　关闭点火开关，拔下 ECU 线束连接器和进气压力传感器线束连接器。用万用表的电阻挡检测 ECU 和传感器有关端子间的电阻，其电阻应符合表 4-1 中列出的标准规定值，如果电阻过大或为无穷大，则说明线束与端子接触不良或有断路，应进行更换。

表 4-1　进气压力传感器线束电阻值的检测

检测项目	检测部位	电阻值/Ω
传感器正极导线	发动线束中 D101 与端子 3	<0.5
传感器信号线	T60/55 与端子 4	<0.5
传感器负极导线	发动线束中 220 端子 1	<0.5
温度传感器信号导线	T60/42 与端子 2	<0.5

（2）电压检测　用万用表直流电压挡检测电压，打开点火开关，检查进气压力传感器连接器端子 3 与 1 间的电源电压，标准值应为 5V 左右。打开点火开关，发动机不运转，检查进气压力传感器信号输出端子 4 与搭铁端子 1 间的信号电压，标准值应为 3.8～4.2V；当发动机怠速运转时，信号电压应为 0.8～1.3V；当节气门开度加大时，信号电压应上升。如果信号电压经检查不符合上述规定，说明传感器已经损坏，应进行更换。

2. 大众轿车进气压力温度传感器的检测

大众轿车进气压力温度传感器集成在进气歧管内的冷却器上，监控冷却后的增压空气的压力和温度，如图 4-6 所示。进气压力温度传感器的外形如图 4-7 所示。该传感器连接器的 4 个连接端子 1～4 分别与 ECU 的 J623 端子相连接，其连接电路如图 4-8 所示。

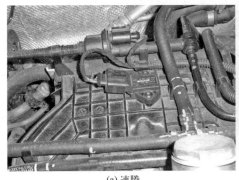

进气压力、进气温度传感器
（安装在进气歧管右下方）

(a) 速腾　　　　　　　　　　　(b) 新款捷达

图 4-6　进气压力温度传感器的安装位置

大众轿车进气压力温度传感器的检测方法：用万用表直流电压挡检测电压，打开点火开关，检查进气压力温度传感器连接器端子 3 与 1 间的电源电压，标准值应为 5V 左右；端子 4 与 1 间的怠速进气信号电压约为 1.362V，加速时电压约为 1.08V，端子 2 与 1 间的进气温度信号电压约为 3.72V。如果信号电压经检查不符合上述规定，说明传感器已经损坏，应进行更换。G71 标准波形如图 4-9 所示。

大众轿车常见故障码见表 4-2 和表 4-3。

惠斯顿电桥与硅膜片粘在一起

图 4-7 进气压力温度传感器的外形

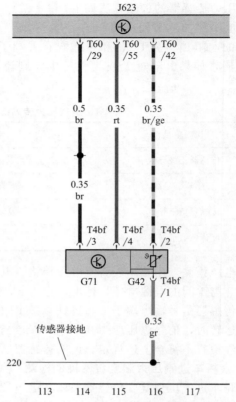

图 4-8 进气压力温度传感器的连接电路

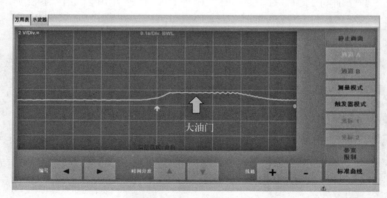

图 4-9 G71 标准波形

表 4-2 大众轿车进气压力故障码

传感器名称	代号	针脚号	故障类型	故障码	故障
进气压力传感器	G71	T60/29	正极断路	P010700	进气压力/空气压力,信号太小
		传感器接地	接地断路	P011300	进气温度传感器1,信号过大
				P010800	进气压力/空气压力,信号过大
		T60/55	信号断路	P010800	进气压力/空气压力,信号过大
		T60/55	信号短路	P010700	进气压力/空气压力,信号太小

表 4-3　大众轿车进气温度故障码

传感器名称	代号	针脚号	故障类型	故障码	故障
进气温度传感器	G42	T60/29	正极断路	P010700	进气压力/空气压力,信号太小
		传感器接地	接地断路	P011300	进气温度传感器,信号过大
				P010800	进气压力/空气压力,信号过大
		T60/42	信号断路	P011300	进气温度传感器,信号过大
		T60/42	信号短路	P011200	进气温度传感器,信号太小

3. 大众轿车增压压力传感器 G31 和进气温度传感器 G299 的检测

这两个传感器安装在节流阀体之前的进气管上,监控涡轮增压之后的进气压力和温度,如图 4-10 所示。发动机通过 G31 的信号来调整增压压力。

(1) 进气温度传感器 G299 信号的作用　用于计算增压压力的修正补偿温度对于进气密度的影响;保护元件,如果进气温度超过限定值,增压压力降低;控制冷却液循环泵,如果冷却器前后的空气温差小于 8℃,那么冷却液循环泵就会被激活;监控冷却液循环泵的工作状况,如果两个传感器的温度差小于 2℃,说明循环泵失效,OBD 警报灯会亮起。

(2) 失效影响　如果两个信号同时失效,则涡轮增压压力控制变成开环控制,动力下降。

(3) 增压压力传感器的检测方法　用万用表直流电压挡检测电压,打开点火开关,检查进气压力传感器连接器端子 3 与 1 间的电源电压,标准值应为 5V 左右;端子 4 与 1 间的怠速进气信号电压约为 1.886V,加速时电压为 1.9V 左右。端子 2 与 1 间的进气温度信号电压约为 3.5V,加速时端子 2 信号电压为 3.1V。如果信号电压经检查不符合上述规定,说明传感器已经损坏,应进行更换。增压压力传感器控制电路如图 4-11 所示,标准波形如图 4-12 所示。

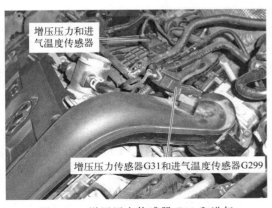

图 4-10　增压压力传感器 G31 和进气
温度传感器 G299 的安装位置

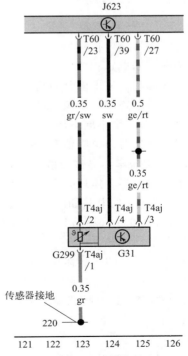

图 4-11　速腾 1.4TSI 增压压力传感器控制电路

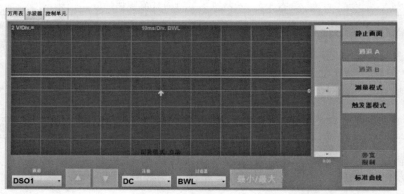

图 4-12　标准波形

4. 宝马进气温度和差压传感器的检测

宝马进气温度和差压传感器外观结构如图 4-13 所示。

图 4-13　宝马进气温度
和差压传感器外观结构

（1）差压传感器　发动机采用了组合式进气温度和差压传感器，该传感器安装在进气歧管上。为 DME 控制单元提供进气装置内空气的温度和差压信号。宝马数字发动机管理系统（DME）控制单元根据进气压力传感器信号调节节气门位置。空气压力通过传感器外侧的一个开孔施加到评估元件上。进气管压力施加在对面一侧，从而使传感器识别出压差。DME 为传感器提供 5V 供电和接地连接。通过信号导线将压差信号发送至 DME。用于压差的可分析信号随压力变化而变化。与测量范围（为 0.5～4.5V）相对应的压差为 20～250kPa（0.2～2.5bar）。

（2）进气温度传感器　DME 为进气温度传感器提供接地连接。另一个接口与 DME 内的一个分压器电路相连。进气温度传感器包括一个热敏电阻器，该电阻器伸入进气气流内，测量进气温度。该电阻为负温度系数（NTC）电阻，即电阻值随温度的升高而减小。该电阻是分压器电路的一个组成部分，DME 为其提供 5V 供电。电阻上的电压取决于空气温度。DME 内存有一个不同电压值与对应温度值的对照表，从而补偿电压与温度之间的非线性关系。温度变化时，电阻值在 167kΩ～150Ω 范围内变化，相应温度为 −40～130℃。

5. 本田轿车半导体压敏电阻式进气压力传感器的检测

本田轿车半导体压敏电阻式进气压力传感器安装在节气门体进气道上，如图 4-14 所示，其与 ECU 连接的电路如图 4-15 所示。

注：黄/红线（端子 1）为传感器电源线，绿/白线（端子 3）为搭铁线，绿/红线（端子 2）为传感器信号线。

对本田轿车的半导体压敏电阻式进气压力传感器仍从电源电压、信号电压及连接线束的导通性等方面去进行检测，检测方法如下。

（1）检测 MAP 传感器的电源电压　拔下 MAP 传感器的 3 芯插头；打开点火开关；用万用表测量 MAP 传感器 3 芯插头上的 1、2 两端子间的电压，如图 4-16 所示，其标准值应为 5V。

（2）检测 MAP 传感器的信号电压　拆下 MAP 传感器；把手动真空泵接在 MAP 传感器进气口处，如图 4-17 所示；打开点火开关；用万用表测量 MAP 传感器的信号线端子 3 与搭铁线端子 2 之间的电压；接通真空泵，随着真空度的变化，读取电压数值的变化，其输出信号电压的标准参考值见表 4-4。

图 4-14　本田轿车的半导体压敏电阻式进气
压力传感器的安装位置

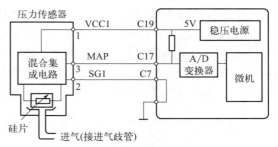

图 4-15　半导体压敏电阻式进气压力
传感器与 ECU 连接的电路

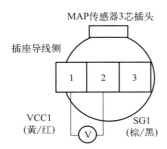

图 4-16　用万用表测量传感器 3 芯
插头上的 1、2 两端子间的电压

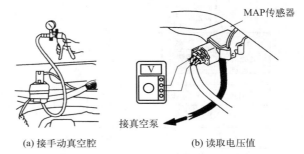

图 4-17　测量 MAP 传感器的信号电压

表 4-4　不同真空度下 MAP 传感器的输出信号电压

真空度/kPa	输出信号电压/V	真空度/kPa	输出信号电压/V
100	2.6	400	1.3
200	2.2	500	1.0
300	1.6	600	0.6

（3）检测 MAP 传感器的线束导通性　关闭点火开关；拔下 ECU 的 C 插头；拔下 MAP 传感器的 3 芯插头；用万用表的电阻挡分别测量 C19、C7、C17 与 3 芯插头的端子 1～3 的导通性，如图 4-18 所示；测量的各电阻标准值应小于 0.5Ω。

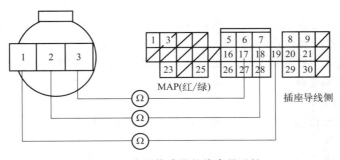

图 4-18　检测传感器的线束导通性

6. 别克凯越进气压力传感器的检测

（1）检测数据及电路图　发动机电脑向压力传感器提供5V的信号基准电压。随着进气歧管压力的变化，压力传感器会产生不同的搭铁电阻，真空度越大电阻就越低，从而控制原为5V的基准信号在0～5V变化，不同的信号电压，对应着不同进气歧管的气压值，如图4-19所示。在打开点火开关、未启动发动机时，歧管压力等于85～96kPa，信号电压较高，发动机电脑将该信息作为车辆所在地的大气压力信号，并根据大气压力信号修正喷油时间，此功能也称作海拔修正。在线性废气再循环流量测试诊断运行时，进气歧管绝对压力传感器还用于确定歧管压力变化。

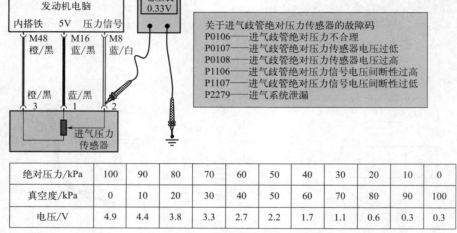

绝对压力/kPa	100	90	80	70	60	50	40	30	20	10	0
真空度/kPa	0	10	20	30	40	50	60	70	80	90	100
电压/V	4.9	4.4	3.8	3.3	2.7	2.2	1.7	1.1	0.6	0.3	0.3

图4-19　进气压力传感器数据检测

（2）检测步骤　当进气歧管绝对压力信号不良时，将会造成发动机怠速不良、加速不良、动力不足等故障。如果进气歧管绝对压力传感器信号与正常值有较大偏差，但未出现故障码时，可导致混合气过稀而动力不足（信号电压过低）、混合气过浓而冒黑烟（信号电压过高）的故障。

① 连接诊断仪，打开点火开关，若有故障码P0106，证明进气歧管绝对压力信号不符合变化规律；若有故障码P0107，证明进气歧管绝对压力信号过低；若有故障码P0108，证明进气歧管绝对压力信号过高。

② 打开点火开关，不启动发动机，读进气压力数据，应在96kPa左右。若高于103kPa，说明故障码P0108所代表的故障是正在持续的硬故障，即信号电压超高；否则证明是间歇性故障，清除故障码。

③ 使发动机运行在怠速状态，读进气压力数据，应在40kPa左右。若压力低于12kPa，说明故障码P0107所代表的故障是正在持续的硬故障，即进气歧管绝对压力信号过低；否则证明是间歇性故障，清除故障码。

④ 气缸缺火也会出现故障码P0108。如果出现缺火，先处理导致缺火的故障。

⑤ 测量压力传感器插头1端蓝黑色线，对搭铁电压应为5V，是由电脑5V电源模块提供的传感器5V工作电源。

⑥ 测量压力传感器插头3端橙黑色线，对搭铁电压接近0V，是由电脑提供的传感器工作搭铁。

⑦ 测量压力传感器插头2端蓝白色线，在打开点火开关时，对搭铁电压应为5V，是电

脑内的 5V 电源串联了一个电阻后输出的传感器信号基准电压。

⑧ 拔下压力传感器上的真空管，检查真空管，不应有堵塞，把手动抽气筒连接到压力传感器上，在压力传感器上人工抽气制造真空度。观察信号电压，应随着压力的变化而及时变化，若变化缓慢或没有反应，证明压力传感器有故障，应更换。可以参考的标准数据：当不施加真空时，压力信号电压为 4.5V 左右；当施加 34kPa 的真空时，压力信号电压应为 1.5V。

⑨ 打开点火开关，不启动发动机时，读数据显示的大气压值若不符合车辆所在地的海拔，证明传感器有故障。

⑩ 在启动发动机时，压力传感器应检测到进气歧管压力所发生的任何变化，如果总是保持在一个固定值，证明传感器有故障。

⑪ 在发动机正常工作的情况下，压力传感器的信号电压应迅速响应节气门位置的变化。若压力信号不对应节气门位置的变化，信号响应迟缓或响应滞后，证明传感器有故障，或真空管堵塞。

⑫ 修理完成后，要利用诊断仪的燃油微调复位功能，将长期燃油微调复位到 128（0%）。

第二节　其他压力传感器

一、发动机机油压力传感器

1. 发动机机油压力传感器的结构

发动机机油压力传感器通常安装在发动机缸体的主油道上，用于检测发动机有无机油压力，它由弹簧、压板、隔板及隔膜等组成，其外观及结构如图 4-20 所示，内部构件及安装位置如图 4-21 和图 4-22 所示。

注：此压力传感器为常开型，只有在机油压力作用下才由常开型转为常闭型。

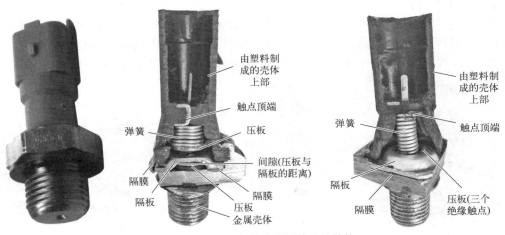

图 4-20　机油压力传感器的外观及结构

2. 发动机机油压力传感器的工作原理

机油压力传感器的工作原理如图 4-23 所示，油压指示灯安装在组合仪表内，机油压力传感器安装在发动机主油道上。在机油压力传感器内，装有受油压作用动作的隔板与压板。当油压低于规定值时，压板不具有推动弹簧的作用力，触点闭合，指示灯亮；当油压高于规定值时，压板推起弹簧，触点分开，指示灯熄灭，告知驾驶员油压已达到规定值。通常情况下，触点动作压力在 30～50kPa 范围内。

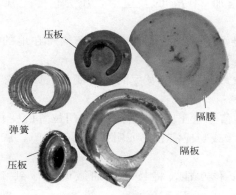

图 4-21　机油压力传感器的内部
构件（本图是分解后的图）

图 4-22　新款捷达机油压力
传感器的安装位置

3. 发动机机油压力传感器的检测方法

① 将点火开关置于 OFF 位置，断开发动机机油压力传感器的线束连接器，将点火开关置于 ON 位置，用万用表测量线束连接器的电压为 12V，正常，说明发动机控制模块（ECM）和线束都没有问题；测量机油压力开关与缸体间的电阻值，接近 0Ω，说明是机油压力传感器内部失效了。

② 检测的条件。检测机油压力传感器及机油压力时应满足的条件：机油油位正常；点火开关打开后，机油压力警报灯必须亮；自动检测系统的显示屏必须显示 OK；机油温度约为 80℃。

③ 机油压力传感器的检测。断开机油压力传感器连接导线，拧下机油压力传感器，并装上机油压力检测仪 VAG1342（图 4-24），将机油压力传感器装到机油压力检测仪 VAG1342 上，检测仪导线 1 接地。将二极管测试灯 VAG1527 连接到机油压力传感器及蓄电池正极，测试灯应不亮；若测试灯亮，则需更换机油压力传感器。启动发动机，压力达 120～160kPa 时测试灯应亮，若测试灯不亮，则需更换机油压力传感器。

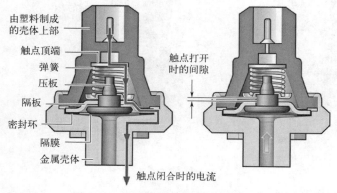

图 4-23　机油压力传感器的工作原理

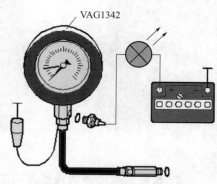

图 4-24　机油压力检测仪

启动发动机，机油温度约为 80℃，机油压力参考值：怠速时机油压力为 100～250kPa；发动机转速为 2000r/min 时应≥200kPa；发动机转速为 3000r/min 时机油压力为 300～500kPa；发动机转速更高时机油压力不允许超过 700kPa。若未达到上述规定值，应更换带限压阀的滤清器支座或机油泵。

二、制动压力传感器

1. 制动压力传感器的结构（图 4-25）

制动压力传感器通过 4 个接触弹簧与控制单元连接。2 个触点用于供电，另外 2 个触点提供 2 个彼此独立的压力信号。

制动压力传感器根据压阻原理工作，为此要利用结构变形引起的材料电导率变化量。4 个压阻测量元件构成一个电桥，这些元件固定在一个隔膜上。压阻测量元件是由半导体材料制成的电阻。

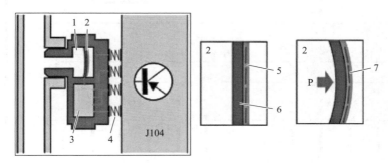

图 4-25　制动压力传感器的结构
1—测量室；2—压阻厚膜传感器元件；3—传感器电子装置和信号放大器；4—连接至控制单元的接触弹簧；5—压阻测量电桥；6—柔性厚隔膜；7—测量电桥内的压电电桥元件

2. 制动压力传感器的功能

压力提高时隔膜和与其连接的压阻测量电桥的长度发生变化。长度变化时测量电桥内的压电元件会出现作用力，这些作用力使压电元件内的电荷分布发生改变。

电荷分布发生变化时压电电桥元件的电气特性会发生改变，其电气信号与压力成正比，并作为放大后的传感器信号传输给控制单元。

失效时的影响：某一压力传感器失效时，系统将电子稳定程序（ESP）功能降低到防抱死制动系统（ABS）和电子制动力分配（EBD）功能。

3. 制动压力传感器的工作原理、安装位置

制动压力传感器安装在 ESP 系统的行驶动力调节液压泵中，该压力传感器不能从液压泵中拧出（该传感器拧在液压泵内），要和液压泵一起更换。它向电子控制单元传送制动管路的实际制动压力，电子控制单元据此算出车轮制动力及作用在车辆上的轴向力，如果需要 ESP 起作用，电子控制单元会利用上述数值计算侧向力。

制动压力传感器的核心部件是一个会受到制动液作用的压电元件和一个传感器电子元件。若制动液挤压压电元件，压电元件上的电荷分布就会起变化，电荷位置移动，由此产生电压。压力越大，电荷分得越开，电压越大。电压被内置的电子元件放大后，以信号的形式传送给电子控制单元，故由电压的大小可以直接测量出制动力的大小。

制动压力传感器通过三根电线与电子控制单元相连，如图 4-26 所示，一根导线 T3an/1 为 5V 电源线，一根导线 T3an/2 为信号线，一根导线 T3an/3 为搭铁线。

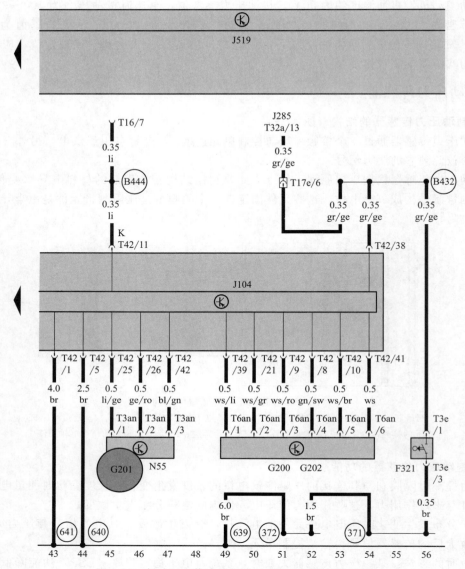

图 4-26　制动压力传感器与电子控制单元相连的电路

F321—驻车制动器开关；G200—横向加速度传感器；G201—制动压力传感器 1；G202—偏转率传感器；J104—ABS 控制单元，在发动机舱内左侧；J285—组合仪表中的控制单元；J519—车载电网控制单元；N55—ABS 液压单元；T3an，T3e—3 芯插头连接；T6an—6 芯插头连接；T16—16 芯插头连接（在仪表板下方左侧，自诊断接口）；T17e—17 芯插头连接，在仪表板下方左侧；T32a—32芯绿色插头连接；T42—42 芯插头连接；640—发动机舱内左侧接地点；641—发动机舱内左侧的接地点 3；371—接地连接 6，在主线束中；372—接地连接 7，在主线束中；639—左侧 A 柱上的接地点；B342—连接 3（58d），在主线束中；B444—连接 1（诊断），在主线束中

4. 制动压力传感器的检测

　　用于奥迪 A6 轿车上的 ESP 制动压力传感器集成在液压单元上，如图 4-27 所示，传感器在液压控制单元输入端的初级电路中测量出制动压力，这种集成结构可以减少线束的使用，并可提高安全性。

　　最大测量值：170bar（1bar＝10^5Pa，下同）。最大能量消耗：10mA、5V。

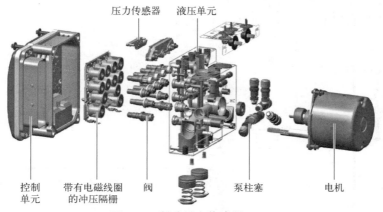

图 4-27 制动压力传感器 G201

结构原理：传感器由 4 个压电晶体电阻组成，形成电桥，并附在柔性的变形片上。当控制单元发现两个信号偏离了公差范围后会出现故障记忆，同时 ESP 功能失效，但 ABS 和 EBD 功能仍然有效。

ESP 制动压力传感器的检测方法：首先检查线路是否损坏（断路）；其次检测正极线路是否短路；最后检测负极线路是否短路；如果以上检测均未出现错误，说明传感器已损坏，应更换新的传感器。

三、直喷发动机燃油压力传感器

1. 燃油压力传感器的结构与原理

燃油压力传感器用于检测发动机实际燃油压力。此传感器由印制电路板、传感器元件、隔离块（间隔块）和壳体等组成，这个传感器安装在进气歧管下方靠近飞轮一侧，用螺栓紧固在由塑料制成的油轨上。它监控燃油系统高压部分的压力，并且把信号传给发动机控制单元。油轨内的压力保持恒定对减少排放、降低噪声和提高功率有重要影响，燃油压力在一个调节回路中进行调节，传感器的测量误差小于 2%。传感器的核心是一个钢膜，在钢膜上有应变电阻，要测的压力经压力接口作用到钢膜的一侧，钢膜弯曲，如图 4-28 所示，引起应变电阻的阻值发生变化，分析电路将电信号处理放大后传递给控制单元。燃油压力传感器电路如图 4-29 所示。

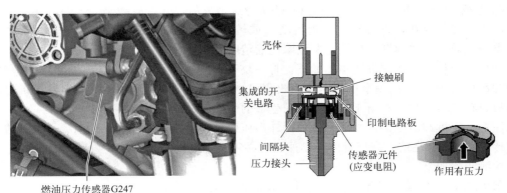

图 4-28 燃油压力传感器的安装位置及结构

发动机控制单元给传感器供电，供电电压为 5V，压力升高时电阻降低，于是信号电压升高。燃油压力传感器的特性曲线如图 4-30 所示。

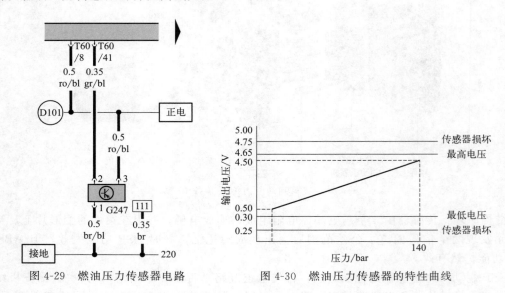

图 4-29 燃油压力传感器电路　　　　图 4-30 燃油压力传感器的特性曲线

2. 信号作用

发动机控制单元根据这个信号，调节燃油压力调节阀从而控制油轨内的燃油压力。如果这个信号反映出燃油压力无法调整了，燃油压力调节阀则会在泵油行程中也通电，处于常开状态，这时整个系统压力降低至低压端的 5bar。

3. 失效影响

如果这个信号失效了，燃油压力调节阀会在泵油行程中也通电，处于常开状态，这时整个系统压力降低至低压端的 5bar。发动机的输出扭矩和功率都会大幅下降。

4. 检测方法

（1）电路检测

① 打开点火开关，检测燃油压力传感器插头 1 和端子 3 的电压为 5V。

② 检查传感器线束与发动机线束和 ECU 连接器端子有无损坏之处，若有损坏之处应修复或更换传感器线束。

③ 当燃油压力随着工况变化时，ECU 认为这是故障，并以故障码 268 的形式存储该故障。由于故障的存在，直接导致发动机功率或转速降低，并且发动机工作粗暴。启动发动机，怠速运转，连接诊断仪确认是此故障码后清除。

（2）油压检测　操作方法描述如下：将一块干净的抹布放在连接点周围并小心地打开，以便卸载大约为 6bar 的剩余压力；必须收集流出的燃油；在工作结束后查询发动机控制单元的故障存储器，将所有由于插头拔下而生成的故障码清除。

注意：在拆卸高压部件之前，例如拆卸高压泵、燃油分配器、喷射阀门、燃油管或燃油压力传感器 G247 之前，高压管内的燃油压力必须被降低到剩余压力大约为 6bar。

检测步骤如下。

① 将发动机舱盖抬升至顶点，向前拉发动机舱盖。

② 拆下空气滤清器。

③ 拆下燃油压力传感器 G247。

④ 替代燃油压力传感器 G247，旋入适配接头 VAS 6294/2，并用 22N·m 的力矩拧紧，如图 4-31 所示。

⑤ 打开数字压力表 VAS 6394/1 的密封盖，如图 4-32 所示，并用 22N·m 的力矩将燃油压力传感器 G247 拧紧在数字压力表上。

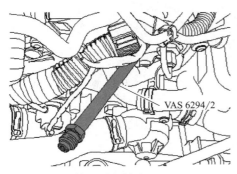
图 4-31　旋入适配接头 VAS 6294/2

图 4-32　将传感器 G247 拧紧在数字压力表上
1—压力管；2—密封盖

⑥ 用手将数字压力表 VAS 6394/1 的压力管拧紧到适配接头 VAS 6294/2 上。

⑦ 将检测适配接头 VAS 5570 连在燃油压力传感器 G2471 和插头之间，如图 4-33 所示。

⑧ 连接车辆诊断、测量和信息系统 VAS 5051B-1，如图 4-34 所示。

⑨ 将诊断导线的插头插到驾驶员脚部空间的诊断接口上。

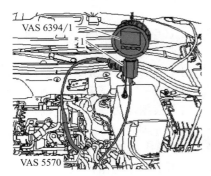
图 4-33　将适配接头 VAS 5570 连在
燃油压力传感器 G2471 和插头之间

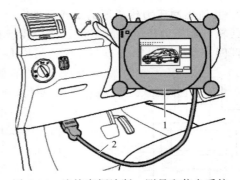
图 4-34　连接车辆诊断、测量和信息系统
1—诊断仪；2—诊断连接线

⑩ 打开点火开关。

⑪ 依次按压显示器上的按钮：汽车诊断-01-发动机电气设备-011 测量值。

⑫ 输入 140，并按 Q 确认。在显示区 2 显示额定值，在显示区 3 显示燃油压力传感器 G247 记录的车辆实际值。

⑬ 为此短暂按压一次按钮 A，打开数字压力表 VAS 6394/1，如图 4-35 所示。

提示：如果按压按钮 A 2s，灯将会点亮 20s。数字压力表 VAS 6394/1 应显示 0bar，如果未显示该数值，可短促地按一下按键 C 进行调零。

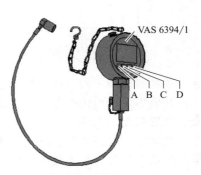
图 4-35　数字压力表 VAS 6394/1

⑭ 启动发动机。

⑮ 比较数字压力表 VAS 6394/1 上显示的压力以及车辆诊断、测量和信息系统 VAS 5051B 的实测值。压力最大差值为 5bar。

⑯ 如果压力不匹配，则更换燃油压力传感器 G247。

注意：数字压力表 VAS 6394/1 中有高燃油压力！发动机运行期间，从燃油压力调节阀 N276 上拔下接头。从而燃油压力上升到约 6bar。关闭点火开关。将抹布置于燃油压力传感器 G247 周围，然后小心地松开燃油压力传感器 G247 卸载剩余压力。

提示：

① 如果在怠速情况下拔下燃油压力调节阀 N276 的电气插头连接，高压管内的压力会降低到约 6bar；

② 在高压解除后，高压系统必须打开，因为燃油压力由于温度升高会再次升高；

③ 更换燃油压力传感器 G247，并重新比较两个测量值；

④ 如果测量值仍然不符，则进行检查管路。

四、电控柴油机共轨燃油压力传感器

1. 共轨燃油压力传感器的结构

共轨燃油压力传感器以足够的精度，在相应较短的时间内，可测定共轨中的实时压力，并向 ECU 提供电信号，其结构如图 4-36 所示，燃油经过一个小孔流向共轨燃油压力传感器，传感器的膜片将孔的末端封住。高压燃油经压力室的小孔流向膜片。膜片上装有半导体材料的敏感元件，可将压力转换为电信号。通过连接导线将产生的电信号传送到一个向 ECU 提供测量信号的求值电路。

2. 共轨燃油压力传感器的工作原理

共轨燃油压力传感器的测量元件安装于其中心部位，它与一个被微机械蚀刻的硅膜制成一体，四个变形的电阻分布在硅膜的膜片上。

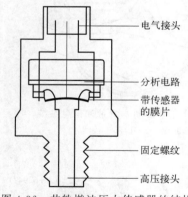

当有微小压力作用于硅膜膜片上时，它们的电阻值发生变化，测量元件的四周被一个盖子环绕，测量元件与盖子一起将参考真空封闭。根据压力测量的范围，传感器的膜片可以制成 $10 \sim 1000 \mu m$ 厚度（150MPa 时变化量约为 1mm）。压力传感器以惠斯通电桥原理工作，当膜片在气压作用下发生变形时，四个测量电阻的其中的两个电阻值升高而其他两个电阻值降低，这将导致电桥的输出端产生电压，以该电压值代表压力。信号处理电子电路被集成在传感器内部，该电路用于对电桥电压进行放大，同时补偿温度的影响，产生线性的压力特性曲线。电路输出电压为 $0 \sim 5V$，通过端子与发动机 ECU 连接，发动机 ECU 以此输出电压计算压力。共轨燃油压力传感器失效时，具有应

图 4-36　共轨燃油压力传感器的结构

（图标注：电气接头、分析电路、带传感器的膜片、固定螺纹、高压接头）

急行驶功能的调压阀以固定的预定值进行控制。

共轨燃油压力传感器应用于第三代柴油机电控燃油系统中，其外形如图 4-37 所示，其安装位置如图 4-38 所示，该系统将喷油量和喷油时间控制融为一体，使燃油的升压机构独立，也就是燃油压力与发动机转速、负荷无关，具有可以独立控制压力的蓄压器共轨。喷油量、喷油时间等参数直接由装在各个气缸上的喷油器控制。

图 4-37 共轨燃油压力传感器的外形

图 4-38 共轨燃油压力传感器的安装位置

第三代柴油机电控燃油系统采用高速电磁阀，是全新一代的燃油系统，将发挥巨大的作用，尤其在降低柴油机的排放和保护环境方面将会起到不可替代的作用。电控共轨式喷油系统的控制原理如图 4-39 所示，其控制电路如图 4-40 所示。

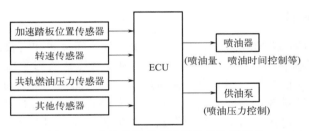
图 4-39 电控共轨式喷油系统的控制原理

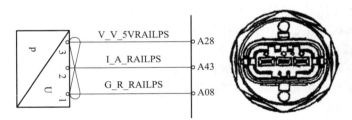
图 4-40 电控共轨式喷油系统的控制电路

共轨式喷油系统中喷油压力的控制示意如图 4-41 所示。根据各个传感器的信息，ECU 演算单元经过演算后定出目标喷油压力。根据装在共轨上的压力传感器的信号，ECU 计算

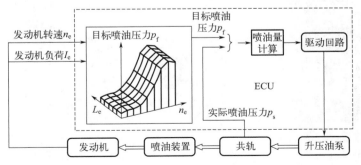
图 4-41 共轨式喷油系统中喷油压力的控制示意

出实际喷油压力，并将其值和目标压力值比较，然后发出命令控制供油泵，升高或降低压力。将 ECU 中的目标喷油压力特性用具体数据表示成三维图形，即所谓 MAP 图，可以得到最佳喷射压力特性。

3. 共轨燃油压力传感器的故障诊断

（1）博世高压共轨系统可能会有的故障码　P0194——油轨压力传感器信号太弱；P0191——油轨压力传感器信号太强；P0192——油轨压力传感器电压太低；P0193——油轨压力传感器电压太高。

（2）可能会有的实际值　检查油轨压力传感器的电源供应；拔出油轨压力传感器插塞接头；在线束一侧的端子 1 上对应于端子 3 进行检测。触发系统已接通，额定值为 4.5～5V，如果未达到额定值，则检查电线。

（3）检测信号电压　插上油轨压力传感器的插塞接头；在部件一侧的端子 2（＋）和端子 1（－）之间进行测量，触发系统已接通，额定值为 0.3～0.7V；发动机处于热温和怠速运转状态中，额定值为 0.8～1.2V，如果未达到额定值，则油轨压力传感器有故障。

（4）其他可能出现的故障　电缆断路、正极短路或者接地短路；插塞接头没有连接或者连接处导电不佳；尽管已通过检验，但油轨压力传感器仍然有故障。

五、轮胎压力传感器

目前车上用的轮胎压力监控系统（TPMS）主要分为间接式和直接式两类。间接式是指通过 ABS 的轮速传感器来比较轮胎之间的转速差别，以达到监测胎压目的。直接式是指利用安装到每一个轮胎的压力传感器来直接测量胎压，利用无线发射器将压力信息从轮胎内部送到中央接收器，然后对各轮胎气压进行显示，当有漏气时系统会自动报警。备胎由控制单元监控和管理，但它不包括在信息通报内。从车轮传感器到控制单元的数据是通过高频无线电传递的。车辆外围设备的信息交换是通过舒适 CAN 总线实现的，如图 4-42 所示，每个气门嘴上都装有一个轮胎气压测量和发送单元，该单元以固定的时间间隔，向安装在翼子板上的轮胎压力监控天线和轮胎压力监控控制单元发送无线电信号。

1. 轮胎压力监控系统的组成

轮胎压力监控系统由下述部件构成：5 个轮胎压力传感器、4 个轮胎压力监控天线、轮胎压力监控控制单元、组合仪表、功能选择开关，如图 4-43 所示。

图 4-42　轮胎压力监控
控制单元信号获取

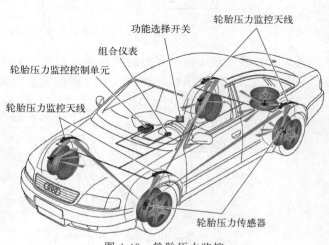

功能选择开关
组合仪表
轮胎压力监控控制单元
轮胎压力监控天线
轮胎压力监控天线
轮胎压力传感器

图 4-43　轮胎压力监控
系统部件的位置

2. 轮胎压力监控系统的工作原理

当打开驾驶员车门或 15 号接线柱接通时,如图 4-44 所示,系统就开始初始化过程,然后控制单元给轮胎压力监控发射器 G222～G226 和天线 R96 各分配一个 LIN 地址(分配时在时间上是错开的),初始化完成后,这几个发射器一个接一个地从控制单元接收到一条信息,随后这些已经分配到地址的发射器发射出无线电信号(频率为 125kHz,只发射一次)。由于这种无线电信号的作用半径很小,所以它们只会分别被相应的轮胎压力传感器所接收,传感器被无线电信号激活,然后就会发送出测量到的当前压力和温度值,这些测量值由天线接收后,再经 LIN 总线传送到控制单元。

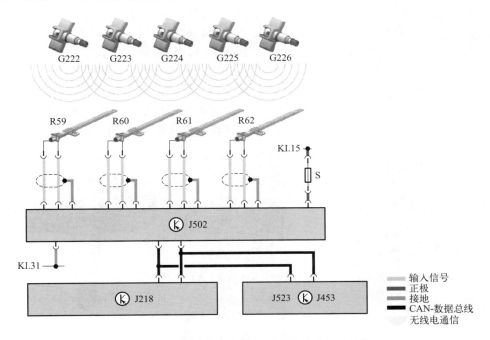

图 4-44　奥迪车使用的轮胎压力监控系统的功能

E272—功能选择开关;G222—轮胎压力传感器,左前;G223—轮胎压力传感器,右前;G224—轮胎压力传感器,左后;G225—轮胎压力传感器,右后;G226—轮胎压力传感器,备胎;J218—仪表板内组合处理器;J502—轮胎压力监控控制单元;K—自诊断连接;R59—轮胎压力监控天线,左前;R60—轮胎压力监控天线,右前;R61—轮胎压力监控天线,左后;R62—轮胎压力监控天线,右后;J453—多功能方向盘控制单元;J523—前部信息系统操纵和显示控制单元

随后,只要是车辆静止,就不再进行任何通信联系。轮胎压力传感器上装有离心力传感器,该传感器可以识别出车轮是否在转动。与前代系统相比,现在系统的一个突出优点是:只要 15 号接线柱接通就可立即显示出警告信息,同时传感器的寿命也得到提高。

车辆起步时,传感器在约 2min 后开始与车轮位置进行匹配。当车速超过 20km/h 时,每个传感器都会自动发射当前的测量值,而不需等待来自各自发射器的信号。发射出的无线电信号中包含传感器的 ID,这样控制单元就可识别出是哪个传感器发出的信息及其位置。

正常情况下,发射器每隔 30s 就发射一次信号。如果传感器发现压力变化较快($>2\times10^4\,Pa/min$),那么传感器会自动切换到快速发送模式,这时每隔 1s 就发送一次当前测量值。

3. 部件简介

（1）金属气门嘴　轮胎压力监控系统所用的气门嘴是新设计的，以前使用的是橡胶气门嘴，现在用的是金属气门嘴，如图 4-45 所示。

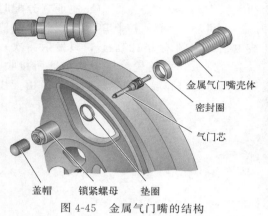

金属气门嘴壳体
密封圈
气门芯
盖帽　锁紧螺母　垫圈

图 4-45　金属气门嘴的结构

（2）轮胎压力传感器（G222～G226）　轮胎压力传感器拧在金属气门嘴上，在更换车轮或轮辋时，该传感器仍可再用。轮胎压力传感器将轮胎的实时压力信息（绝对压力测量）发送给轮胎压力监控控制单元，用以评估压力情况。温度信号用于补偿因温度改变而引起的压力变化，同时还用于自诊断。当温度高于某一限定值时，传感器就停止发送无线电信号。温度补偿由轮胎压力监控控制单元来进行，测出的轮胎压力以 20℃ 时的值为标准值。

轮胎压力传感器内部集成部件如图 4-46 所示。压力传感器、温度传感器及测量/控制电子装置都集成在一个智能型传感器上。

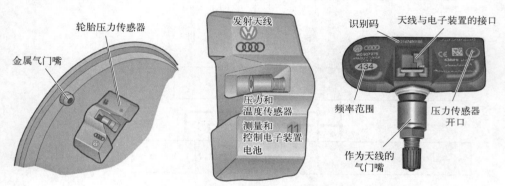

金属气门嘴　轮胎压力传感器　发射天线　压力和温度传感器　测量和控制电子装置　电池　识别码　天线与电子装置的接口　频率范围　压力传感器开口　作为天线的气门嘴

图 4-46　轮胎压力传感器内部集成部件

根据各国情况的不同，现在使用两种不同的载波频率，大多数国家使用 433MHz 的载波频率；少数国家（如美国）使用 315MHz 的载波频率。传感器、天线和控制单元上印有相应的载波频率，另外从零件号上也可看出用的是哪种载波频率。只有系统部件都使用相同的载波频率时，轮胎压力监控系统才能正常工作。一个封闭系统内的空气压力变化与温度是成比例的。正常情况下，温度每变化 10℃，压力变化约 10^4Pa。输入"存储压力"后，轮胎充气压力就被标准化为 20℃ 时的值。为了避免调整不当，应特别注意，必须在"轮胎冷态"时检查校正存储轮胎的充气压力。

地球表面的空气压力称为大气压力。按海拔来计算，大气压力平均值为 101300Pa，一般就认为是 10^5Pa。相对压力是以大气压为基准计算出的压力；绝对压力是以压力是零为基准计算出的压力。

轮胎压力传感器的发射天线发送下述信息：①专用识别码（ID-Code）；②实时轮胎压力（绝对压力）；③实时轮胎空气温度；④集成电池的状态；⑤为保证数据的安全传递所需的状态、同步和控制方面的信息。

以上所列的信息都包含在一段 12 位长的数据电报内。数据传递是调频式的，传递时间约 10ms。

每个轮胎压力传感器都有一个专用的识别码（ID-Code），用于"轮胎识别"。为了避免接收到错误信息，当轮胎压力传感器接收到的温度达到 120℃时，它就不再发送无线电信号（数据电报）了。就在发射电子装置马上切断轮胎压力传感器前，轮胎压力控制单元得到了"温度切断"信息，于是"故障内容"就被记录在故障存储器内。

当温度低于某一值时，轮胎压力传感器又能恢复无线电通信，如图 4-47 所示，电子部件对高温是很敏感的，高温会导致功能故障及部件损坏。

当一个或多个轮胎压力传感器发生温度切断时，会出现如图 4-48 所示的提示。

图 4-47 制动盘产生高温

图 4-48 轮胎压力传感器发生温度切断

测量、控制及发射电子装置是通过集成的锂电池供电的。为了使轮胎压力传感器的使用寿命尽可能长，其控制电子装置有专用的"能源管理"功能。

测量轮胎压力的数据传递量是很小的，但应能立即识别出气压不足并将此信息传递给控制单元。"能源管理"功能可以根据不同的测量和发射时间间隔，区分出是正常发射模式还是快速发射模式。当轮胎气压值保持恒定时，轮胎压力传感器就处于正常发射模式。

当气压损失高于 $2 \times 10^4 \mathrm{Pa/min}$ 时，轮胎压力传感器立即切换到快速发射模式，如图 4-49 所示。"能源管理"可在保证压力监控功能的同时，使传感器电池所承受的负荷尽可能小。电池寿命理论上可达到 7 年。电池是轮胎压力传感器的一个组成部件，它是不能单独更换的。可以通过自诊断来查询电池的理论寿命。

4. 轮胎压力监控天线 R59～R62

轮胎压力监控天线接收来自轮胎压力传感器的无线电信号，并将此信号传至轮胎压力监控控制单元以便进一步处理。轮胎压力监控系统共有 4 根用于轮胎压力监控的天线，分别安装于左前、右前、左后、右后车轮罩内的衬板后，如图 4-50 所示。这 4 根天线经高频天线导线与轮胎压力监控控制单元相连，并根据安装位置与控制单元进行匹配。天线接收所有处于接收范围和频率范围内的无线电信号，每根天线都会接收所有处于其作用半径以内的传感器信号。无线电信号会被传送至控制单元内并经过选择，以便处理正确的信息。

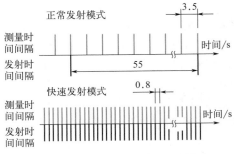

图 4-49 轮胎压力传感器发射模式

图 4-50 轮胎压力监控天线安装位置

为了保证轮胎压力监控系统能正常工作，该系统上使用的各部件的载波频率必须相同，从零件号也可看出载波频率。

轮胎压力传感器安装在车轮罩内的衬板后。为了不干扰高频数据传递，对于损坏的天线导线目前不可以修理。如果天线导线损坏，应更换整个线束。轮胎压力监控天线目前还不能用自诊断来查找故障，但故障存储器内记录的关于轮胎压力传感器"无信号故障"，也可能是天线和天线导线导致的。

5. 轮胎压力监控控制单元 J502

该控制单元对轮胎压力监控天线发来的信号进行处理并排队，然后把相应的信息送至组合仪表。驾驶员信息系统（FIS）的显示屏会显示相应信息。车辆外围设备是通过舒适 CAN 总线进行通信的。通过对各种不同的界限值和按时间变化的压降（压降梯度）进行分析，就可对系统状况信息进行排队（按其重要性）。输入"存储压力"后，不但要求控制单元存储新的轮胎充气压力，还要"学习"以前存储的传感器及其位置，因此控制单元内存储了两套彼此毫无关系的轮胎压力值。

① 用控制单元编码输入的部分负荷及全负荷时的轮胎充气压力。该压力值可在油箱盖上的不干胶标签上查到，它是按编码表输入的。根据部分负荷的压力可计算出一个最低压力极限值，如图 4-51 所示。

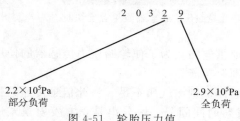

图 4-51　轮胎压力值

② 通过驾驶员信息系统显示屏的"存储压力"功能，由驾驶员存储轮胎充气压力（见随车使用说明书）。用驾驶员信息系统的菜单可以存储个性化的轮胎充气压力值（如满负荷或冬季轮胎）。

6. 轮胎充气压力和轮胎温度显示的操作方法

（1）大众、奥迪轮胎充气和温度显示的操作　大众、奥迪轮胎的当前状态可在多媒体界面（MMI）中显示出来。

第一种显示轮胎充气压力和轮胎温度的操作：①按压功能按钮 CAR；②在汽车菜单中选择 Systems（系统）；③选择 Tyre Pressure Monitoring（轮胎气压监控系统）；④选择 Display Tyre Pressures（显示轮胎气压）；⑤再次按压旋钮，所选车轮的轮胎充气压力和温度便会显示出来，如图 4-52 所示。

当前的轮胎充气压力用数值和符号显示。这些符号的含义如下：①无符号，如果当前的轮胎充气压力与规定压力大体相同，则仅显示轮胎充气压力；②惊叹号，如果当前的轮胎充气压力比规定压力低约 $3 \times 10^4 \mathrm{Pa}$，便会显示带有惊叹号的轮胎充气压力；③带有惊叹号的三角号，如果当前的轮胎充气压力比规定压力低 $5 \times 10^4 \mathrm{Pa}$ 以上，便会显示一个带有三角符号和惊叹号的轮胎充气压力。再次按压旋钮，便会依次显示四个在用车轮的轮胎充气压力和温度。

第二种显示轮胎充气压力和轮胎温度的操作：①按压功能按钮 CAR；②在汽车菜单中选择 Systems（系统）；③选择 Tyre Pressure Monitoring（轮胎气压监控系统）；④选择 Display Tyre Pressures（显示轮胎气压）。轮胎充气压力和轮胎温度显示如图 4-53 所示。

当前的轮胎充气压力用绿色、黄色和红色数值显示。这些颜色的含义如下：①绿色，如果当前的轮胎充气压力与规定压力大体相同，则轮胎充气压力用绿色字体显示；②黄色，如果当前的轮胎充气压力比规定压力低约 $3 \times 10^4 \mathrm{Pa}$，则轮胎充气压力用黄色字体显示；③红色，如果当前的轮胎充气压力比规定压力低 $5 \times 10^4 \mathrm{Pa}$ 以上，则轮胎充气压力用红色字体显示。

图 4-52　按压旋钮显示轮胎充气压力和温度　　　图 4-53　显示屏显示轮胎充气压力和温度

在系统进行学习的阶段，不会显示轮胎充气压力或轮胎温度。轮胎充气压力和温度显示为水平虚线"-----"。用于本车的建议轮胎充气压力请见油箱盖板上的贴签。

（2）更换车轮　更换车轮时必须对调换过的车轮重新执行学习过程：①按压功能按钮 CAR；②在汽车菜单中选择 Systems（系统）；③选择 Tyre Pressure Monitoring（轮胎气压监控系统）；④选择 Initialize Wheels（调换车轮）。

如果更换了车轮，则需要执行调换车轮功能：选择该功能后，系统便会记忆新的车轮。这个学习记忆过程的时间最长 5min。在此期间，不会显示轮胎的充气压力和温度，因为车轮的传感器首先必须重新学习和重新编排位置。

在记忆过程中，轮胎充气压力监控系统只能执行部分工作。只有轮胎充气压力低于允许的最低规定压力时，才会发出警告。涉及的车轮可能会是一个或多个，如果是这种情况，便会出现警告符号，同时带有说明轮胎压力的文字。

7. 故障诊断

（1）胎压监测系统常见故障

① 胎压过低。

车辆仪表显示：某轮胎胎压过低和胎压灯亮；在旋转菜单后，会出现"请检修胎压监测系统"。

原因：某个或某几个轮胎胎压值低。

解决方法：对被提示胎压不足的轮胎充气（达到 240kPa 即可），然后重新启动汽车。不需要进行轮胎胎压指示器传感器读入程序。

② 胎压过高。

车辆仪表显示：某轮胎胎压过高；在旋转菜单后，会出现"请检修胎压监测系统"。

原因：某个或某几个轮胎胎压值高。

解决方案：对被提示胎压过高的轮胎放气（达到 240kPa 即可），然后重新启动汽车。不需要进行轮胎胎压指示器传感器读入程序。

③ 四个胎压值均不显示。

车辆仪表显示：四个胎压值均不显示。

原因：车辆蓄电池被断开过。

解决方案：汽车行驶后可以恢复正常。

④ 部分胎压值不显示。

车辆仪表会显示：部分胎压值（可能 1 个、2 个或 3 个）不显示，胎压灯亮，或者在旋转菜单后，会出现"请检修胎压监测系统"。

原因：进行轮胎胎压指示器传感器读入程序时，读入错误的胎压传感器位置或者车辆改装电气系统（如加装 DVD 等），干扰了接收器接收胎压传感器的信号。

解决方案：使用正确的胎压诊断工具或充放气方法重新进行轮胎胎压指示器传感器读入程序；如果由于 DVD 系统改装或加装，其释放出的干扰信号较强，必须先排除电磁干扰。

⑤ 胎压监测系统学习不成功。

车辆仪表会显示：四个胎压值均不显示，胎压灯亮，在旋转菜单后，会出现"请检修胎压监测系统"。

原因：车身控制模块（BCM）软件和标定不是最新版本，传感器故障，车辆改装 DVD，干扰接收器接收胎压传感器的信号。

解决方案：重新编程，更新车身控制模块软件，然后进行轮胎胎压指示器传感器读入程序，更换新胎压传感器，由于改装或加装的 DVD 释放出的干扰信号较强，必须排除电磁干扰。

（2）轮胎胎压监控系统数据流　轮胎胎压监控控制单元与车辆的信息交换是在组合仪表上，通过 CAN 舒适总线来完成的。通过自诊断，可以快速查寻故障，地址码为 65，可选功能：01-查询控制单元版本号；02-查询故障存储器；05-清除故障存储器；06-结束输出；07-给控制单元编码；08-读取测量数据块；10-自适应。奥迪轮胎胎压监控系统数据流见表 4-5。

表 4-5　奥迪轮胎胎压监控系统数据流

显示组号	显示区域表达含义			
	1 区	2 区	3 区	4 区
01	左前方车轮	温度	实际压力	额定压力
02	左前方车轮	蓄电池剩余工作寿命	空	蓄电池电压状况
03	左前方车轮＋识别号	空	空	空
04	右前方车轮	温度	实际压力	额定压力
05	右前方车轮	蓄电池剩余工作寿命	空	蓄电池电压状况
06	右前方车轮＋识别号	空	空	空
07	左后方车轮	温度	实际压力	额定压力
08	左后方车轮	蓄电池剩余工作寿命	空	蓄电池电压状况
09	左后方车轮＋识别号	空	空	空
10	右后方车轮	温度	实际压力	额定压力
11	右后方车轮	蓄电池剩余工作寿命	空	蓄电池电压状况
12	右后方车轮＋识别号	空	空	空
13	右侧备用车轮	温度	实际压力	额定压力
14	右侧备用车轮	蓄电池剩余工作寿命	—	蓄电池电压状况
15	右侧备用车轮＋识别号	空	空	空
16	车轮电气设备识别号	状态比特	测量和控制电子装置状态	实际压力
21	速度信号	ABS 状态	发动机转速	发动机状态
22	外界温度	空调状态	接线柱 15 状态	控制器电压
23	驾驶员车门状态	负载	空气悬架状态	网关状态（媒体系统数据交换）
24	左前方天线部件号码	空	右前方天线部件信号	空
25	左后方天线部件号码	空	右后方天线部件号码	空

续表

显示组号	显示区域表达含义			
	1 区	2 区	3 区	4 区
81	车架号码	序列号	车型检测码	—
31	左前备件号	右前备件号	空	空
32	左前备件号	右前备件号	空	空
125	车速信号	来自 ABS	发动机转速	来自发动机
126	车外温度	0/1	Ein/Aus(接通/断开)	0～25.5V
130	驾驶员侧车门状态	来自组合仪表	FMVSS138（美国标准指示灯）	空
140	来自 MOST 总线	空	空	空

① 当匹配轮胎胎压监控控制单元 J502 时，需要满足如下条件：以超过 40km/h 的车速持续行驶至少 20min，避免时走时停驾驶，与其他车辆并行行驶时间不要超过 5min，以避免接收其他车辆的车轮信号；匹配结果可通过轮胎胎压系统读取测量数据块 17 组的系统状态显示；系统状态数据块 17 记录 1；状态 0049 表示系统已经匹配成功。

② 校准。每次更改充气压力、修理底盘及更换轮胎后，因轮胎特性发生变化，故必须进行系统校准，以便确定新的基准值。

a. 启动校准过程，按住轮胎监控显示系统按键 2s 即可启动校准过程。组合仪表上的警报灯将亮起约 2s，并发出一声锣声。

b. 正常行驶过程中，轮胎监控显示系统按照驾驶员给轮胎充的气压和所安装的轮胎进行校准。

校准过程中，系统逐步将数据传输给轮胎胎压监控系统。数分钟后，系统就可以以刚刚"学习"到的车速和行驶状况进行大致的监控，如图 4-54 所示。

图 4-54　校准过程

8. 各车型胎压复位设定、初始化操作

（1）奥迪 A3 胎压监测系统初始化设定（TPMS 胎压灯点亮）

① 在驾驶员信息系统中，仪表的胎压黄灯指示如图 4-55 所示。

图 4-55　仪表的胎压黄灯指示

② 发动机熄火，钥匙置于 ON 位置，利用雨刮开关的 A、B 键，通过驾驶员信息系统菜单来操作，如图 4-56 所示。

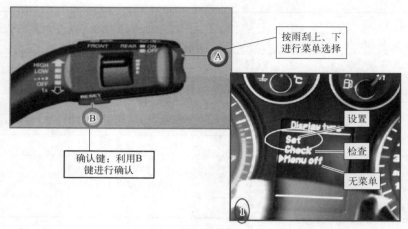

(a) 调出菜单

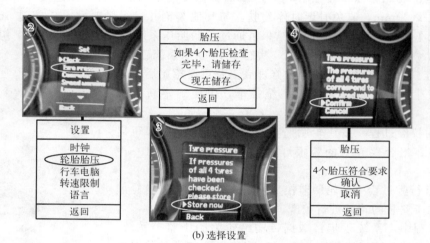

(b) 选择设置

图 4-56　通过驾驶员信息系统菜单来操作

③ 胎压没有设定选项（无法做胎压重置）且仪表中安全带指示灯不亮。

a. 如因为意外操作引起胎压灯亮或其他显示故障（仪表），在打开 SET 菜单后，通过上、下键查找，没有发现胎压（Tyre pressure）选项，则按如图 4-57 所示方法恢复仪表编码。

图 4-57　恢复仪表编码

b. 用 VAS 6150B 进入自诊断，检查仪表编码，比如仅仅显示编码为 2，则说明编码数据已丢失，这个编码说明仪表不仅胎压选项丢失，而且连安全带的指示灯功能也丢失了，可以尝试编码为 16022（具体要根据本车的配置来设置或找同车型对比编码），执行编码后，退出 VAS 6150B，关闭并重新打开车钥匙，打开驾驶员信息系统，按前面所讲的初始化方法做胎压归零，这时会发现 SET 菜单中已经有了 Tyre pressure 选项。

④ 奥迪车组合仪表中显示 TPMS 警告信息。

描述：组合仪表中显示 TPMS 和"轮胎压力！系统故障"的警告信息，上述现象的出现可能有两种情况：一是只有在发动机启动后才会显示 TPMS 信息，然后发动机很快就熄火，而且故障存储器中无故障记录；二是组合仪表始终显示上述警告信息，而且制动器控制单元故障存储器中存储"03159——ESP 中的轮胎压力监控功能异常"的故障记录。

适用车型：2008～2014 年款的奥迪 A4、A5 和 Q5 车。

技术背景：组合仪表显示 TPMS 信息，并不是针对压力损失发出的警告，而是表示目前未激活轮胎胎压监控。在下列情况下可能显示该信息：一是在启动阶段进行自检时，ESP 功能可能短时受到抑制，且同时关闭了轮胎监控显示功能，当自检结束后，这两个功能重新恢复正常；二是如果制动电子设备出现故障，则将导致轮胎监控显示功能被关闭，制动电子设备本身不存在故障时，其他系统（如发动机控制单元或 EPB 控制单元）也可能造成这种情况的发生，但制动器控制单元故障存储器中除了记录故障码 03159 外，至少还有 1 个其他的故障记录。

售后解决方案：由于无针对轮胎胎压损失发出的警告，因此可以不更改轮胎胎压的存储记录，但请注意下列事项。

a. 如果在启动阶段，组合仪表中显示 TPMS，然后又立即消失，则完全可以忽略。在这种情况下请不要尝试进行任何维修。该警告信息仅说明暂时未激活轮胎压力监控功能，因为在这个过程中，车辆处于静止状态，因此无车轮转速值，轮胎压力监控功能即使在已激活状态下也无法正常工作。当上述警告信息消失后，轮胎压力监控功能会重新恢复正常。

b. 如果制动器控制单元故障存储器中不仅记录了故障码 03159，还有其他的故障记录，则先处理其他故障记录，处理完该记录且已排除相关故障后，故障码 03159 可能会自动消失，如果不自动消失，一般也可以被删除，轮胎胎压监控功能会恢复正常，仪表恢复正常显示。

⑤ 大众/奥迪车胎压设定。选择 65-轮胎胎压监控；选择 16-系统登录；输入登录码"10896"。

选择 10 通道调整匹配。输入通道号：1-左前轮 240～280kPa，2-右前轮 240～280kPa，3-左前轮 240～280kPa，4-右后轮 240～280kPa，确认保存。

（2）国产宝马 5 系胎压监控系统初始化　修正轮胎充气压力或更换轮胎时，要对轮胎压力监控系统进行初始化，具体方法如下：启动发动机，但不要起步；进入 i-driver 界面；选择"车辆设置"并按压控制器；选择 RPA 并按压控制器；选择"设置轮胎压力"并按压控制器；选择"是"并按压控制器；让轿车行驶，初始化结束。

（3）汉兰达胎压监测系统复位及初始化

① 复位方法。接通点火开关，在 TPWS 指示灯亮时，按下轮胎 SET 键 1～2s，在 TPWS 指示灯熄灭之后松开 SET 键即可。

② 初始化方法。接通点火开关，按住轮胎 SET 键直到轮胎气压指示灯以每秒 3 次的频率闪烁，在轮胎气压指示灯闪过 3 次之后，松开按钮，然后驾驶车辆行驶一段时间，完成轮胎压力初始化设定。

（4）老款卡宴 E1 胎压灯消除操作　在更换轮胎、进行车轮动平衡后，轮胎最好不要对调，以免胎压灯点亮而无法消除（只针对带原厂胎压监控系统的车型）。正常情况下，如果胎压灯亮起，只需调整胎压后，车辆稍微行驶一段距离后即会自动熄灭。如果胎压灯无法熄灭，对轮胎类型尺寸重新设定后再行驶即可能会熄灭。如果还是无法熄灭，则需要重新设定各个轮的ID。操作方法为：用PIWIS读取胎压实际值，下拉查找4个车轮的ID并记录；进入保养保修项，在第2行中将相应车轮的ID录入，再重新设置车轮尺寸类型即可。注意，实际值中的数据是带逗号的，在录入保养保修中时不需要将逗号录入。

（5）保时捷卡宴轮胎压力复位操作

① 接通点火开关。

② 按转向盘右侧组合开关上的MENU键，调出系统设置主菜单，如图4-58所示，并选择"Tyre press"（轮胎压力），按OK键。

③ 如图4-59所示，选择"Settings"（设定）进入下一步骤。

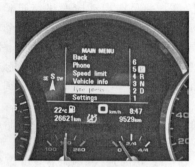

图 4-58　系统设置主菜单

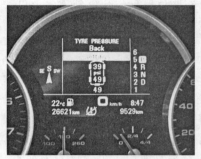

图 4-59　选择"Settings"（设定）

④ 如图4-60所示，选择相应选项［"Tyres"（轮胎）-"Winter"（冬季轮胎）-20"Inch"（20in，1in＝2.54cm，下同）］进入下一步骤。

⑤ 如图4-61所示，选择"Spare wheel"（备胎）进入下一步骤。

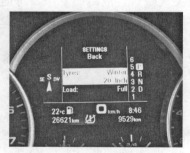

图 4-60　选择相应选项

图 4-61　选择"Spare wheel"（备胎）

⑥ 如图4-62所示，选择"Sealing set"（补胎设定）。

⑦ 启动车辆，行驶数分钟，仪表出现图4-63所示的提示（是否确认补胎设定），选择"Yes"，成功设定轮胎压力。

（6）别克林荫大道胎压复位操作　别克林荫大道的胎压复位操作与君威的不一样，具体的方法有两种：一种是手动操作；另一种是利用专用的故障检测仪，按照故障检测仪的提示进行操作。手动操作方法如下。

① 将点火钥匙插入并接通点火开关。

② 同时按住遥控器的开锁键和闭锁键，听到发出"嘟嘟"两声后，松开遥控器，表明汽车进入匹配状态，轿车左前转向灯会闪亮。

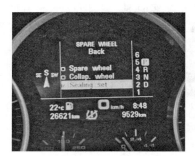

图 4-62　选择 "Sealing set"（补胎设定）

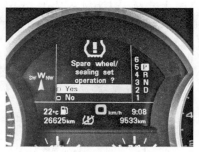

图 4-63　仪表提示是否确认补胎设定

（7）斯柯达胎压灯清除方法　目前，斯柯达车系的部分车辆配置了原厂的间接式胎压监测系统，当车辆某个车轮的胎压发生变化时，相应车轮的轮速也会发生变化，ABS 以此来判断各车轮的胎压情况，必要时点亮仪表上的胎压报警灯。胎压报警灯一旦点亮，在排除故障后，可以通过以下 3 种方式熄灭胎压报警灯。

①接通点火开关至 ON 位，按下胎压复位按钮 SET 并保持大约 3s，直至仪表内发出一声 "铛"，同时胎压报警灯会熄灭。

②连接 VAS 6150B，进入 ABS ABS 03 的基本设定功能 006，输入通道号 42 后点激活，显示屏上会显示 "轮胎压力复位完成"，退出系统后仪表上的胎压报警灯会熄灭。

③连接 VAS 6150B，进入引导性功能，选择 "防抱死系统"，选择 "轮胎→检验→显示轮胎压力报警" 打开子菜单，按提示操作选 "3-轮胎监控恢复到初始状态" 后按提示确认即可。

注意：胎压监测系统经过初始化后，车辆需要行驶一段里程来完成自学习，此过程无法监控其完成情况，一般自学习里程在 50km 以上，在自学习阶段系统的监测功能不起作用。

（8）北京现代使用 GDS 设置 TPMS 的方法　进行下列与 TPMS 相关的操作后，需用 GDS 执行模式设置程序，否则 TPMS 警告灯可能会异常点亮。TPMS 不能正常工作：更换 TPMS 传感器；更换车轮总成；轮胎换位；更换 TPMS 接收器。

注意：当更换 TPMS 传感器时，因为可能与其他车辆的 TPMS 传感器发生干涉，所以一定要让车辆远离其他配备 TPMS 的车辆；如果车辆的低压警告灯（胎面灯）点亮，而且储存相关 DTC，一定要检查 4 个 TPMS 传感器，不能只检查与 DTC 有关的那个传感器。

①更换 TPMS 传感器及轮胎换位时的设置方法。当更换 TPMS 传感器及轮胎换位时，一定要使用 GDS 执行以下操作（图 4-64）：注册传感器；设置传感器状态。

②更换 TPMS 接收器时的设置方法。当更换 TPMS 接收器时，一定要使用 GDS 进行

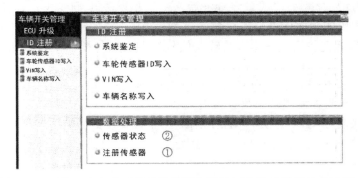

图 4-64　更换 TPMS 传感器及轮胎换位进行 TPMS 设置时的显示界面

以下操作（图 4-65）：VIN 写入（在 ECM 存储器内写入车辆 ID 编号）；车辆名称写入（在 TPMS 接收器上输入车辆名称）；注册传感器（在 TPMS 接收器上输入新 TPMS 传感器的 ID）；设置传感器状态（检查传感器状态）。

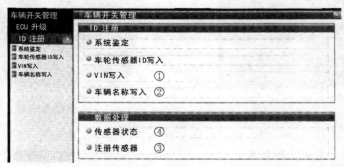

图 4-65　更换 TPMS 接收器进行 TPMS 设置时的显示界面

（9）新君威胎压监测系统专用模块读入方法和手动读入方法

① 专用模块的读入方法。

a. 使用 J-46079，启动轮胎气压监测读入模式。若听到喇叭发出嘟嘟声并启动转向信号灯，表示读入模式已经启动。左前转向信号灯也将点亮。

b. 从左前轮胎开始，将 J-46079 的天线朝上顶住气门芯位置，紧贴车轮轮辋的轮胎侧壁，以启动传感器。按下然后松开启动按钮并等待喇叭发出嘟嘟声。一旦所有转向信号灯启动持续 3s 并且喇叭发出嘟嘟声，已读入传感器信息并且下一读入位置的转向信号灯将点亮。

c. 喇叭发出嘟嘟声并且下一读入的转向信号灯点亮后，按以下步骤重复步骤 b 以启动其余 3 个传感器：右前、右后、左后。

d. 当已读入左后传感器时，所有转向信号灯被启动持续 3s 并且喇叭响起两次嘟嘟声，读入过程完成并且车身控制模块退出读入模式。

e. 将点火开关置于 OFF 位置，调整所有轮胎至推荐的压力。

② 手动读入方法。

a. 将点火开关置于 ON 位置，按下和释放手柄开关上的 INFO（信息）按钮，或者按下里程表按钮（取决于驾驶员信息中心等级）直至 TIRE LEARN（轮胎读入）信息出现在驾驶员信息中心屏幕上。按住 SET/RESET（设置/重置）按钮直至所有转向信号灯被启动持续 3s 并且喇叭响起两次嘟嘟声，显示读入模式已被启动。左前转向信号灯也将点亮。

b. 从左前轮开始，增大/减小轮胎气压至 8.3kPa，然后等待喇叭发出嘟嘟声。喇叭嘟嘟声可出现在压力增大/减小前或最多 30s 后。一旦喇叭发出嘟嘟声，即读入传感器信息，要读入的下一个位置的转向信号灯将点亮。

c. 喇叭发出嘟嘟声并且下一读入的转向信号灯点亮后，按以下步骤重复步骤 b 以启动其余 3 个传感器：右前、右后、左后。

d. 当已读入左后传感器时，所有转向信号灯被启动持续 3s 并且喇叭响起两次嘟嘟声，读入过程完成并且车身控制模块退出读入模式。

e. 将点火开关置于 OFF 位置，调整所有轮胎至推荐压力。

（10）新保时捷轮胎压力复位操作步骤说明

① 接通点火开关。

② 按下转向盘右侧组合开关上的 MENU 键，调出系统设置主菜单，并选择"Tire

presst"（轮胎压力），然后按 OK 键。

　　③ 选择"Settings"（设定）选项。

　　④ 依次选择下列相应选项："Tires"（轮胎）、"Winter"（冬季轮胎）、"20Inch"（20in）。

　　⑤ 选择"Spare wheel"（备胎）。

　　⑥ 选择"Settings set"（补胎设定）。

　　⑦ 启动发动机，车辆行驶数分钟，当仪表出现是否确认补胎设定的英文提示后，选择 Yes 确认，轮胎压力设定成功。

9. 奥迪轮胎压力监测系统电路

奥迪轮胎压力监测系统电路如图 4-66 所示。

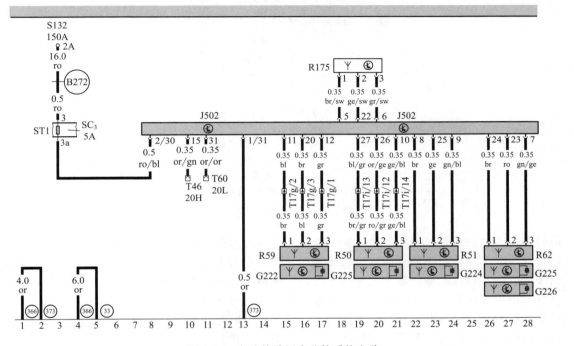

图 4-66　奥迪轮胎压力监控系统电路

J502—轮胎压力监控控制单元；S132—熔断式熔丝；SC3—熔丝架上的熔丝；T46b—46 芯插头连接，右 CAN 分离插头；G222—左前轮胎压力传感器；G223—右前轮胎压力传感器；G224—左后轮胎压力传感器；G225—右后轮胎压力传感器；G226—备用轮胎压力传感器；R59—用于左前轮胎压力监控显示的天线；R60—用于右前轮胎显示的天线；R61—用于左后轮轮胎压力监控显示的天线；R62—用于右后轮轮胎压力监控显示的天线；R175—轮胎压力监控的天线；T17g—17 芯棕色插头；T17i—17 芯红色插头

六、增压压力传感器

1. 增压压力传感器的功用

增压压力传感器用于检测增压器的增压压力，以便对修正喷油量和增压压力进行控制。机械增压压力传感器用在奥迪 3.0V6-TFSI 发动机的罗茨式增压器上，其结构如图 4-67 所示。

发动机控制单元一方面根据增压压力传感器将增压压力调节到所希望的规定值，另一方面根据传感器信号来计算出每个工作循环中每个气缸吸入的空气流量，这个输入量将决定喷

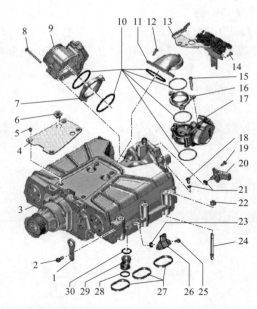

图 4-67　奥迪 A6 罗茨式增压器的结构

1—发动机吊耳；2—螺栓，27N·m；3—压缩机；4—减振板；5—螺栓，5N·m；6—橡胶套管；7,16—中间法兰；8,12,15,19,25—螺栓；9—节气门控制单元 J338；10，21,23,28,30—O形环；11—套管；13—支架；14—螺栓，9N·m；17—调节风门控制单元 J808；18—排气螺栓，用于左侧增压空气冷却器，1.5～3.0N·m；20—进气温度传感器 G42；22—螺母，20N·m；24—丝杆，17N·m；26—增压压力传感器，气缸列 1（右侧）增压压力传感器 G31，气缸列 2（左侧）增压压力传感器 G447；27—密封件；29—连接套管

油时刻、喷油量以及点火提前角。如果增压压力传感器损坏，那么在整个负荷转速范围内的混合气成分都是不正确的，因为空气流量的计算就已经是错误的，这也会引起喷油量错误，结果导致废气排放出现问题。在增压工况，传感器若出现故障，就会导致增压压力错误，这有可能损坏发动机。因此，在打开点火开关后，这些传感器一直都在彼此互检以及对照替代模块进行检查，一旦发现异常，就会记录下故障码，同时切换到对应的传感器，或者切换到替代模块。这样就可使车辆尽可能地处于正确的行驶状态，从而防止出现不良后果。

2. 增压压力传感器的检测

增压压力传感器是用硅膜片上形成的扩散电阻作为传感元件，用于检测涡轮增压机的增压压力，以便对修正喷射脉冲和增压压力进行控制。

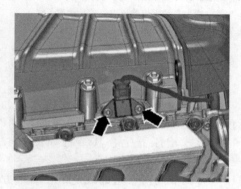

图 4-68　涡轮增压压力传感器安装位置

检查步骤如下。

① 连接好 VAS 5053，查询发动机控制单元故障存储器，如果显示 G31 有故障，则检查供电电压。

说明：增压压力传感器（G31）及导线由发动机控制单元监控。

② 拔下图 4-68 中箭头所指的传感器插头。

③ 将万用表电压挡接到插头触点 2 和 4 之间，传感器和控制单元电路如图 4-69 所示。

④ 接通点火开关，规定值约为 5V。

⑤ 如果未达到规定值，则将万用表接到发动机控制单元线束上。

⑥ 检查仪表导线连接是否断路及对地/正极短路。

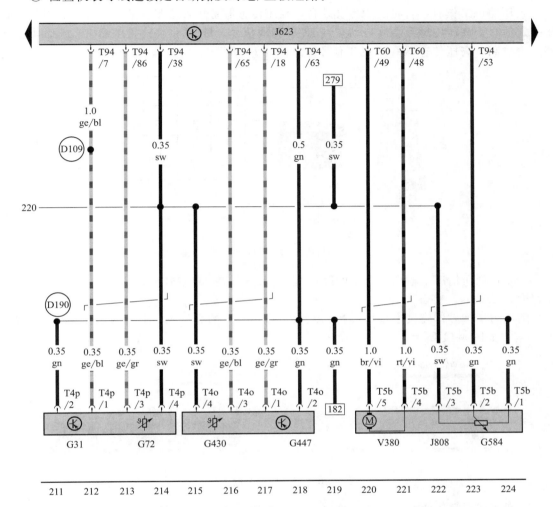

图 4-69 增压压力传感器、进气管温度传感器、发动机控制单元、调节风门控制单元电路

G31—增压压力传感器 1；G72—进气管温度传感器 1；G430—进气管温度传感器 2；G447—增压压力传感器 2；G584—调整风门电位计；J623—发动机控制单元；J808—调节风门控制单元；T4o，T4p—4 芯插头连接；T5b—5 芯插头连接；T60—60 芯插头连接；T94—94 芯插头连接；V380—控制风门调节伺服电机；220—接地连接（传感器接地），在发动机导线束中；D109—连接 7，在发动机舱导线束中；D190—连接 3（5V），在发动机预接线导线束中

⑦ 如需要，可排除导线断路或短路。

⑧ 如果达到规定值，则检查信号线。

⑨ 插上传感器 G31 的插头。

⑩ 将万用表电压挡接到 T4P1 和 T4P2 号插脚之间。

⑪ 启动发动机，使之怠速运转，规定值约为 1.90V。

⑫ 使发动机急加速，规定值为 2.00～3.00V。

⑬ 如果未达到规定值，则检查插头触点 1 与导线是否断路或对地/正极短路。

⑭ 如需要，可排除导线断路或短路。

⑮ 如果导线正常，则更换增压压力传感器 G31。

七、制冷剂高压传感器

当压缩机工作时，管路的压力会升高，高压传感器防止管路制冷剂压力过高。当压力高于一定值时，高压传感器会给自动空调 ECU 传输信号，ECU 将会终止压缩机工作以防止管路压力过高。高压传感器 G65 的工作原理如图 4-70 所示。

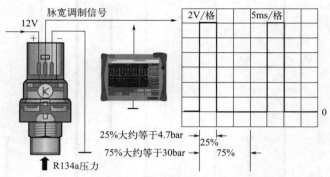

图 4-70　高压传感器 G65 的工作原理

G65 在低压情况下输出一个小的脉冲宽度，20ms 在 0.14MPa（1.4bar）的低压下，脉冲宽度为 2.6ms，相当于 13%。

随压力增加脉冲宽度也增加，在 3.7MPa（37bar）的高压下，脉冲宽度为 18ms，相当于 90%，如图 4-71 所示。

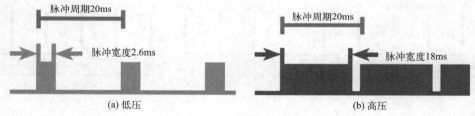

图 4-71　脉冲宽度

在低压下，晶体的变形最小，输出一个小脉冲，如图 4-72 所示。在高压下，晶体变形增加，脉冲宽度随着压力的增加而变宽，如图 4-73 所示。

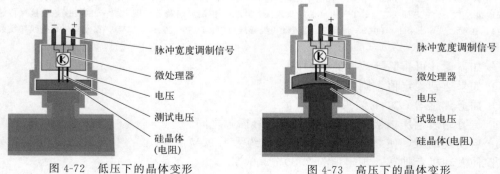

图 4-72　低压下的晶体变形　　　　　图 4-73　高压下的晶体变形

制冷剂高压传感器 G65 的控制电路如图 4-74 所示，T3ae/3 与 T3ae/1 之间为 12V 电压，其中 T3ae/3 与 T3ae/2 之间的电压为 0～5V。

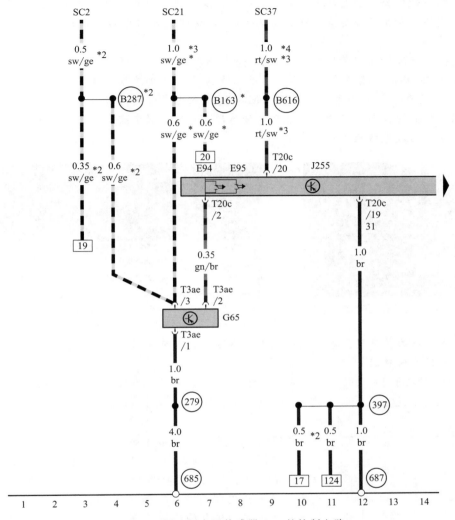

图 4-74 制冷剂高压传感器 G65 的控制电路

E94—可加热驾驶员座椅调节器；E95—可加热副驾驶员座椅调节器；G65—高压传感器；J255—Climatronic 控制单元；SC2—熔丝架 C 上的熔丝 2；SC21—熔丝架 C 上的熔丝 21；SC37—熔丝架 C 上的熔丝 37；T3ae—3 芯插头连接；T20c—20 芯插头连接；279—接地连接 5，在车内导线束中；687—接地点 1，在中央通道上-正极连接 1（15），在车内导线束中-正极连接 11（15a），在主导线束中；B616—正极连接 12（30a），在车内导线束中；

* —截至 2013 年 6 月；*2—自 2013 年 7 月起；*3—导线颜色取决于装备；*4—截面积视装备而定

故障案例

案例 1：本田轿车加速无力故障

【故障现象】

发动机故障灯点亮，加速无力，且伴有熄火；启动正常；启动后冷机怠速约为 800r/min，偏低，热机怠速约为 500r/min，过低而不能维持；急踩油门踏板时加速无力，慢踩加速踏板时转速最高只能升至 3000r/min；排气管有较浓的汽油味。

【故障诊断】

诊断得出的结论是因为排气管有较浓的汽油味，可以初步判断车辆加速无力是由于混合气过浓。因为发动机故障灯点亮如图 4-75 所示，说明发动机电控系统诊断到故障，所以首先读取故障码。

首先使用故障诊断仪读取发动机 PCM 的故障码（图 4-76）。

故障码 41-05：加热型氧传感器（空燃比传感器）S1 加热线路故障，当前码。

故障码 03-02：进气歧管绝对压力（MAP）输入电压过高，当前码。

根据故障码的提示，怀疑是进气压力传感器有故障导致混合气过浓，进而引起氧传感器信号不正常，形成氧传感器故障码。

PC-MAX		
故障码	描述	状态
41-05	加热型氧传感器（空燃比传感器）S1加热线路故障	当前码
03-02	进气歧管绝对压力（MAP）输入电压过高	当前码

图 4-75　发动机故障灯点亮 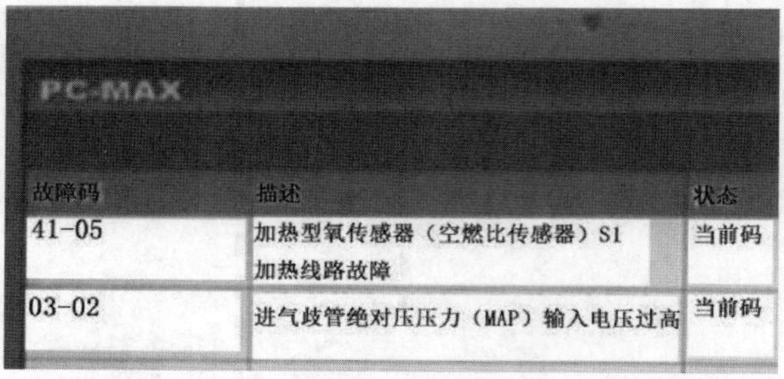　　　　　　　　图 4-76　故障码

检查进气压力传感器：本田进气压力传感器安装在节气门下游进气管上，其类型为压敏电阻式进气压力传感器。

黄/红线（端子 1）为传感器电源线，绿/白线（端子 3）为搭铁线，绿/红线（端子 2）为传感器信号线，分别与动力控制模块连接器相连，如图 4-77 所示。

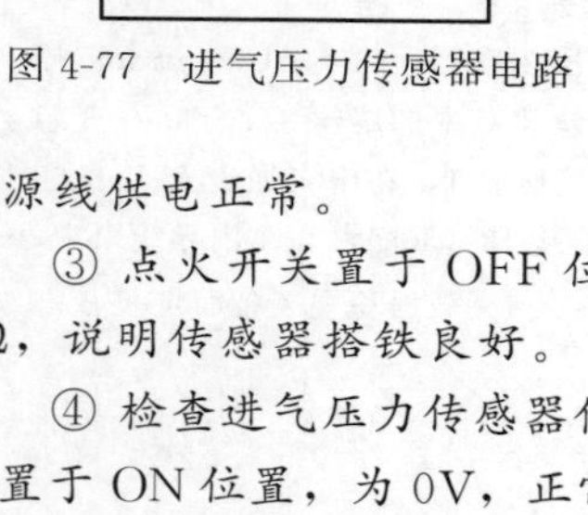

检查进气压力传感器信号如下。

① 测量 2 端子与搭铁之间的信号电压，点火开关置于 ON 位置，处于大气压力时为 4.7V，正常值约为 3V，说明进气压力传感器电路有故障，可能原因是传感器失效、线路断路或短路、发动机电脑故障。

图 4-77　进气压力传感器电路

② 测量 1 端子与搭铁之间的电压，点火开关置于 ON 位置，为 5.0V，正常值应为 4.5～5.5V，说明进气压力传感器电源线供电正常。

③ 点火开关置于 OFF 位置，测量 3 端子与搭铁之间的电阻，为 0.3Ω，正常值应约为 0Ω，说明传感器搭铁良好。

④ 检查进气压力传感器信号线。从连接器插孔端测量 2 端子与搭铁之间的电压，点火开关置于 ON 位置，为 0V，正常值应为 4.5～5.5V，说明进气压力传感器信号线有故障，可能是连接器或线路断路或短路；从连接器背面测量信号线与搭铁之间的电压，点火开关置于 ON 位置，为 4.7V，说明连接器有故障；仔细检查连接器端子，发现连接器端子上有污物。

【故障排除】

刮除连接器端子上的污物，重新连接，观察仪表板，发动机故障灯熄灭。

清除故障码，试车后再次读取，无故障码。读取相关数据流，显示怠速正常，如图 4-78 所示，加速正常，如图 4-79 所示。

名称	当前值	单位
空燃比传感器	0.19	mA
空燃比	0.91	
空燃比反馈(短期燃油修正)	1.19	
平均空燃比反馈(长期燃油修正)	1.00	
发动机转速	748	RPM
冷却液温度传感器(1)	85	deg C
进气歧管压力传感器	31	Kpa
节气门位置传感器	10.20	%
相对节气门位置传感器	0.00	deg

图 4-78　发动机怠速正常

名称	当前值	单位
空燃比传感器	0.19	mA
空燃比	0.95	
空燃比反馈(短期燃油修正)	1.08	
平均空燃比反馈(长期燃油修正)	1.00	
发动机转速	4091	RPM
冷却液温度传感器(1)	86	deg C
进气歧管压力传感器	40	Kpa
节气门位置传感器	23.92	%
相对节气门位置传感器	13.76	deg

图 4-79　发动机加速正常

案例 2：大众途昂轿车胎压监控警告灯常亮

【故障现象】

仪表上的胎压监控警告灯常亮，且左前轮胎压力不显示。

【故障诊断】

诊断地址"0065-轮胎压力监控"存储有故障码 C105004（左前轮胎压力传感器损坏）；检查左前轮胎的实际压力，未见异常。

【故障排除】

按以下方法匹配左前轮胎压力传感器后进行路试，轮胎压力即可正常显示。

① 通过诊断地址"0065-轮胎压力监控"事件存储器记录的高级环境条件（图 4-80）或直接在测量值"轮胎压力传感器 01/02/03/04"查询并记录左前轮胎压力传感器识别号（传感器 ID）。

② 启用自诊断，进入诊断地址"0065-轮胎压力监控"，如图 4-81 所示，选择"写入传感器识别号"，车轮位置选择"左前"，并在"传感器识别号（传感器 ID）"输入栏输入刚才记录的 9 位左前轮胎压力传感器识别号。

高级环境条件：

车速	6	km/h
外部空气温度	18.5	℃
传感器识别号（传感器ID）	627694324	
当前压力	2.2	bar
当前温度	19	℃

图 4-80　在高级环境条件中读取传感器识别号

图 4-81　匹配轮胎压力传感器

案例 3：空调压力传感器故障

【故障现象】

客户反映空调不制冷，出风口吹出来的是热风。

【故障诊断】

连接上汽车故障诊断仪 VAS 6150B，读取故障码，如图 4-82 所示。

故障码	SAE代码	故障文本	激活
00256		制冷剂压力温度传感器	X
004		无信号/通信	

图 4-82　故障码

然后在运行状态下读取数据流：压缩机关闭要求，制冷剂压力传感器故障，制冷剂压力 3290kPa，如图 4-83 所示。

测量值	ID	值
压缩机关闭要求	IDE00965	
-[LO]_Data		制冷剂压力传感器故障
压缩机电流, 实际值	IDE00966	
-[LO]_Data		0mA
压缩机电流, 规定值	IDE00967	
-[LO]_Data		0mA
制冷剂压力	IDE00198	
-[LO]_Data		3290kPa

图 4-83　数据流

根据故障码和故障现象初步分析，故障大概在以下几处：线路故障；制冷剂压力传感器故障；系统压力故障。

首先用空调压力表测量了系统压力，静态值为 800kPa 左右，室外温度为 36℃，查阅资料，此数据属于正常。

既然系统压力正常，数据读出来是 3290kPa，则故障点应该在空调压力传感器或线路上。

空调高压传感器 G65 信号用于发动机控制单元和散热器风扇控制单元。如果散热器风扇控制单元没有检测到任何信号，出于安全考虑，将关闭压缩机。G65 传感器记录制冷剂压力，并将压力物理量转化为电信号。与空调压力开关不同，传感器不仅记录设定的压力阈值，还监控整个工作循环中的制冷剂压力。压力传感器发出的信号，指示由空调造成的发动机额外负荷以及制冷剂回路中的压力状况。通过散热器风扇控制单元，可以控制压缩机冷却风扇升高或降低一挡，而且可以控制电磁离合器接合或分离。

根据图 4-84，拔下空调压力传感器插头，测量 G65/3 号端子和 G65/1 号端子，电压为 12.28V（传感器 15 号电源线），正常。测量 G65/1 号端子和 G65/2 号端子之间的电压，为 9.18V（LIN 线信号线），如图 4-85 所示。

关闭点火开关，断开电源，测量 J519/T16/4 号端子和 G65/2 号端子之间的电阻为 0.3Ω，小于正常值 0.5Ω，说明线路正常，无短路、断路现象。

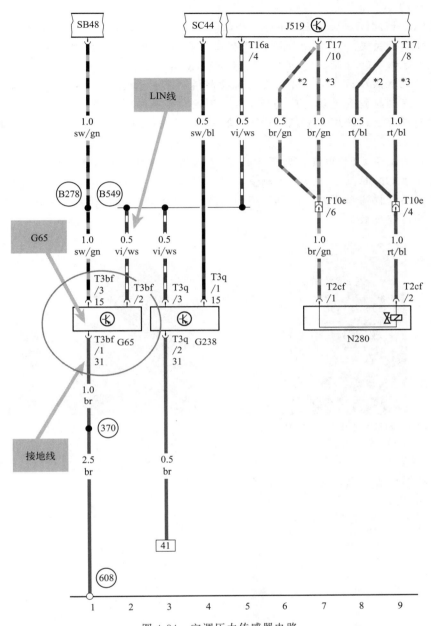

图 4-84 空调压力传感器电路

G65—高压传感器；G238—空气质量传感器；J519—车载电网控制单元；

N280—空调压缩机调节阀；B549—LIN 线在主导线束中

【故障排除】

排除了线路故障，故障点可以确定就在空调压力传感器 G65 本身，更换空调高压传感器 G65，抽真空加制冷液后试车，一切正常，故障排除。

案例 4：科鲁兹机油指示灯点亮

【故障现象】

有时组合仪表上的尽快维修车辆指示灯和机油压力过低指示灯点亮。

【故障诊断】

连接 GDM 十 MDI，检查 ECM 有 1 个故障码 P0520（发动机机油压力开关电路故障）。发动机机油压力开关是一个常闭开关，只有在正确的机油压力下才能打开。点火开关置于 ON 位置但发动机不运行时，发动机控制模块（ECM）应检测到低电压信号输入。发动机运行时，发动机机油压力开关打开，发动机控制模块应检测到一个高电压信号输入。当机油压力过低时，发动机控制模块通过高速 CAN 总线向车身控制模块（BCM）发送一条信息。然后车身控制模块通过低速 CAN 总线向组合仪表发送一条信息，请求发动机机油压力指示灯点亮。

将点火开关置于 OFF 位置，断开 B37 发动机机油压力开关（图 4-86）的线束连接器，将点火开关置于 ON 位置，用万用表测量线束连接器电压为 12V，正常，说明 ECM 和线束都没有问题；测量机油压力开关与缸体间的电阻为 345Ω，过大，正常值应该接近 0Ω，说明机油压力开关内部失效。

图 4-85　测量端子 1 和 2 之间的电压

图 4-86　机油压力开关

【故障排除】

更换发动机机油压力开关，故障排除。

第五章
位置与角度传感器

用于测量元件运转或运动所处位置的传感器称为位置与角度传感器。位置与角度传感器的类型有很多，主要有曲轴位置传感器、节气门位置传感器、车高与转角传感器、液位传感器、溢流环位置传感器、超声波距离传感器、方位传感器、座椅位置传感器等。

安装曲轴位置传感器是为了检测出曲轴的位置转角及发动机的转速，从而对电控汽车燃油喷射系统的点火时刻和喷油正时进行控制，常用的有磁脉冲式、光电式和霍尔式曲轴位置传感器。

节气门位置传感器安装在节气门体上，它将节气门的开度信号转化为电信号输入 ECU，作为 ECU 判定发动机工况的依据，同时也通过 CAN BUS 总线向自动变速器控制单元提供信号，常用的有触点开关式和可变电阻式两种。

车高与转角传感器用于电控主动悬架系统中，目前采用的一般为光电式。车高传感器是把车身高度的变化转化为传感器轴的旋转，并将旋转角度检测出来，转化为电信号输入 ECU，实现 ECU 对车身高度进行调节。转角传感器则用以检测出轴的旋转方向及速度，并输入 ECU，由 ECU 调节汽车悬架系统的侧倾刚度。

溢流环位置传感器用在电控柴油喷射装置上，用于检测溢流环的位置，实现电子控制喷油量。

超声波距离传感器利用超声波检测出车辆后方障碍物的位置（包括距离），并利用指示灯和蜂鸣器将车辆到障碍物的距离及障碍物的位置通知给驾驶员，从而起到安全倒车的作用。

液位传感器则用于测定制动液液位、洗涤液液位、冷却液液位、燃油液位等，当液位降低到一定值时，产生类似于开关的接通、断开的转换，主要有浮子式、可变电阻式、热敏电阻式、电容及电热式等。

方位传感器是车辆导航系统中非常重要的一种类型，它是利用地磁产生电信号而进行检测的传感器，用于指示方向的偏差。

座椅位置传感器用于微机控制的电动座椅上，通过霍尔元件将旋转永久磁铁的变化位置引起的磁通量密度检测出来，并转化为电压信号，作为脉冲信号输入控制电脑，实现 ECU 对座椅位置的自动调节。

第一节　节气门位置传感器

一、节气门位置传感器的功用及类型

1. 节气门位置传感器的功用

节气门位置传感器（throttle position sensor，TPS）是汽车电子控制系统中最重要的传

感器之一，主要用于发动机电子燃油喷射系统和电控自动变速器系统。节气门位置传感器安装在节气门体上节气门轴的一端，探测或监测节气门开度的大小，并把位置信号转变为电信号后输入电控单元。

在发动机电子燃油喷射系统中，节气门位置传感器的作用主要是将节气门开度以及节气门开度变化快慢，转变为电信号输入发动机 ECU，用于判别发动机的各种工况，从而控制不同的喷油量和点火正时。在装备电子控制自动变速器的汽车上，节气门位置传感器信号是变速器换挡和变矩器锁止时的主要信号。在新型的智能电子节气门控制系统中，节气门开启角度不再由油门踏板拉索直接进行控制，而是由节气门伺服电机根据 ECU 信号进行驱动。电子节气门轴上节气门位置传感器用于检测节气门的实际开度，ECU 以此作为反馈信号，实时控制节气门伺服电机，对节气门开度做出适当的调整。

2. 节气门位置传感器的类型

传统的拉索控制式节气门配备的节气门位置传感器，是电阻式以及怠速开关与滑动电阻整合的综合式。新型的智能电子节气门控制系统所用的节气门位置传感器常见的有双滑动电阻式和线性双霍尔式两种。

二、滑动电阻式节气门位置传感器

1. 滑动电阻式节气门位置传感器的结构

滑动电阻式节气门位置传感器又称线性输出型节气门位置传感器、可变电阻式节气门位置传感器、电位计式节气门位置传感器。滑动电阻式节气门位置传感器的设计避免了开关式节气门传感器只能检测发动机怠速工况和全负荷工况的弊端，因此可以获得节气门从全闭到全开连续变化的信号，从而更精确地判断发动机的运行工况。

滑动电阻式节气门位置传感器为三线式传感器，其中两个针脚处于电阻的两端，并作为电源端子和搭铁端子由发动机 ECU 提供 5V 电压，第三个针脚连接于滑动触点，节气门轴与触点（或称触头）联动，节气门转动时，滑动触点可在电阻上移动，引起滑动触点电位的变化，利用电阻的变化将节气门位置信号转换成电压值。这个电压呈线性变化，所以也称为线性输出型节气门位置传感器。根据这个线性电压值，ECU 可感知节气门的开度，使 ECU 进行喷油量修正。如图 5-1 所示为滑动电阻式节气门位置传感器的安装位置、线路连接和输出电压特性。

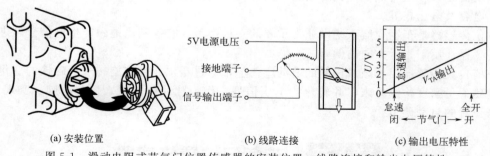

(a) 安装位置　　　　　　　　(b) 线路连接　　　　　　　　(c) 输出电压特性

图 5-1　滑动电阻式节气门位置传感器的安装位置、线路连接和输出电压特性

2. 滑动电阻式节气门位置传感器的检测

不同型号节气门位置传感器，其电阻值及输出电压信号值也不完全相同，下面以上海别克发动机节气门位置传感器为例说明其检测方法。如图 5-2 所示为新款别克凯越发动机 TPS 与发动机控制模块连接。

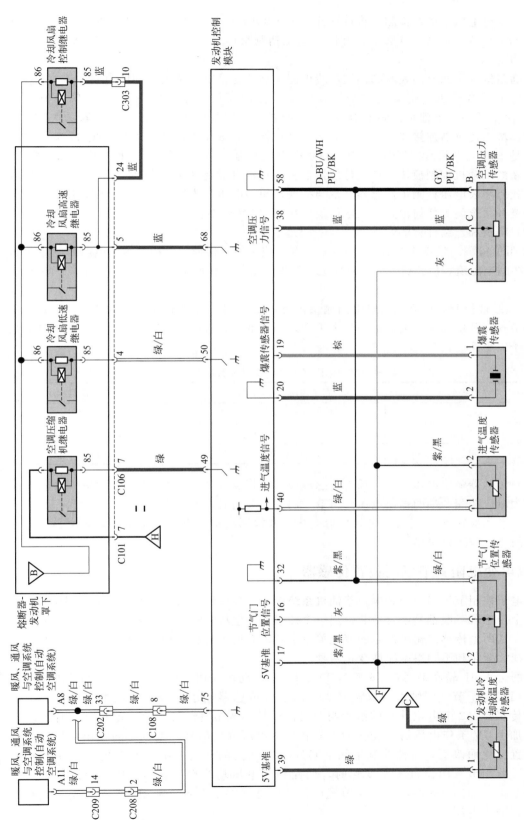

图 5-2 新款别克凯越发动机 TPS 与发动机控制模块连接

（1）供电电压及搭铁检测　将点火开关置于 OFF 位置，拔下传感器插头，再将点火开关置于 ON 位置，用高阻抗数字式万用表电压挡测量传感器电束侧 2 端子与搭铁之间的电压，应为 +5V。

用高阻抗数字式万用表欧姆挡测量线束侧 1 端子与蓄电池负极之间的电阻，应为 0。如果测量值不符合要求，则应进一步检查发动机控制模块端子，如果 17 端子输出电压为 +5V，32 端子与蓄电池负极间电阻为 0，说明发动机控制模块工作正常，故障发生在发动机控制模块与传感器连接线束上，应对线束进行检修。如果发动机控制模块的 17 端子输出电压不是 +5V，或者 32 端子与蓄电池负极间电阻不为 0，则说明发动机控制模块存在故障，应更换新的发动机控制模块。插上传感器插头，点火开关置于 ON 位置，将 2 端线束刺破，用数字式万用表电压挡测量传感器 2 端与搭铁之间的电压，改变节气门的开度，使节气门分别处于全开、全闭等任何位置，其电压值应稳定在 5V 左右。

（2）阻值和连续性检测

① 阻值检测。将点火开关置于 OFF 位置，拔下传感器插头，用欧姆表电阻挡测量 2-1、3-1、2-3 间阻值，应符合表 5-1 的规定。如果测量值不在此范围内，则更换节气门位置传感器。

② 连续性检测。用万用表电阻挡测量传感器信号端 3 与接地端 1 间的电阻值，其电阻值应随节气门开度逐渐开大而由小到大平滑地连续变化。否则，表明节气门位置传感器有故障，应予以更换。

表 5-1　滑动电阻式节气门位置传感器电阻值

节气门状态	节气门全闭的电阻值/kΩ	节气门全开的电阻值/kΩ
2-1	3.98～4.50	3.98～4.50
3-1	1.13～1.36	4.25～4.88
2-3	4.25～4.88	1.13～1.36

（3）传感器输出电压检测　插上传感器插头，将点火开关置于 ON 位置，用高阻抗数字式万用表电压挡测 3 端的输出电压。当节气门完全关闭时，电压应为 0.53V；当节气门缓慢打开时，电压应在 0.5～4.5V 之间平滑变化。若检测结果与上述规定不符，表明节气门传感器有故障，应予以更换。

三、双可变电阻式节气门位置传感器

在电子控制节气门系统和电控柴油机系统中，一般使用冗余设计的两个节气门位置传感器。两个传感器一般都是组合安装，当一个传感器发生故障时能及时被识别，增加了系统的可靠性。从两个传感器输出信号的变化关系来看，有反相式和同相式两种，同相式又可分为同斜率线性变化和不同斜率线性变化两种。

爱丽舍 1.6L 轿车装备的 16 气门 TU5JP4 型发动机采用了博世公司电喷系统的智能电子节气门。电子节气门轴上的双轨道节气门位置传感器用于监控节气门准确开度，节气门位置传感器（2 个电位计）的滑片与节气门同轴。当节气门转动时，电位计滑片同步转动，当加上 5V 工作电压后，变化的电阻转化为电压输出信号，电位计的输出电压随节气门的位置变化而改变，可使控制单元准确知道节气门的开度。由于两个电位计是反相安装的，因此当节气门位置发生变化时，两路信号电压均线性变化，其中一个增加，同时另一个减小。如图 5-3 所示是电子节气门位置传感器端子布置，如图 5-4 所示是两路传感器的反相输出电压。

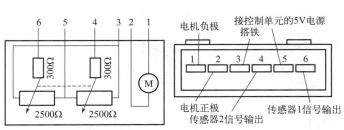

图 5-3 电子节气门位置传感器端子布置

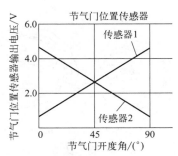
图 5-4 两路传感器的反相输出电压

综合式节气门位置传感器和双可变电阻式节气门位置传感器的检测,都可以依照滑动电阻式节气门位置传感器的方法来进行。

四、霍尔式节气门及加速踏板位置传感器

1. 霍尔式节气门的构造

在三菱格兰迪汽车电子节气门系统中,使用的是双霍尔式线性节气门位置传感器。位于节气门体的节气门位置传感器的功能是测量节气门的位置,向发动机 ECU 输出与节气门轴转角成正比的电压信号。根据该传感器输出的电压,发动机 ECU 通过节气门控制伺服电机进行反馈控制。

非接触式的霍尔传感器包括一个固定在踏板轴上的永磁铁,一个输出电压与磁通量成正比的线性霍尔集成电路,一个有效地将永磁铁的磁通量转入霍尔集成电路的定子。双霍尔式线性节气门位置传感器内部构造如图 5-5 所示。

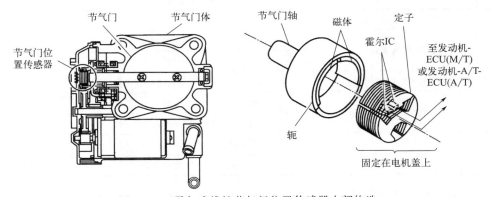
图 5-5 双霍尔式线性节气门位置传感器内部构造

2. 霍尔式节气门的工作原理

当节气门全闭时,如图 5-6(a)所示,磁场方向向上,流入霍尔集成电路的磁通量最大,此时,节气门位置传感器电压输出最小。当节气门全开时,如图 5-6(c)所示,磁场方向反向向下,流入霍尔集成电路的磁通量最大。此时,节气门位置传感器电压输出最大。当节气门半开时,如图 5-6(b)所示,磁通量为零。节气门位置传感器输出电压在中间值。

节气门位置传感器通过两个系统(主、副)输出,这就提高了系统测量故障的准确性,增强了故障保护功能,确保了可靠性。主、副传感器信号输出特性如图 5-7 所示。

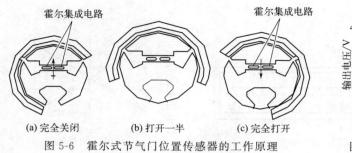

(a) 完全关闭   (b) 打开一半   (c) 完全打开

图 5-6 霍尔式节气门位置传感器的工作原理   图 5-7 主、副传感器信号输出特性

3. 霍尔式节气门的检测

（1）输入电压检测 关闭点火开关，断开节气门位置传感器插头，打开点火开关，用万用表的电压挡测量线束侧 5# 端子，检测是否有 5V 电压输入。如果没有，应检测传感器 5# 端子与 ECU C-113 中的 106# 端子是否导通。如果不导通，则检测线路线束；如果导通，说明 ECU 没有 5V 电压输出，应更换 ECU。传感器与 ECU 线路连接电路如图 5-8 所示。

（2）输出电压检测 由于在使用万用表检测输出电压时，需要配备专用线束三通接头，或刺破信号线，因此三菱公司推荐使用其专用解码器 MUT-Ⅲ，通过读取数据流从而进行输出电压的检测。将点火开关置于 ON 位置，应用 MUT-Ⅲ，从数据流中读出 78 项-节气门位置传感器（副）和 79 项-节气门位置传感器（主）的电压数值，看电压数值是否可以随节气门的打开而同步变大，如果变化不同步或中间有断点，表明节气门位置传感器线路或本体有故障。节气门位置传感器的数据流见表 5-2。

表 5-2 节气门位置传感器的数据流

序号	MUT-Ⅲ显示项目	条件	正常值
8A	节气门位置传感器（主）	点火开关 ON，完全封闭节气门	0～12%
		点火开关 ON，完全打开节气门	75%～100%
9A	节气门位置传感器（主）中间开度学习值	点火开关 ON，无论节气门是打开还是关闭	0.8～1.8V
79	节气门位置传感器（主）	点火开关 ON，完全封闭节气门	0.3～0.7V
		点火开关 ON，完全打开节气门	≥4.0V
14	节气门位置传感器（副）	点火开关 ON，完全封闭节气门	2.2～2.8V
		点火开关 ON，完全打开节气门	≥4.0V

（3）搭铁检测 关闭点火开关，断开节气门位置传感器插头，打开点火开关，用万用表电压挡测量线束侧 3# 端子与蓄电池负极是否导通。正常情况下，应该导通，如果不导通，应检查线路、接头、ECU。

（4）节气门伺服控制检测 打开点火开关，用万用表电压挡测量线束侧 2# 端子与搭铁，检查是否有 5V 电压输入。如果没有，应检查传感器 2# 端子与 ECU C-113 中的 141# 端子是否导通。如果不导通，则检查线路线束；如果导通，说明 ECU 没有 5V 电压输出，应更换 ECU。ECU C-113 中的 133# 端子和 ECU C-113 中的 141# 端子应有 12V 电压，否则更换 ECU。

（5）故障码检测 在维修过程中，用三菱专用解码器读出电控节气门系统的故障码，从而准确、快速地判断故障部位，见表 5-3。

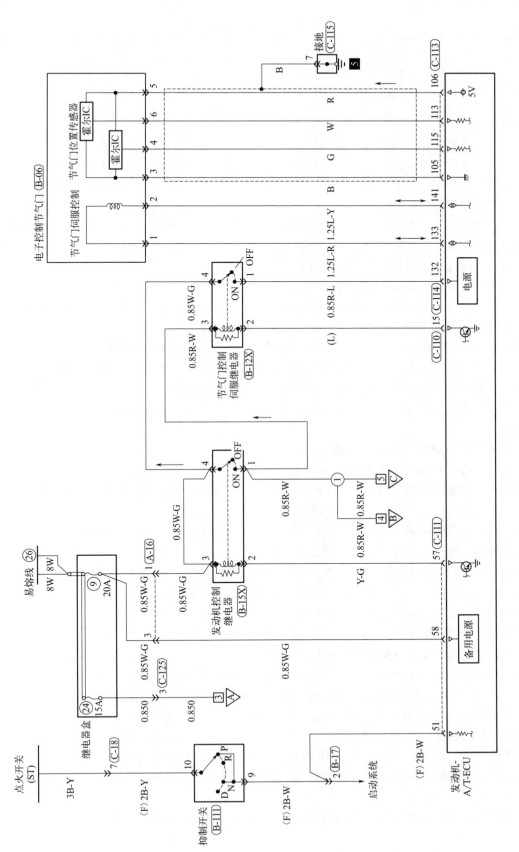

图 5-8 传感器与 ECU 线路连接电路

表 5-3 节气门系统故障码

DTC	故障码含义	DTC	故障码含义
P0122	节气门位置传感器(主)电路输入电压过低	P0123	节气门位置传感器(主)电路输入电压过高
P0222	节气门位置传感器(副)电压过低	P0223	节气门位置传感器(副)电压过高
P0638	节气门控制伺服电路范围/性能故障	P0642	节气门位置传感器电源异常
P0657	节气门控制伺服继电器电路故障	P1121	节气门控制伺服电机电源系统异常
P1122	节气门控制伺服电机连接器系统异常	P2100	节气门控制伺服电路异常(断路)
P2101	节气门控制伺服电机故障	P2102	节气门控制伺服电路异常(低压短路)
P2103	节气门控制伺服电路异常(高压短暂)	P2135	(主传感器和副传感器)范围/性能故障

（6）电控节气门系统的初始化 在更换新的节气门后，或由于节气门阀片区有油污，被清洁后，都要进行节气门的自学习，进行初始化，方法如下。

① 启动发动机，进行暖机，使发动机水温达到 80℃以上。

② 如发动机水温就在 80℃以上，则不必进行暖机，可直接将点火开关置于 ON 位置。

③ 把点火开关旋回至 LOCK 位置，停止发动机运转。

④ 在 LOCK 位置停止 10s，然后再次启动发动机，使发动机怠速运转。

⑤ 10min 后，变速器处于 N 挡，在灯类及散热器冷却风扇等电器附件全关条件下，检查发动机怠速是否正常。如怠速正常，说明自学习后节气门位置适当，怠速节气门开度正常。至此，节气门自学习完成。反之，如怠速不正常，需按上述过程重新对节气门进行自学习操作。

4. 加速踏板位置传感器控制电路

三菱格兰迪汽车使用的双霍尔式加速踏板传感器与前述双霍尔式节气门位置传感器工作原理相同，加速踏板的连接电路如图 5-9 所示，主、副传感器的输出信号曲线如图 5-10 所示。

（1）工作电压的检测 利用霍尔效应工作的传感器需要供给一定的工作电压，因此首先进行电压测试。关闭点火开关，断开加速踏板位置插头，再打开点火开关，用万用表的电压挡测量 1-2、4-5 间是否有 5V 电压。如果没有，可能是线路损坏或 ECU 故障。

（2）输出信号检测 因为格兰迪汽车使用的是线性霍尔式传感器，因此可以使用万用表进行模拟信号的检测。关闭点火开关，连接加速踏板位置插头，再打开点火开关，用背插法分别检测 3-2、5-6 间的电压，其电压值应该随着加速踏板的下压而连续改变，不应有断点或者突变，否则应检查或更换加速踏板位置传感器。

（3）解码器检测 在维修过程中，利用三菱专用解码器 MUT-Ⅲ 读出电子控制节气门系统的数据流和故障码，从而准确、快速地判断故障部位。

① 加速踏板位置主传感器和副传感器的检查。点火开关置于 ON 位置，应用 MUT-Ⅲ，慢慢踩加速踏板，从数据流中读出 77 项-加速踏板位置传感器（副）和 78 项-加速踏板位置传感（主）的电压数值，看电压数值是否可以随加速踏板的下压而同步变大。如果变化不同步或中间有断点，表明加速踏板位置传感器线路或本体有故障。传感器的测量数值见表 5-4。

② 故障码检测。利用 MUT-Ⅲ 的诊断功能，读出故障码，如表 5-5 所示。

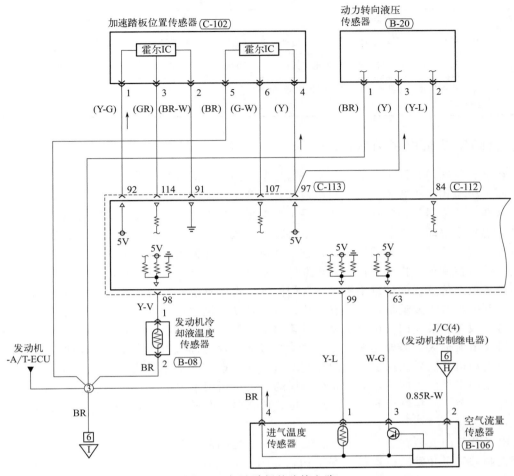

图 5-9 加速踏板的连接电路

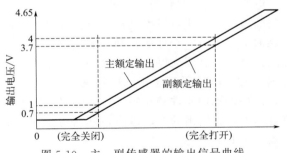

图 5-10 主、副传感器的输出信号曲线

表 5-4 传感器的测量数值

序号	MUT-Ⅲ 显示项目	条件	正常值
78	加速踏板位置传感器（主）	点火开关 ON，松开加速踏板	0.9～1.2V
		点火开关 ON，完全踩下加速踏板	≥4.0V
77	加速踏板位置传感器（副）	点火开关 ON，松开加速踏板	0.4～1.0V
		点火开关 ON，完全踩下加速踏板	≥3.6V

表 5-5　传感器故障码

DTC	故障码含义	DTC	故障码含义
P2122	加速踏板位置传感器（主）电路输入电压过低	P2123	加速踏板位置传感器（主）电路输入电压过高
P2127	加速踏板位置传感器（副）电路输入电压过低	P2128	加速踏板位置传感器（副）电路输入电压过高
P2138	加速踏板位置传感器（主传感器和副传感器）范围/性能故障		

五、直喷发动机电子节气门

在电子节气门系统中，节气门不是通过节气门踏板的拉线来控制的。节气门与节气门踏板之间无机械式连接装置。节气门踏板位置由两个油门踏板位置传感器传递给发动机控制单元。这两个传感器与油门踏板一体，是可变电阻，且包在一个壳体内。节气门踏板位置（驾驶员意愿）是发动机控制单元的一个主要输入参数。节气门是由节气门控制单元内的一个电机（即节气门控制器）来控制的，在整个转速及负荷范围均有效。节气门由节气门控制单元根据发动机控制单元指令来控制。当发动机不运转且点火开关打开时，发动机控制单元根据油门踏板位置传感器的信息来控制节气门开度，也就是说，当踏下节气门踏板一半时，节气门也打开一半。当发动机运转（有负荷）时，发动机控制单元可能不依靠油门踏板位置传感器来打开或关闭节气门。也就是说，尽管踏下节气门踏板一半，但节气门已完全打开，这样可以避免节流损失，另外还能在一定负荷状态下减少有害物质排放并降低油耗。发动机所需扭矩由发动机控制单元通过节气门开度及进气压力确定。如果认为电子节气门（E-Gas）仅是由一或两个部件组成的，则是完全错误的。它包括用于确定、调整及监控节气门位置的所有部件，如节气门控制单元、油门踏板位置传感器、电子功率控制（EPC）警报灯、发动机控制单元等。

电子节气门安装在空气流量传感器和发动机之间的进气管上，用来改变进气通道面积，从而控制进气量和发动机运行工况结构，如图 5-11 所示。驾驶员踩下加速踏板，加速踏板传感器将加速踏板的位置转换为电信号并传递给发动机 ECU，ECU 将驾驶员输入的信号实时传递给节气门执行器（电机），执行器将节气门转动到相应的角度。ECU 可以独立于加速踏板的位置，调整节气门的位置。其优点是发动机可以根据各种不同的需求（如驾驶员的输入信号、废气的排放、燃油消耗以及安全性等）确定节气门的位置。

霍尔式加速踏板优点：浮动传感器无摩擦，寿命长，整体式传感器不需要进行强制低速挡基本设定。当未进行加速时，薄金属盘位于传感器的最初位置，此时传感器信号电压最低。当踩下加速踏板时，在踏板机构元件的作用下，薄金属盘发生移动，切割磁场，传感器产生较大电压，移动位置越大，感应出的电压越高，其结构及电压变化如图 5-12 所示。

霍尔式加速踏板失效影响如下。

① 一个或两个都失效后，系统会有故障记忆，同时仪表上的 EPC 故障警报灯也会亮起。车辆的一些便捷功能，如定速巡航或发动机制动辅助控制功能也将会失效。

② 一个传感器信号失真或中断，如果另一个传感器处于怠速位置，则发动机进入怠速工况；如果是负荷工况，则发动机转速上升缓慢。

③ 若两个传感器同时出现故障，则发动机高怠速（1500r/min）运转。

电控节气门系统的最大优点是可以实现发动机全范围的最佳扭矩输出。实现牵引力控制、巡航控制等多种功能，兼顾提高动力性、经济性、操纵稳定性、排放控制和乘坐舒适性，保证车辆的最佳动力性和燃油经济性。

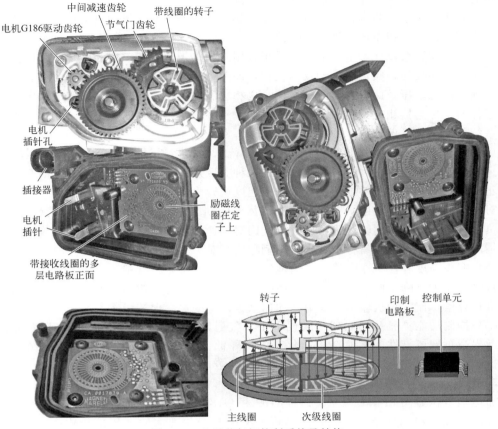

图 5-11 电子节气门控制系统及结构

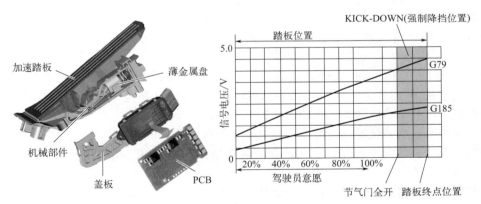

图 5-12 霍尔式加速踏板的结构及电压变化

1. 电子节气门控制策略

（1）基于发动机扭矩需求的节气门控制 电子节气门开度并不完全是由加速踏板位置决定的，而是发动机控制单元根据当前行驶状况下，整车对发动机的全部扭矩需求，计算出节气门的最佳开度，从而控制电机驱动节气门到达相应的开度。因此，节气门的实际开度并不完全与驾驶员的操作意图一致。控制单元根据整车对扭矩的需求计算所需的理论扭矩，而实际扭矩通过发动机转速、点火提前角和发动机负荷信号求得。在发动机扭矩调节过程中，控制单元首先将实际扭矩与理论扭矩进行对比，如果两者有偏差，发动机电控系统将通过适当的调节作用，使实际扭矩值和理论扭矩值一致。

（2）传感器冗余设计 电控节气门系统采用两个踏板位置传感器和两个节气门位置传感器，传感器两两反接，实现阻值的反向变化，即两个传感器阻值变化量之和为零。对两个传感器施加相同的电压，两者输出的电压信号也相应反向变化，且其和始终等于供电电压。该设计可使两个传感器相互检测，当一个传感器发生故障时，能及时被识别，在很大程度上增加了系统的可靠性，保证行车的安全性。

（3）可选工作模式 驾驶员可根据不同的行车需要，通过模式开关选择不同的工作模式，通常有正常模式、动力模式和雪地模式三种。区别在于节气门对加速踏板的响应速度不同。正常模式下，节气门对加速踏板的响应速度适合大多数行驶工况；动力模式下，节气门加快对加速踏板的响应速度，发动机能提供额外的动力；在雪地、雨天附着较差的工况下，驾驶员可选择雪地模式驾驶车辆，此时节气门对加速踏板的响应降低，发动机输出的功率比正常情况下小，使车轮不易打滑，保持车辆稳定行驶。

（4）海拔高度补偿 在海拔较高的地区，大气压下降，空气稀薄，氧气含量下降，导致发动机输出动力下降。此时电控节气门系统可按照大气压与海拔高度的函数关系，对节气门开度进行补偿，使发动机输出的动力和加速踏板位置的关系保持稳定。

（5）控制功能扩展及其原理 现代电子节气门则独立成一个系统，可实现多种控制功能，既提高行驶可靠性，又使结构简化，成本降低。主要控制功能有牵引力控制（ASR）、巡航控制（CCS）、怠速控制（ISC）、减少换挡冲击控制等。

2. 电子节气门电路图

加速踏板位置传感器由霍尔传感器 G79 和 G185 组成，作用是将驾驶员意图输送给发动机控制单元。将由此产生反映加速踏板下踏量和变化速率的电压信号输入 ECU 显示汽车的工作状况。节气门控制部件由节气门驱动装置 G186、节气门位置传感器 G187 和 G188 组成。节气门驱动装置 G186 是一个伺服电机，由发动机控制单元控制，端子 3 和端子 5 的阻值约为 2.0Ω。G187 和 G188 是两个线性可变电阻式节气门位置传感器，它将节气门的位置信号传送给发动机控制单元，这两个角度传感器是相互独立的电路，如图 5-13 所示。

组合仪表上的 EPC（electronic power control）指示灯，意为"电子功率控制"，也就是电控节气门系统警报灯。在发动机运转时，如电控节气门系统发生故障，EPC 指示灯则点亮，同时发动机控制单元的故障存储器会记录该故障。

由于电控节气门系统是通过控制单元来调整节气门的，因此电控节气门系统可以设置各种功能来改善驾驶的安全性和舒适性，其中最常见的就是 ASR（牵引力控制）系统和速度控制系统（巡航控制）。

驾驶员操纵加速踏板，加速踏板位置传感器产生相应的电压信号输入节气门控制单元，控制单元首先对输入的信号进行滤波，以消除环境噪声的影响，然后根据当前的工作模式、踏板移动量和变化率解析驾驶员意图，计算出对发动机扭矩的基本需求，得到相应的节气门转角的基本期望值。然后经过 CAN 总线和整车控制单元进行通信，获取其他工况信息以及各种传感器信号，如发动机转速、挡位、节气门位置、空调能耗等，由此计算出整车所需求的全部扭矩，通过对节气门转角期望值进行补偿，得到节气门的最佳开度，并把相应的电压信号发送到驱动电路模块，驱动控制电机使节气门达到最佳的开度位置。节气门位置传感器则把节气门的开度信号反馈给节气门控制单元，形成闭环的位置控制。

3. EPC 指示灯功能检查

打开点火开关，EPC 指示灯应亮，启动发动机后，如果故障存储器中没有关于电控节气门系统的故障，EPC 指示灯将熄灭。否则，应进行检查（可用 VAS 5052 引导功能对 ECP 指示灯进行检查）。

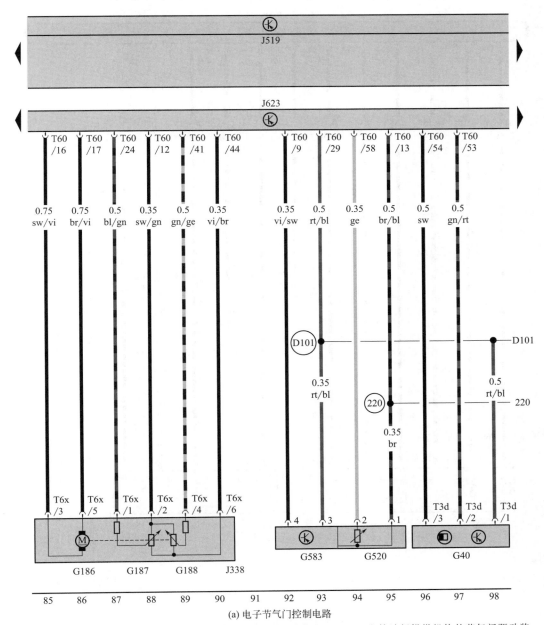

(a) 电子节气门控制电路

G40—霍尔传感器；G186—电控油门操纵机构的节气门驱动装置；G187—电控油门操纵机构的节气门驱动装置角度传感器 1；G188—电控油门操纵机构的节气门驱动装置角度传感器 2；G520—进气温度传感器 3；G583—进气管压力传感器 3；J338—节气门控制单元；J519—车载电网控制器；J623—发动机控制单元，排水槽内中部；T3d—3 芯插头连接；T6x—6 芯插头连接；T60—60 芯插头连接；220—接地连接（传感器接地），在发动机导线束中；D101—连接 1，在发动机舱导线束中

图 5-13

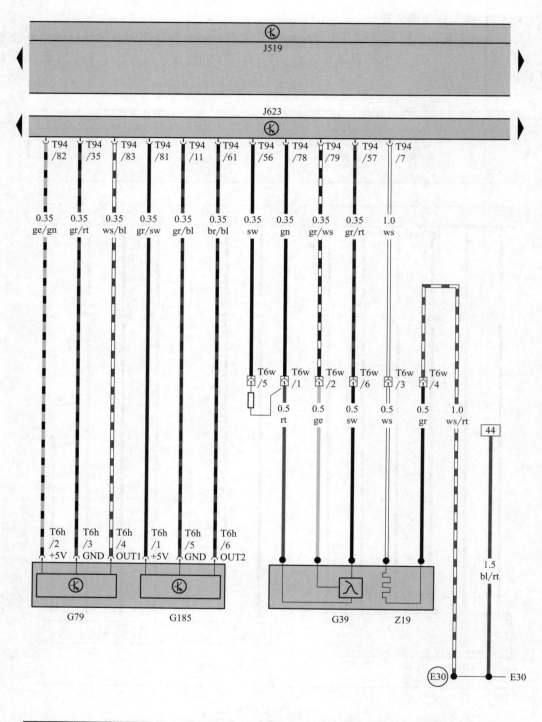

(b) 加速踏板电路

G39—氧传感器；G79—油门踏板位置传感器 1；G185—油门踏板位置传感器 2；J519—车载电网控制器；
J623—发动机控制单元，排水槽内中部；T6h—6 芯插头连接；T6w—6 芯插头连接，发动机舱内后部；
T94—94 芯插头连接；Z19—氧传感器加热；E30—连接（87a），在发动机导线束中

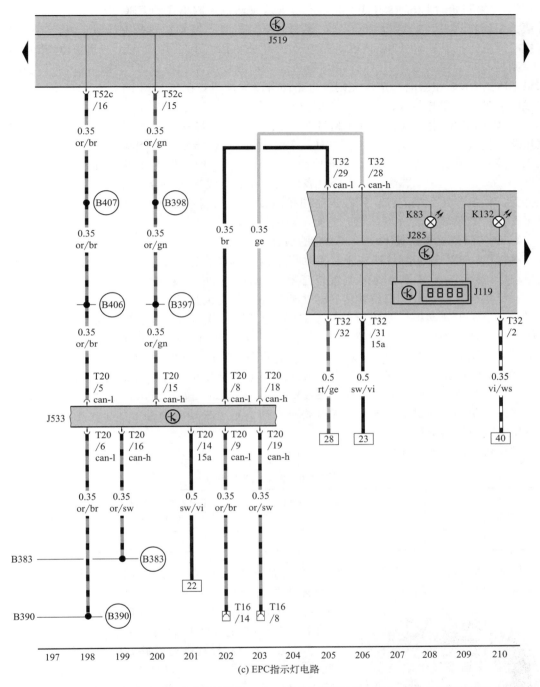

(c) EPC指示灯电路

J119—多功能显示器；J285—仪表板中的控制单元；J519—车载电网控制器；J533—数据总线诊断接口，左侧脚部空间内，中控台附近；K83—废气警告灯；K132—EPC故障信号灯；T16—16芯插头连接；T20—20芯插头连接；T32—32芯插头连接；T52c—52芯插头连接；B383—连接 1（驱动系统高速 CAN 总线），在主导线束中；B390—连接 1（驱动系统低速 CAN 总线），在主导线束中；B397—主导线束中的连接 1（舒适/便捷功能 CAN 总线，高速）；B398—主导线束中的连接 2（舒适/便捷功能 CAN 总线，高速）；B406—主导线束中的连接 1（舒适/便捷功能 CAN 总线，低速）；B407—主导线束中的连接 2（舒适/便捷功能 CAN 总线，低速）；＊—诊断接口

图 5-13　电路

① 如果开始时 EPC 指示灯不亮,应检查从发动机控制单元到 EPC 指示灯的导线。检查方法是关闭点火开关,接上检测盒 VAG 1598/31,但不接发动机控制单元。用 VAG 1594 连接检测盒上插孔 1 和 EPC 搭铁。打开点火开关,EPC 指示灯应亮。如果 EPC 指示灯不亮,则检查组合仪表板内 EPC 指示灯是否烧坏,或按电路图检查 EPC 指示灯的供电情况。如果 EPC 指示灯和供电都正常,则按电路图排除发动机控制单元到 EPC 指示灯之间导线短路或断路处。如果导线无故障,则应更换发动机控制单元。

② 如果 EPC 指示灯亮的时间超过 3s,或 EPC 指示灯一直亮,则应检查导线是否对搭铁短路。检查方法是启动发动机并怠速运转,如果 EPC 指示灯不熄灭,则读取故障码。如果无故障码,则关闭点火开关,接上检测盒 VAG 1598/31,但不接发动机控制单元。检查 VAG 1598/31 与 EPC 搭铁,与组合仪表板端子间的导线连接是否对搭铁短路。规定值应为无穷大。如果未达到规定值,则按电路图排除发动机控制单元到 EPC 指示灯之间导线对搭铁短路处。如果导线无故障,则应更换发动机控制单元。

4. 节气门位置传感器 G187、G188 的检查

将 VAS 6150 连接到诊断座上,启动发动机,输入发动机电控系统,选择功能"读测量数据块",显示区 1 显示节气门位置传感器 1(G187)的开度比例(%),规定值为 3% ~ 93%;显示区 2 显示节气门位置传感器 2(G188)的开度比例(%),规定值为 97% ~ 3%;显示区 3 显示加速踏板位置传感器 1(G79)的开度比例(%),规定值为 12% ~ 97%;显示区 4 显示加速踏板位置传感器 2(G185)的开度比例(%),规定值为 6% ~ 50%。怠速时显示区 1 至显示区 3 的值为 8% ~ 18%,显示区 4 为 3% ~ 13%。慢慢将加速踏板踩到底,显示区 1 节气门位置传感器 G187 的比例(%)应均匀升高,公差范围为 3% ~ 93%,而显示区 2 节气门位置传感器 G188 的比例(%)应均匀降低。如果显示达不到上述要求,则检查节气门控制部件的供电及导线,尤其要注意插头是否松动或锈蚀。如果供电及导线正常,则更换节气门控制部件。

发动机数据流如表 5-6 所示。

表 5-6　发动机数据流

发动机数 据流(62 组)	节气门位置传感器 1(G187)(1 区)	节气门位置传感器 2(G188)(2 区)	加速踏板位置传感器 1(G79)(3 区)	加速踏板位置传感器 2(G185)(4 区)
标准值/%	3~93	97~3	12~97	6~50

拔下节气门控制部件插头(图 5-14),打开点火开关,用万用表测量插头 T6X/2＋T6X/6、T6X/2＋T6X/1、T6X/2＋T6X/4 的电压值,应约为 5V。电机 T6X/3(正极)＋T6X/5(负)应约为 5V。若达不到上述要求,则按照电路图检查节气门控制部件插头 6 个端子至发动机控制单元相应端子之间的导线是否断路,然后检查导线相互之间是否导通(导线最大阻值为 1.5Ω)。注意:电机 T6X/3(正极)＋T6X/5(负极)电阻值为 10~13Ω。

怠速下测量端子 T6X/2＋T6X/4 电压值为 0.659V,端子 T6X/4＋T6X/6 电压值为 4.29V,端子 T6X/1＋T6X/6 电压值为 0.673~0.783V。

5. 发动机控制单元同节气门控制部件

当电源供应中断、更换了节气门控制部件或更换了发动机控制单元时,发动机控制单元必须与节气门控制

图 5-14　节气门控制部件插头

单元 J338 进行匹配（即自适应或自学习）。通过匹配，发动机控制单元学习了节气门在不同位置时的特性参数，并将这些参数存入发动机控制单元。节气门位置由 2 个节气门位置传感器来反馈。匹配的条件为故障存储器中没有故障存储，蓄电池电压至少应为 12.7V，冷却液温度为 10～95℃，进气温度为 10～90℃，发动机不转，点火开关打开，不踩加速踏板。进行匹配时，将 VAS 6150 对节气门体进行初始化设置。选择 01，选发动机控制装置，在小键盘处输入 60，再单击"Q"后，在节气门体附近可以听见节气门体电气元件工作的声音。

6. 加速踏板位置传感器 G79 和 G185

拆下驾驶员侧杂物箱，拔下加速踏板位置传感器插头。打开点火开关，与电子节气门踏板连接线有 6 根，分别为 2 个霍尔传感器 G185 和 G79 信号，连接至发动机控制单元检查。将 VAS 6150B 连接到诊断座上，启动发动机，进入发动机电控系统，选择功能"读测量数据块"。慢慢将加速踏板踩到底，同时注意显示区 3 和 4 的比例（%），应均匀升高，并且显示区 3 中的显示值总应是显示区 4 的 2 倍。如果显示值没有达到此要求，则继续进行下一步检查。测量插头端子 T6h/1 和 T6h/5 之间电压约为 5V、T6h/2 和 T6h/3 之间电压约为 5V。

怠速状态下，在线检测油门踏板位置传感器对应 J623 发动机 ECU 端子的电压电路如图 5-13(b) 所示。加速踏板位置传感器各端子电压见表 5-7。

表 5-7　加速踏板位置传感器各端子电压

测试端子	T94/81	T94/82	T94/35	T94/83	T94/11	T94/61
正常值/V	4.99	4.98	0	0.76	0	0.38
测量值/V	4.99	4.98	0	0.74	0	0.39

7. 强制降挡自适应

如果更换了加速踏板位置传感器或发动机控制单元，对于装备变速器的汽车，必须进行强制降挡功能自适应。将 VAS 5052 连接到诊断座上，启动发动机，进入发动机电控系统，选择功能"基本设置"。显示区 1 显示加速踏板位置传感器 1（G79）的开度比例（%），规定值为 79%～94%；显示区 2 显示加速踏板位置传感器 2（G185）的开度比例（%），规定值为 79%～94%；显示区 3 显示加速踏板位置，应显示"Kick down"；显示区 4 显示自适应状态，可能显示"ADPi. o.""ERROR""ADPlauft"等。自适应完成应显示"ADPi. o."，表示要求"操纵强制降挡功能"。应立即踩下加速踏板，一直踩过强制降挡作用点，并保持该状态至少 2s。注意在强制降挡作用点自适应过程中，VAS 5052 屏幕上会显示"Kickdown ADPlauft"，完成自适应后会显示"Kickdown ADPi. o."。

六、智能电子节气门

在常规型节气门体中，都是由加速踏板作用力确定节气门角度的。丰田凯美瑞 ETCS-i 使用发动机 ECU 来计算适合于相应驾驶条件的最佳节气门开度，并使用节气门控制电机来控制开度。

在异常情况下，该系统切换至跛行模式，智能电子节气门控制 ETCS-i 系统如图 5-15 所示。

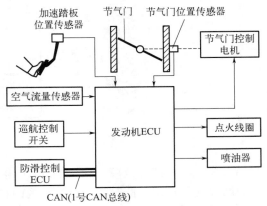

图 5-15　智能电子节气门控制 ETCS-i 系统

1. 智能电子节气门的功能

将节气门控制为适合于加速踏板作用力和发动机转速等适应驾驶条件的最佳节气门角度，从而实现优异的节气门控制性能和所有工作范围内的舒适操作，ETCS-i 具有下列 5 项功能。

（1）VVT-i 系统　VVT-i（智能可变气门正时）系统结构用于将进气凸轮轴控制在（曲轴角度的）40°范围内，从而提供最适于发动机状态的气门正时。这使所有转速范围内的转矩得到改进，燃油经济性增加，排气量减少。

根据发动机转速、进气量、节气门位置和冷却液温度，发动机 ECU 可以计算每个驾驶条件下的最佳气门正时，控制凸轮轴正时机油控制阀。此外，发动机 ECU 使用来自凸轮轴位置传感器和曲轴位置传感器的信号来检测实际气门正时，从而提供反馈控制以达到目标气门正时。

（2）ISC 控制（怠速控制）　发动机 ECU 控制节气门，从而恒定地维持理想的怠速转速。

（3）TRC 控制（牵引力控制）　作为 TRC 系统的一部分，驱动轮出现过量滑动时，由来自防滑控制 ECU 的请求信号关闭节气门，这便于车辆确保稳定性和驱动力。

（4）VSC 控制（车辆防滑控制）　为了最好地发挥 VSC 系统控制的效用，通过防滑控制 ECU 协调控制性能来控制节气门角度。

（5）巡航控制　带有集成巡航控制 ECU 的发动机 ECU，直接控制节气门来进行巡航控制。

2. 失效保护

当失效保护检测到传感器存在故障时，如果发动机 ECU 仍能继续正常控制发动机控制系统，这说明发动机可能有故障或出现其他故障。为了防止出现此问题，发动机 ECU 的失效保护功能借助存储在记忆中的数据，使发动机控制系统继续运行，或在预计将出现危险的情况下停止发动机。

（1）加速踏板位置传感器的失效保护　加速踏板位置传感器有两个（主和副）传感器电路，如图 5-16 所示，若其中一个传感器电路出现故障，发动机 ECU 会检测两个传感器电路之间不正常的信号电压差，并切换到跛行模式。在跛行模式中，正常工作的电路被用来计算加速踏板开度，从而在跛行模式控制下运行车辆。

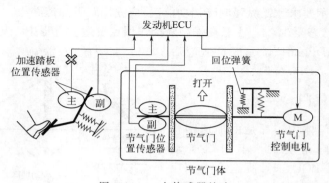

图 5-16　一个传感器故障

如果两个电路都有故障，发动机 ECU 会检测来自这两个传感器电路的不正常信号电压，中断节气门控制。此时，可以在车辆的怠速范围内驾驶车辆，如图 5-17 所示。

（2）节气门位置传感器的失效保护　节气门位置传感器有两个（主和副）电路，若其中

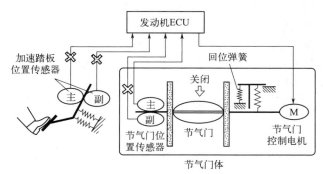

图 5-17　两个传感器故障

一个传感器电路出现故障，发动机 ECU 会检测两个传感器电路之间不正常的信号电压差，切断至节气门控制电机的电流，并切换到跛行模式，如图 5-18 所示。然后，回位弹簧的弹力导致节气门回位，保持在指定的开度。此时，可以在跛行模式下驾驶车辆，同时根据加速器开度控制燃油喷射和点火正时，从而调节发动机输出。如果发动机 ECU 检测到节气门控制电动机系统中存在故障，则执行与上述相同的控制。

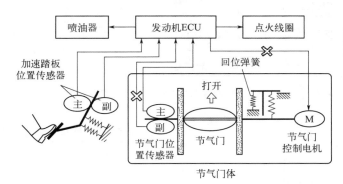

图 5-18　切换到跛行模式

3. 加速踏板位置传感器

（1）加速踏板位置传感器的结构　　无触点型加速踏板位置传感器使用安装在加速踏板臂上的霍尔 IC。磁轭安装在加速踏板臂的底座上，该磁轭根据施加在加速踏板上的作用力，绕着霍尔 IC 旋转，如图 5-19 所示。霍尔 IC 将磁通量变化转化为电信号，并以加速踏板信号的形式，将其输出至发动机 ECU。

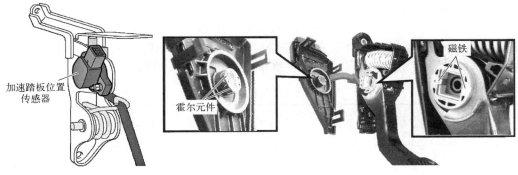

图 5-19　加速踏板结构

　　霍尔 IC 含有两个电路，一个用于主信号，一个用于副信号，它将加速踏板位置（角度）转化为具有不同特性的电信号，并将其输出至发动机 ECU。

　　（2）加速踏板位置传感器的电压检测

　　① 测量 ECM 连接器端子 VCPA 和 EPA，VPA2 和 EPA2 之间的电压为 4.5～5.5V，其电路及电压线性输出如图 5-20 和图 5-21 所示。

　　② 测量 ECM 连接器端子 VCPA 和 EPA，加速踏板位置传感器的动态电压如表 5-8 所示。

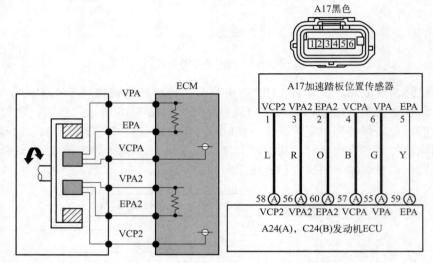

图 5-20　加速踏板与发动机 ECU 的电路图

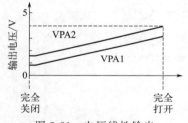

图 5-21　电压线性输出

表 5-8　加速踏板位置传感器的动态电压

加速踏板	电压/V	
	VPA	VPA2
松开	0.5～1.1	0.9～2.3
踩下	3.0～4.6	3.4～5.0

4. 节气门位置传感器

　　（1）节气门位置传感器的结构　无触点型节气门位置传感器使用安装在节气门体上的霍尔 IC。霍尔 IC 被磁轭环绕，并将当时的磁通量变化转化为电信号，以节气门作用力的形式将其输出至发动机 ECU、节气门内部结构如图 5-22 所示。

　　（2）节气门电压、阻值的检测　霍尔 IC 含有分别用于主信号和副信号的电路，它将节气门开度转化为具有不同特性的电信号，并将其输出至发动机 ECU，节气门电路及电压线性输出曲线如图 5-23 所示，电压及阻值检测如表 5-9 和表 5-10 所示。

表 5-9　节气门电压检测

节气门传感器	电压/V	
	VTA-E2	VTA2-E2
松开	0.4～1.0	2.0～2.9
踩下	3.2～4.8	4.6～5.0

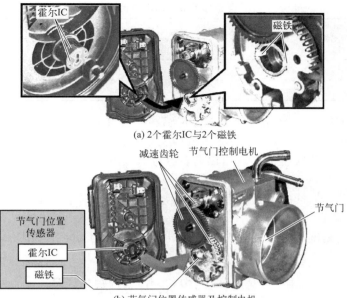

(a) 2个霍尔IC与2个磁铁

(b) 节气门位置传感器及控制电机

图 5-22 节气门内部结构

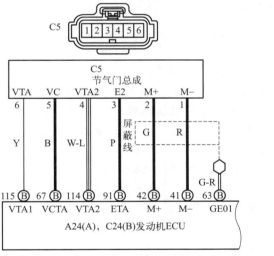

(a) 节气门与发动机控制单元的电路

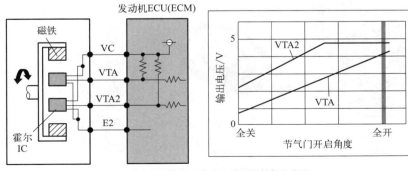

(b) 节气门控制单元电路及电压线性输出曲线

图 5-23 节气门电路及电压线性输出曲线

表 5-10　节气门电阻检测

节气门传感器	电阻/kΩ	
	VC-E2	VTA-E2
全闭	1.2～3.2	1.2～3.2
全开	2.5～5.9	2.0～10.2

（3）节气门位置传感器检测数据　VC-传感器电源为 4.5～5V；VTA1-节气门位置传感器信号输出电压为 0.5～4.8V；VTA2-节气门位置传感器信号输出电压值为 2.1～5.0V。

① 节气门全闭。节气门 VTA1 用比例表示为 10%～20%；节气门 VTA2 用电压表示为 2.1～3.1V。

② 节气门全开。节气门 VTA1 用比例表示为 64%～96%；节气门 VTA2 用电压表示为 4.5～5.0V。

③ 节气门安全角度 7°。节气门 VTA1 用比例表示为 10%～24%。

第二节　曲轴位置传感器

一、曲轴位置传感器的功用、安装位置

曲轴位置传感器（crankshaft position sensor，CPS）又称为发动机转速与曲轴转角传感器，其功用是采集曲轴转动角度和发动机转速信号，并输入电子控制单元（ECU），以便确定喷射顺序、喷射正时、点火顺序、点火正时，并根据信号监测到的曲轴转角波动的大小来判断发动机是否有失火现象。它是发动机集中控制系统最主要的传感器之一，是控制发动机燃油喷射和点火时刻确认曲轴位置的信号源，同时它也是测量发动机转速的信号源。曲轴位置传感器检测活塞上止点及曲轴转角的信号并将其输入发动机 ECU，用来对点火时刻和喷油正时进行控制。在现代电控发动机上，曲轴位置传感器和发动机转速传感器制成一体，既可用于发动机曲轴位置、活塞上止点位置的测定，又可用于发动机转速的测定。

曲轴位置传感器一般安装于曲轴前端、靠近飞轮的变速器壳体位置，如图 5-24 所示。按其工作原理的不同可分为磁脉冲式曲轴位置传感器、光电式曲轴位置传感器、霍尔式曲轴位置传感器等。

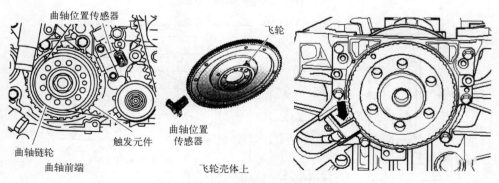

图 5-24　曲轴位置传感器安装位置

二、磁电感应式曲轴位置传感器的结构及工作原理

　　磁电感应式曲轴位置传感器又称为磁脉冲式传感器、可变磁阻式传感器，主要由导磁材料制成的信号转子、永久磁铁、信号线圈等组成，传感器的位置是固定的，软磁铁芯与信号转子齿圈间必须保持一定间隙，如图 5-25 所示。

　　传感器插头接线形式主要有二线制和三线制两种。两线制的两根线为信号回路线，信号正负交替变化，三线制中多出的一根线为屏蔽线。

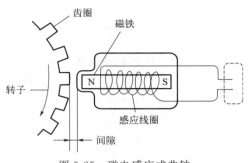

图 5-25　磁电感应式曲轴
位置传感器的结构

　　① 当信号转子凸齿靠近传感器时，磁头与齿间隙逐渐缩小，磁路中的磁阻逐渐减小，传感器的磁场便开始产生集中的现象，磁场强度增大，磁通量的变化率也逐渐增大，因此产生一个逐渐增大的正的感应电动势，磁场的变化越大，则感应出的电压也越强。其相对位置如图 5-26(a) 所示，磁通量和感应电动势的变化如图 5-27 的 a-b 段所示。

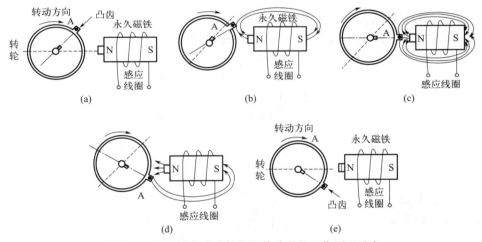

图 5-26　磁电感应式曲轴位置传感器的工作原理示意

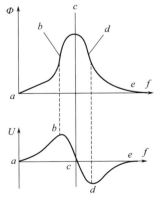

图 5-27　磁通量和感应电动势的变化

　　② 当凸齿继续靠近磁头时，磁通量仍在增大，但磁通量的变化率却在减小，因此产生一个正的、逐渐减小的感应电动势。其相对位置如图 5-26(b) 所示，磁通量和感应电动势的变化如图 5-27 的 b-c 段所示。

　　③ 当信号转子凸齿与传感器尖端对齐成一条直线时，磁头与齿间隙最小，磁路中的磁阻最小，磁场强度最强，磁通量最大。但在该点磁场强度没有变化，磁场变化率为 0，所以感应电压和电流强度为 0。其相对位置如图 5-26(c) 所示；磁通量和感应电动势的变化如图 5-27 的 c 点所示。

　　④ 信号转子凸齿继续转动，其相对位置如图 5-26(d) 所示，凸齿远离磁头准备离开传感器时，两者间隙逐步变大，磁路中的磁阻逐渐增大，磁通量逐渐减小，但磁通量的变化率仍

逐渐增大，所以产生一个负的但绝对值仍逐渐增大的感应电动势，如图 5-27 的 c-d 段所示。

⑤ 当凸齿继续转动离开磁头时，磁路中的磁阻继续增大。磁通量继续减小，但磁通量的变化率也逐渐减小，因此产生一个负的绝对值逐渐减小直至 0 的感应电动势，其相对位置如图 5-26(e) 所示；磁通量和感应电动势的变化如图 5-27 的 d-e 段所示。

三、曲轴位置传感器的检测

1. 新款捷达轿车曲轴位置传感器的检测

新款捷达轿车的磁感应式曲轴位置传感器安装在气缸体左侧、发动机后端靠近飞轮处，零件编号为 G28，传感器用螺钉固定在发动机缸体上，信号转子为齿盘式，齿数为 (60−2) 齿，即在原来为 60 齿的圆周上，切掉 2 个齿，形成在其圆周上均匀间隔的 58 个凸齿、57 个小齿缺和一个大齿缺。因为原来的 60 齿在圆周上均匀分布，齿与齿的间隔为 $360°/0=6°$，因此每个凸齿和小齿缺所占的曲轴转角均为 $3°$。曲轴旋转一圈（360°），将会产生 58 个脉冲信号。大齿缺所占的弧度相当于两个凸齿和三个小齿缺所占的弧度，大齿缺所占总的曲轴转角为 $15°(2×3°+3×3°=15°)$。大齿缺输出基准信号，对应发动机气缸 1 或气缸 4 压缩上止点前一定角度。

信号转子上设有一个产生基准信号的大齿缺，所以当大齿缺转过磁头时，信号电压所占的时间较长，即输出信号为一宽脉冲信号，该信号对应于气缸 1 或气缸 4 压缩上止点前一定角度。电子控制单元接收到宽脉冲信号时，便可知道气缸 1 或气缸 4 上止点位置即将到来，至于即将到来的是气缸 1 还是气缸 4，则需根据凸轮轴位置传感器输入的信号来确定。由于信号转子上有 58 个凸齿，因此信号转子每转一圈（发动机曲轴转一圈），传感线圈就会产生 58 个交变电压信号输入 ECU。因此，ECU 每接收到曲轴位置传感器的 58 个信号，就可知道发动机曲轴旋转了一圈。依此类推，ECU 根据每分钟接收曲轴位置传感器脉冲信号的数量，便能计算出发动机曲轴旋转的转速和曲轴的位置。曲轴位置传感器如图 5-28 所示，其输出波形如图 5-29 所示。

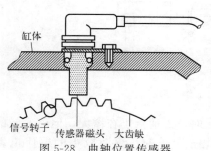

图 5-28　曲轴位置传感器

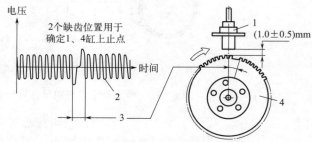

图 5-29　曲轴位置传感器的输出波形

1—曲轴位置传感器；2—正常齿波形；3—缺齿波形；4—信号转子

图 5-30　曲轴位置传感器 G28 的安装位置

曲轴位置传感器 G28 的安装位置如图 5-30 所示，传感器与 ECU J361 的连接关系如图 5-31 所示。传感器上端子 T3i/2 与 ECU 的 T80/64 端子相连，端子 T3i/3 与 ECU 的 T80/53 端子相连，端子 3 为屏蔽线端子在发动机线束内的搭地。

磁电感应式曲轴位置传感器的检测方法如下。

① 故障征兆检测。在发动机运行中，当曲轴位置传感器出现故障时，会导致信号中断，发动机不能启动或在运行时

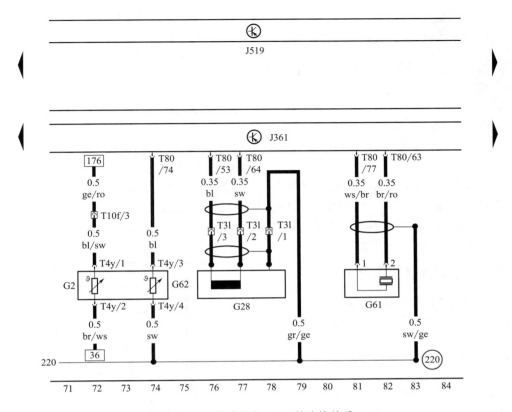

图 5-31　传感器与 ECU 的连接关系

G2—冷却液温度传感器；G28—发动机转速传感器；G61—爆震传感器 1；G62—冷却液温度传感器；J361—Simos 发动机控制单元；J519—E-BOX 控制单元；T3i—3 芯黑色插头连接；T4y—4 芯黑色插头连接；T10f—10 芯插头连接；T80—80 芯黑色插头连接；220—发动机线束内的接地连接（传感器接地）

立即熄火，这时电子控制单元可以诊断到故障并进行故障码存储。

② 曲轴位置传感器的电阻检查。关闭点火开关，拔下传感器连接器插头，检查传感器上端子 1 与 2 间电阻，应为 450～1000Ω。若电阻为无穷大，说明信号线圈存在断路，应更换传感器。检查传感器上端子 T3i/3 或端子 T3i/2 与屏蔽线端子 T3i/1 之间的电阻，电阻应为无穷大，如果电阻不是无穷大，则应更换传感器。

③ 信号转子与磁头间间隙检查。用厚薄规检查信号转子与磁头间间隙，标准值为 0.2～0.5mm。若不在标准范围内时，需进行调整。

④ 输出电压测量。用万用表的交流电压挡，在线路正常连接、发动机运转时测量端子 T3i/3 或端子 T3i/2 间电压，其电压值在 0.2～2V 波动。

⑤ 检查传感器与 ECU 之间的连接线束。分别检查端子 T3i/2 与 ECU 端子 T80/64，端子 T3i/3 与 ECU 端子 T80/53，端子 T3i/1 与发动机线束内的 220 间的电阻，应不超过 1.5Ω。如果电阻为无穷大，说明存在导线断路或接触不良，需进行维修。

⑥ 利用 VAS 5052 故障诊断仪，通过故障诊断插座可以读取故障信息。如果曲轴位置传感器故障，则会出现故障码 00513，内容为发动机转速传感器 G28 异常。

2. 新款凯美瑞曲轴位置传感器的检测

新款凯美瑞的曲轴位置传感器安装在曲轴正时护罩内，曲轴的正时转子由 34 个齿组成，

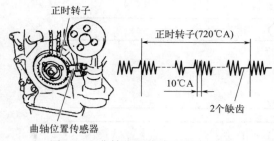

图 5-32　曲轴位置传感器安装位置

带有 2 个缺齿。曲轴位置传感器每 10°输出曲轴旋转信号，缺齿用于确定上止点，曲轴位置传感器安装位置如图 5-32 所示。

磁电感应式曲轴位置传感器的检测方法如下。

① 曲轴位置传感器的电阻检查。关闭点火开关，拔下传感器连接器插头，检查传感器上端子 122 与端子 121 之间的电阻，20℃时应为 1850～2450Ω。若电阻为无穷大，说明信号线圈存在断路，应更换传感器，其电路如图 5-33 所示。

② 检查传感器上端子 122 或端子 121 与屏蔽线端子 C 之间的电阻，电阻应为无穷大，如果电阻不是无穷大，则应更换传感器。

四、霍尔式曲轴位置传感器

1. 霍尔式曲轴位置传感器的工作原理

霍尔式曲轴位置传感器是利用霍尔效应产生与曲轴转角相对应的电压脉冲信号的原理制成的，可分为触发叶片式和触发轮齿式两种曲轴位置传感器。

霍尔效应：当电流 I 通过放在磁场中的半导体基片（称霍尔元件）且电流方向与磁场方向垂直时，电荷在洛仑兹力作用下向一侧偏移，在垂直于电流与磁场的霍尔元件的横向侧面上产生一个与电流和磁场强度成正比的电压，称为霍尔电压（U_H），如图 5-34 所示，霍尔电压可用下式表示，即

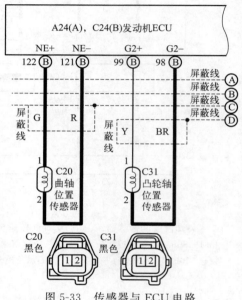

图 5-33　传感器与 ECU 电路

$$U_H = \frac{R_H}{d}IB$$

式中，R_H 为霍尔系数；d 为基片厚度；I 为电流；B 为磁场强度。

当结构一定且电流为定值时，霍尔电压与磁场强度成正比。霍尔式曲轴位置传感器主要使用霍尔开关电路，根据脉冲信号的多少计算曲轴的旋转速度和位置，为了能够输出数字信号，产生的霍尔电压应该能够打开和关闭功率晶体管，如图 5-35 所示。

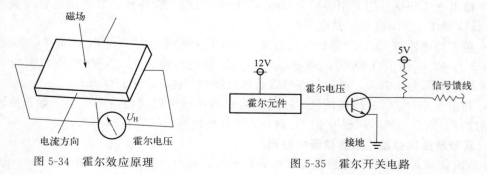

图 5-34　霍尔效应原理　　　　　　　　图 5-35　霍尔开关电路

2. 触发叶片式霍尔曲轴位置传感器

（1）结构　　触发叶片式霍尔曲轴位置传感器主要由触发叶轮、霍尔集成电路、磁轭（导磁钢片）和永久磁铁组成，而霍尔集成电路又由霍尔元件、放大电路、稳压电路、温度补偿电阻、信号变换电路和输出电路组成，如图 5-36 所示。其中触发叶轮安装在转子轴上，随转子轴一起转动，叶轮上制有叶片；当曲轴带动转子轴转动时，触发叶轮随其一起转动，叶片便在霍尔集成电路与永久磁铁之间转动。

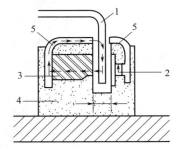

图 5-36　触发叶片式霍尔
曲轴位置传感器的结构
1—触发叶轮；2—霍尔集成电路；
3—永久磁铁；4—底板；
5—导磁钢片

（2）工作原理　　当曲轴转动并带动转子轴转动时，触发叶轮随转子轴一起转动，触发叶轮的叶片便从霍尔集成电路与永久磁铁之间的气隙中转过。当叶片进入气隙时，霍尔集成电路中的磁场被叶片旁路，如图 5-37（a）所示，此时霍尔元件产生的霍尔电压为零，集成电路输出级的三极管截止，传感器输出一个高电平信号电压 U_0（实验表明：当电源电压 $U_{cc}=14.4V$ 时，信号电压 $U_0=9.8V$；当电源电压 $U_{cc}=5V$ 时，信号电压 $U_0=4.8V$）。

当叶片离开气隙时，永久磁铁的磁通便经过霍尔集成电路和导磁钢片构成回路，如图 5-37（b）所示，此时霍尔元件产生霍尔电压 U_H（$U_H=1.9\sim2.0V$），霍尔集成电路输出级的三极管导通，传感器输出一个低电平电压信号 U_0（实验表明：当电源电压 $U_{cc}=14.4V$ 或 5V 时，信号电压 $U_0=0.1\sim0.3V$）。

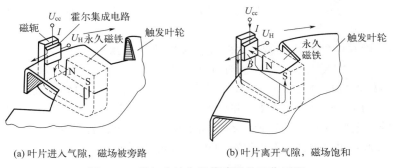

(a) 叶片进入气隙，磁场被旁路　　　　(b) 叶片离开气隙，磁场饱和

图 5-37　霍尔曲轴位置传感器的工作原理

ECU 便根据输入的脉冲信号计算出曲轴的转角及活塞上止点位置，从而对发动机的点火和喷油时刻进行控制。

3. 触发轮齿式霍尔曲轴位置传感器

（1）结构　　触发轮齿式霍尔曲轴位置传感器即差动霍尔式曲轴位置传感器，也称双霍尔式曲轴位置传感器，其结构与磁脉冲式曲轴位置传感器相似，由带凸齿的信号转子和霍尔信号发生器组成，如图 5-38 所示。

（2）工作原理　　触发轮齿式霍尔曲轴位置传感器的工作原理与触发叶片式霍尔曲轴位置传感器的工作原理相同。触发轮齿式霍尔曲轴位置传感器的信号转子即凸齿转子安装在发动机曲轴上（部分汽车以发动机的飞轮为信号转子），当发动机曲轴或飞轮转动时，传感器的信号转子随其一起转动，从而使信号转子的齿缺与凸齿转过霍尔电路（与触发叶片式霍尔电路相同，由霍尔元件、放大电路、稳压电路、温度补偿电阻、信号变换电路和输出电路等组成）的探头，使齿缺或凸齿与霍尔探头之间的间隙发生变化，磁通量随之变化，即磁场强度 B 发生变化，根据霍尔效应，在传感器的霍尔元件中就会产生交变电压信号，如图 5-39 所示，其输出电压由两个霍尔信号电压叠加而成。因为输出信号为叠加信号，所以转子凸齿与信号发生器之间的气隙可以增大到 (1.0 ± 0.5) mm（普通霍尔式传感器仅为 $0.2 \sim 0.4$mm），从而可将信号转子设置成像磁感应式传感器转子一样的齿盘式结构，其突出优点是信号转子便于安装。

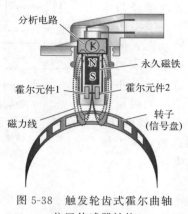

图 5-38　触发轮齿式霍尔曲轴
位置传感器结构

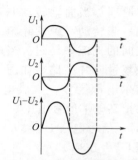

图 5-39　触发轮齿式霍尔曲轴
位置传感器电压波形

汽车上用霍尔式传感器一般为三线或两线（一根为电源线、一根为信号线）：第一根为电源线，供给工作电压，一般为 12V（也有用 8V、5V、9V）；第二根为信号线，需要提供 5V 参考电压，通过三极管的导通或关闭，实现 0V 和 5V 的脉冲变化；第三根为搭铁线。

4. 上海别克轿车触发叶片式霍尔曲轴位置传感器的检测

上海别克轿车的 24X 曲轴位置传感器属于触发叶片式，是利用霍尔效应的原理制成的。24X 曲轴位置传感器的信号转子上有 24 个均匀的叶片和窗口，曲轴每转一次，24X 曲轴位置传感器便产生 24 个通断脉冲信号，并将其输入 ECU。ECU 通过此信号来计算发动机低速运转时曲轴的位置和发动机的转速。24X 曲轴位置传感器安装在发动机右前部下侧，固结在铝质安装支架上，并用螺栓固定在发动机正时链条盖的前面，一部分位于曲轴平衡装置后。

24X 曲轴位置传感器与 ECU 的连接电路如图 5-40 所示。24X 曲轴位置传感器的插头端子如图 5-41 所示，其中 A 端子为电源线，B 端子为信号线，C 端子为搭铁线。24X 曲轴位置传感器的检测方法如下。

（1）检测传感器的输出信号　关闭点火开关，在曲轴位置传感器的信号线路上串接一个无源试灯（或发光二极管），启动发动机，观察灯（或发光二极管）的闪烁情况，试灯（或发光二极管）应有规律闪烁，否则曲轴位置传感器信号不良。

（2）检测传感器的电源电压　关闭点火开关，拔下曲轴位置传感器的 3 芯插头，打开点火开关，用万用表电压挡测量曲轴位置传感器插座上 A 孔与搭铁之间的电压值，应为 12V（蓄电池电压），否则曲轴位置传感器的电源线路不良。

5. 三菱格兰迪汽车曲轴位置传感器的检测

三菱格兰迪汽车 4 缸发动机用曲轴位置传感器属于遮蔽叶片霍尔式，固定安装于曲轴前端的发动机缸体上，其霍尔元件与叶片的位置关系如图 5-42 所示。

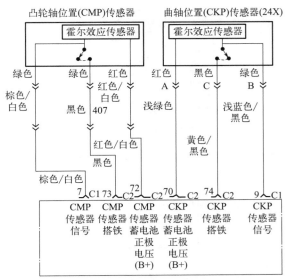

图 5-40　24X 曲轴位置传感器与 ECU 的连接电路

图 5-41　24X 曲轴位置传感器的插头端子

叶片式磁场屏蔽板安装在曲轴皮带盘后，以键与曲轴相连，并能够随曲轴一起运转。该传感器为 U 形设计，U 形的一条臂为磁铁，另一条臂安装霍尔开关集成电路，U 形的中部缝隙用于叶片旋转时通过。三菱格兰迪汽车发动机用的曲轴位置传感器的叶片有 3 个凸起和 3 个缺口，叶片随曲轴旋转，凸起通过时，磁铁的磁通被阻挡，缺口通过时，有磁力线通过霍尔开关。

（1）槽口处于霍尔集成元件和磁铁之间时　当槽口通过磁场和霍尔开关元件之间时，霍尔开关元件接收磁铁产生的磁场，并产生

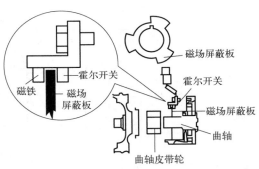

图 5-42　曲轴位置传感器的霍尔
元件与叶片的位置关系

霍尔电压，霍尔电压经放大后，作用于曲轴位置传感器的晶体管基极，使晶体管接通，来自发动机 ECU 的 5V 基准电压被接地，因此，发动机 ECU 将检测到曲轴位置传感器输出的 0V 低电位电压（注意：其实低电位电压并非为 0V，因为三极管导通时，根据晶体管的不同，集电极和发射极会有 0.3V 或 0.7V 的压降），磁力线通过时霍尔传感器线路电流流向和电压输出如图 5-43 所示。

（2）叶片经过磁场与霍尔开关时　当屏蔽板的叶片将磁场与霍尔开关隔开时，磁场被阻断，霍尔开关集成元件不能产生霍尔电压，在曲轴位置传感器内的晶体管不导通，来自发动机 ECU 的 5V 基准电压与搭铁线断开，于是发动机 ECU 检测到近似 5V 的高电位电压。磁力线被阻挡时霍尔传感器线路电流流向和电压输出如图 5-44 所示。

（3）连续运转时　因为屏蔽板随着曲轴一起旋转，所以通过曲轴位置传感器的输出信号会随着屏蔽板的叶片和槽口不断进行高电位和低电位的变换，其每分钟的脉冲数目也会随着曲轴的旋转速率而变化。因此，通过检测曲轴位置传感器脉冲信号频率即可测得曲轴的转速。连续运转时曲轴位置传感器脉冲信号波形如图 5-45 所示。

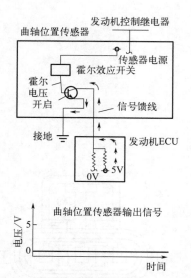

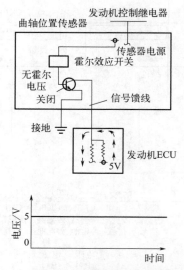

图 5-43 磁力线通过时霍尔传感器线路
电流流向和电压输出

图 5-44 磁力线被阻挡时霍尔传感器线路
电流流向和电压输出

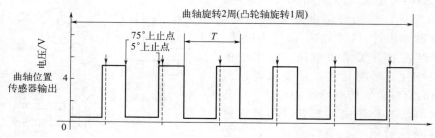

图 5-45 连续运转时曲轴位置传感器脉冲信号波形

（4）传感器的检测　三菱格兰迪汽车发动机曲轴位置传感器的插头形状和与发动机 ECU 的连接电路如图 5-46 所示。

① 工作电压的检测。拔掉曲轴位置传感器插头，打开点火开关，用万用表的电压挡测量线束侧 1 端是否有 12V 蓄电池电压。如果没有，则检查控制继电器的 1 端与曲轴位置传感器的导通性。

② 参考电压的检测。将点火开关置于 OFF 位置，将曲轴位置传感器接头断开，然后将点火开关置于 ON 位置，检查曲轴位置传感器 2 号针脚对地的电压，正常时应为 4.8～5.0V。如果没有 4.8～5.0V 电压，则将点火开关置于 OFF 位置，检查曲轴位置传感器线束的 2 号针脚是否与 ECU 的 70 号针脚导通，如果导通，则为 ECU 故障。

③ 检查搭铁性能。检查曲轴位置传感器 3 号针脚是否与地导通，如果不导通，则检查线束。

④ 解码器检测。用 MUT-Ⅲ 检测，如果曲轴位置传感器损坏，会存储故障码 22（曲轴位置传感器故障）。

⑤ 输出信号的万用表检测。使用专用三通接口插头，或在线路完好连接的情况下，将曲轴位置传感器的 2 号信号线引出一条测量线进行测量，使用万用表电压挡检测，应符合表 5-11 的规定。

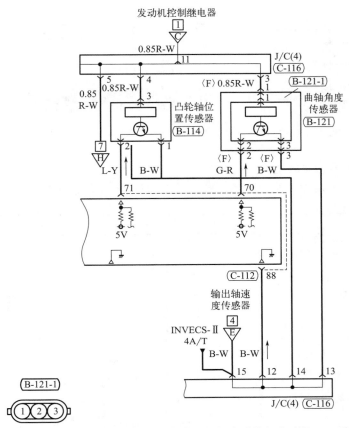

图 5-46　三菱格兰迪汽车发动机曲轴位置传感器的插头形状与发动机 ECU 的连接电路

⑥ 输出信号的示波器检测。一般情况下无法检查霍尔式传感器的电阻，如能检查也是经验数值或对比数值，因此，最好用示波器检查其输出信号波形来准确判断好坏。使用专用三通接口插头，或在线路完好连接的情况下，将曲轴位置传感器的 2 号信号线引出一条测量线，用示波器进行测量。

表 5-11　曲轴位置传感器信号标准电压值

测量端子	发动机状态	万用表电压/V
2 号信号线与搭铁	启动	0.4～4.0
	息速	1.5～2.5

6. 大众 CC 轿车曲轴位置传感器的检测

随着科学技术的发展，现代制造业对汽车生产技术要求不断提高，同时为降低汽车生产成本，近年来，越来越多的汽车采用一种二线制霍尔传感器。普通霍尔传感器有 3 根引线，分别为电源线、信号线和搭铁线；而新型霍尔曲轴位置传感器只有 2 根引线，如图 5-47 所示，分别为电源线和信号线。二线制霍尔式传感器与普通霍尔式传感器的输出信号均为方波脉冲信号，占空比范围为 30%～70%，一般为 50%，如图 5-48 所示，但输出信号的高、低电压存在差异。二线制霍尔式传感器输出信号的高、低电压不受速度影响，主要由电控单元内部的电阻 R 决定，电阻一定，高、低电压便一定，即使转速很低，发动机电控单元仍能检测到输出信号电压，这就克服了电磁式传感器输出信号电压随转速变化而变化的缺点。

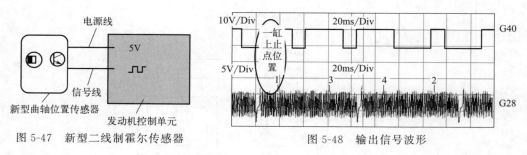

图 5-47　新型二线制霍尔传感器　　　　　图 5-48　输出信号波形

（1）曲轴位置传感器的检测

① 大众 CC 轿车发动机曲轴位置传感器与发动机 ECU 的连接如图 5-49 所示。

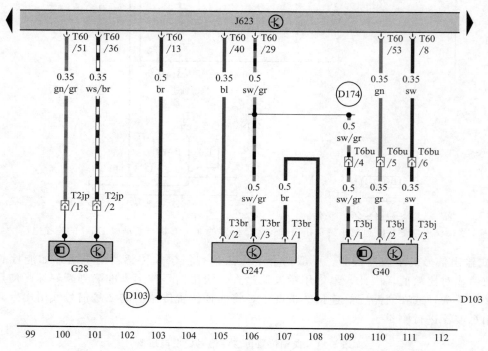

图 5-49　大众 CC 轿车发动机曲轴位置传感器与发动机 ECU 的连接

G28—发动机转速传感器；G40—霍尔传感器；G247—燃油压力传感器；J623—发动机控制单元，排水槽内中部；T2jp—2 芯插头连接；T3bj,T3br—3 芯插头连接；T6bu—6 芯插头连接，气缸盖附近；T60—60 芯插头连接；D103—连接 3，在发动机舱导线束中；D174—连接 2（5V），在发动机线束中

② 工作电压的检测。拔掉曲轴位置传感器插头，打开点火开关，用万用表的电压挡测量线束侧 T2jp/1 端与搭铁是否有约为 5V 电压，如果没有，则检查插头端子 T2jp/1 与控制单 T60/51 的线束导通性。如果导通，说明控制单元故障。

③ 检测传感器的输出信号。关闭点火开关，在曲轴位置传感器的信号线路端子 T2jp/1 与 T2jp/2 上串接一个发光二极管试灯，启动发动机，发光二极管试灯应有规律闪烁，否则表明曲轴位置传感器信号不良。如发光二极管试灯不闪烁，应检查端子 T2jp/2 与控制单元的 T60/36 线束的导通性。如果导通，则检查端子 T2jp/1 与搭铁应有 5V 电压。电压正常，说明传感器故障，否则控制单元故障。

（2）霍尔传感器失灵的诊断方法

① 检查霍尔传感器线路有无断路或短路，以及连接器端子有无腐蚀。

② 清洁霍尔传感器头部。

③ 检查霍尔传感器的供电与搭铁情况。

④ 用示波器读取波形，波形应为方波信号。

⑤ 串接一个发光二极管，启动发动机，观察发光二极管试灯的闪烁情况，应有规律闪烁，否则表明曲轴位置传感器信号不良。

（3）霍尔曲轴位置传感器的检测　霍尔曲轴位置传感器结构如图 5-50 所示。霍尔曲轴位置传感器安装在气缸体左侧、发动机后端靠近飞轮处，零件编号 G28，传感器用螺钉固定在发动机缸体上，信号转子为齿盘式，齿数为（60-2）齿。即在原来为 60 齿的圆周上，切掉 2 个齿，形成在其圆周上均匀间隔的 58 个凸齿、57 个小齿缺和一个大齿缺如图 5-51 所示。因为原来的 60 齿在圆周上均匀分布，齿与齿的间隔为 $360°/60=6°$，因此每个凸齿和小齿缺所占的曲轴转角均为 3°。曲轴旋转一圈（360°），将会产生 58 个脉冲信号。大齿缺所占的弧度相当于两个凸齿和三个小齿缺所占的弧度，大齿缺所占总的曲轴转角为 15°（$2×3°+3×3°=15°$）。大齿缺输出基准信号，对应发动机气缸 1 或气缸 4 压缩上止点前一定角度。

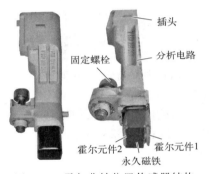

图 5-50　霍尔曲轴位置传感器结构

图 5-51　曲轴位置传感器信号靶轮

信号转子上设有一个产生基准信号的大齿缺，所以当大齿缺转过磁头时，信号电压所占的时间较长，即输出信号为一宽脉冲信号，该信号对应于气缸 1 或气缸 4 压缩上止点前一定角度。电子控制单元接收到宽脉冲信号时，便可知道气缸 1 或气缸 4 上止点位置即将到来，至于即将到来的是气缸 1 还是气缸 4，则需根据凸轮轴位置传感器输入的信号来确定。由于信号转子上有 58 个凸齿，因此信号转子每转一圈（发动机曲轴转一圈），传感线圈就会产生 58 个交变电压信号输入电子控制单元 ECU。因此，ECU 每接收到曲轴位置传感器 58 个信号，就可知道发动机曲轴旋转了一圈。依此类推，ECU 根据每分钟接收曲轴位置传感器脉冲信号的数量，便能计算出发动机曲轴旋转的转速和曲轴的位置，输出波形如图 5-52 所示。

曲轴位置传感器电路如图 5-53 所示。

① 故障征兆检测。在发动机运行中，当曲轴位置传感器出现故障时，会导致信号中断，发动机不能启动或在运行时立即熄火，这时电子控制单元可以诊断到故障并进行代码存储。

② 信号转子与磁头间间隙检查。用厚薄规检查信号转子与磁头间间隙，标准值为 0.2～0.5mm。不在标准范围内时，需进行调整。

③ 输出电压测量。用万用表的交流电压挡测量，打开点火开关，端子 T3v/3 为传感器搭铁，端子 T3v/1 与端子 T3v/3 之间的电压为 5V；端子 T3v/2 与端子 T3v/1 之间的电压约为 5V。怠速或启动时端子 T3v/2 信号电压约为 2.266V。

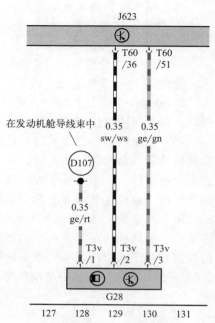

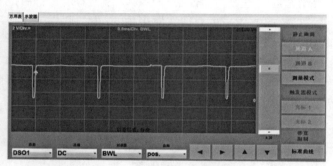

图 5-52　输出波形（标准波形）

图 5-53　曲轴位置传感器电路

④ 检查传感器与 ECU 之间的连接线束。分别检查端子与控制单元间的电阻值，应不超过 1.5Ω。如果电阻为无穷大，说明存在导线断路或接触不良，需进行维修。

⑤ 利用 VAS 6150B 故障诊断仪，通过故障诊断插座可以读取故障信息。如果曲轴位置传感器出现故障，则会出现故障码 00513，内容为发动机转速传感器 G28 异常。

⑥ 阻值测量。端子 2 与端子 3 之间的阻值约为 2.230MΩ。

⑦ 常见的故障码见表 5-12。

表 5-12　常见故障码

传感器名称	代号	针脚号	故障类型	故障码	故障
发动机转速传感器	G28	正极	正极断路	P033500	发动机转速传感器,功能失效
		T60/51	接地断路	P033500	发动机转速传感器,功能失效
		T60/36	信号断路	P033500	发动机转速传感器,功能失效
		T60/36	信号短路	P033500	发动机转速传感器,功能失效

第三节　凸轮轴位置传感器

凸轮轴位置（CMP）传感器又称为凸轮轴转角传感器、相位传感器、同步信号传感器、气缸位置（CYP）传感器、气缸识别传感器（CIS），有的车上还称为 1 缸上止点传感器。

凸轮轴位置传感器的作用主要是检测凸轮轴位置和转角，从而确定第一缸活塞的压缩上止点位置。在启动时，发动机 ECU 根据凸轮轴位置传感器和曲轴位置传感器提供的信号，识别出各个气缸活塞的位置和冲程，控制燃油喷射顺序和点火顺序，进行准确的喷油和点火控制。在发动机启动期间，凸轮轴位置传感器是一个关键性的输入。在某些车型上，如果没有凸轮轴位置传感器的输入，发动机将不能正常启动。一旦发动机正常运转，在下一个点火钥匙循环之前，就不再需要凸轮轴位置传感器信号，发动机可以正常运转。这是因为 ECU 已经确定了第一缸的压缩上止点位置，发动机 ECU 利用曲轴位置传感器，便可推算出其他各缸的工作情况。

随着可变气门正时技术的出现和发展，凸轮轴位置传感器也被赋予了新的内涵，除了在启动时用于压缩上止点判定外，在发动机正常工作后，还要肩负起监控可变的进气或排气凸轮是否达到预定位置的重任。

按照工作原理不同，凸轮轴位置传感器可以分为磁电式凸轮轴位置传感器、光电式凸轮轴位置传感器、霍尔式凸轮轴位置传感器、磁阻元件式凸轮轴位置传感器。

一、霍尔式凸轮轴位置传感器

凸轮轴位置传感器向 ECU J623 提供第 1 缸点火位置信号，故又称为判缸传感器。霍尔传感器安装在气缸盖前端凸轮轴正时齿轮之后，如图 5-54 所示。霍尔传感器是一个电子开关，它按霍尔原理工作。霍尔传感器隔板上有一个霍尔窗口，曲轴每转两周产生一个信号，根据霍尔信号和发动机转速传感器的点火时间信号，控制单元识别出 1 缸点火上止点，其电路如图 5-55 所示。

(a) 新款捷达霍尔式凸轮轴位置　　　　　(b) 大众高尔夫A6霍尔式凸轮轴位置
传感器安装位置　　　　　　　　　　　传感器安装位置

图 5-54 霍尔式凸轮轴位置传感器

1. 检测霍尔传感器的供电电压

① 关闭点火开关。

② 拔下霍尔传感器的 3 芯插头。

③ 打开点火开关，用万用表的电压挡测量 3 芯插头的 T3a/1 与 T3a/3 两孔之间的电压，约为 5V。端子 T3a/3 为传感器搭铁，端子 T3a/2 为传感器信号线。怠速测量端子 T3a/2 与 T3a/3 之间的电压为 2.2～2.5V。

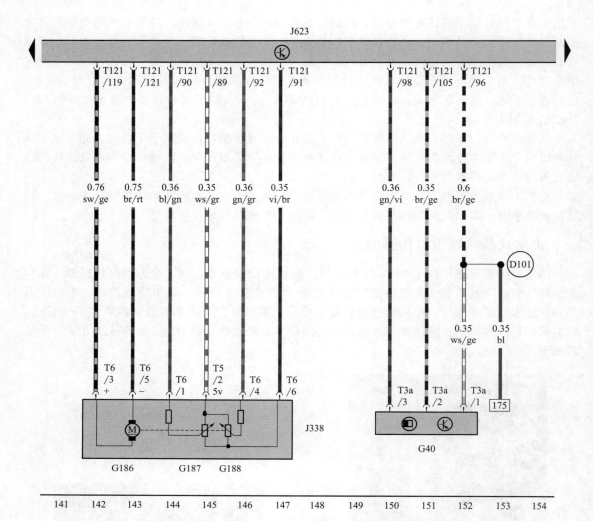

图 5-55   发动机控制单元、进气温度传感器、霍尔传感器电路

G40—霍尔传感器；G186—电控油门操纵机构的节气门驱动装置；G187—电控油门操纵机构的节气门驱动装置角
度传感器 1；G188—电控油门操纵机构的节气门驱动装置角度传感器 2；J338—节气门控制单元；J623—发动机
控制单元；T3a—3 芯插头连接；T6—6 芯插头连接；T121—121 芯插头连接；D101—连接 1，在发动机舱导线束中

2. 检测霍尔传感器的线束导通性

① 关闭点火开关。

② 拔下控制单元 J623 的连接插头。

③ 拔下霍尔传感器的 3 芯插头。

④ 用万用表电阻挡测量 3 芯插头的端子 T3a/1 与控制单元 J623 的端子 T121/96，之间
应导通。

⑤ 测量 3 芯插头上端子 T3a/2 与控制单元 J623 的端子 T121/105，之间应导通。

⑥ 测量 3 芯插头上端子 T3a/3 与 T121/98 发动机线束内传感器接地，之间应导通。

3. 霍尔传感器工作情况检测

① 关闭点火开关。

② 拔下燃油泵 G6 的熔丝 S37 号 （20A）。

③ 释放燃油系统的压力。

④ 将二极管试灯连接到传感器端子 T3a/2 与 T3a/3 之间。

⑤ 短暂启动发动机，二极管试灯应有规律地闪烁。

二、磁阻元件式凸轮轴位置传感器

1. 磁阻效应

利用磁阻效应制成的磁敏电阻元器件叫作磁阻元件（magneto resistance element，MRE）。磁阻效应是指半导体材料的电阻值随与电流相同或垂直方向的磁场强弱而变化的现象。在一个长方形半导体元件的两端面通电，无磁场时，电流电极间的电阻值取最小电流分布。当长方形元件处于磁场中时，由于两电极间的电流路径因磁场作用而加长，从而使电极间的电阻值增加。利用磁阻效应，可实现磁和电→电阻的转换。对于非铁磁性物质，外加磁场通常使电阻率增加，即产生正的磁阻效应，如图 5-56 所示。

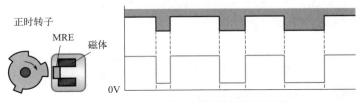

图 5-56 磁阻效应

R—电子；b—霍尔电极；H—磁场；
I—电流；h—厚度；u—电压；l—宽度

2. 检测原理

MRE 凸轮轴位置传感器由信号发生器、磁铁和用树脂封装的信号处理电路的集成电路模块组成，如图 5-57（a）所示。当传感器的磁头正对转子凹槽时，磁力线向两侧的叶片分布构成闭合磁路，此时磁阻元件电阻较小，通过磁阻元件的磁力线较少，磁场强度较弱，且磁力线与磁阻元件成一定角度，如图 5-57（b）所示，此时磁阻元件输出 5V 高电平信号；当磁阻传感器的磁头正对转子叶片时，磁力线通过正对的叶片构成闭合磁路，此时磁阻元件电阻较大，通过磁阻元件的磁力线较多，磁场强度较强，且磁力线与磁阻元件垂直，如图 5-57（c）所示，此时磁阻元件输出 0V 低电平信号。

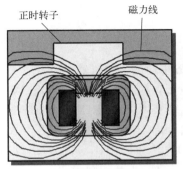

(a) MRE传感器的结构及输出的数字信号

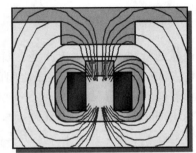

(b) 传感器输出高电平   (c) 传感器输出低电平

图 5-57 MRE 传感器的结构及原理

　　因此，随着转子的旋转，叶片的凸起与凹槽交替变化，引起通过磁阻元件的磁力线的强弱和角度发生改变，由于磁阻效应的作用，磁阻元件的电阻也发生变化，通过 MRE 装置的电流也随之改变，这种电流的变化由信号放大电路、滤波电路和整形电路转换成二进制数字信号，并输送给发动机 ECU。发动机 ECU 根据此信号判别进、排气凸轮轴位置。

3. MRE 凸轮轴位置传感器的检测

　　智能可变气门正时系统（VVT-i）采用 MRE 凸轮轴位置传感器，在每一气缸组上的进、排气凸轮轴上都装有 1 个 MRE 凸轮轴位置传感器（也称为 VVT 传感器，共 4 个），其安装位置如图 5-58 所示。

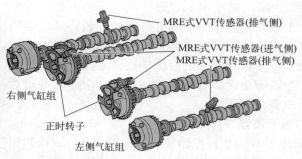

图 5-58　MRE 传感器安装位置

　　进、排气凸轮轴上凸轮轴位置传感器正时转子有三个凸起，所对应的凸轮轴角分别为90°、60°、30°，即所对应的曲轴转角为180°、120°、60°，曲轴每旋转两周，进、排气凸轮轴旋转一圈，产生三个大小不同的脉冲，智能可变气门正时系统通过凸轮轴位置传感器的检测，由 ECU 占空比通过控制油压来控制电磁阀，从而把进气和排气凸轮轴分别控制在40°和35°曲轴转角之间，提供最适合发动机工作特性的气门正时，改善发动机所有转速范围内的扭矩，提高燃油经济性，减少污染物的排放。MRE 传感器的连接电路如图 5-59 所示，其信号波形如图 5-60 所示。

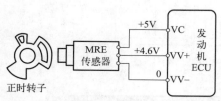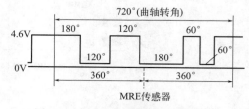

图 5-59　MRE 传感器的连接电路　　　　图 5-60　MRE 传感器数字信号波形

　　（1）工作电压的检测　关闭点火开关，断开凸轮轴位置传感器，打开点火开关至 ON 位置，用万用表检查 VC 端子与 VV－端子之间的电压，应为5V，如果没有5V 电压，应分别检查与 ECU 间线路的连接情况，如果线路正常，则表明发动机 ECU 有故障。

　　（2）参考电压的检测　关闭点火开关，断开凸轮轴位置传感器，打开点火开关至 ON 位置，用万用表检查 VV＋端子与 VV－端子之间的电压，应为4.6V，如果没有4.6V 电压，应检查 VV＋端子与 ECU 间线路的连接情况，如果线路正常，则表明发动机 ECU 有故障。

　　（3）波形检测　在线路正常连接的情况下，使发动机运转，用示波器检测输出信号，其标准波形应与图 5-60 所示波形相同。

第四节 其他位置传感器

一、超声波机油油位传感器

封装式超声波机油油位传感器是按超声波原理来工作的，发出的超声波脉冲被机油-空气的边界层所反射，根据发出的脉冲和返回的脉冲之间的时间差，参照声波的速度就可计算出机油油位。这种传感器都是利用其壳体内集成的传感器电子机构来处理测量到的信号的，发送出的是 PWM 信号。超声波机油油位传感器的结构如图 5-61 所示。

超声波机油油位传感器的优点：传感器信号很快就可使用（约 100ms 后）；电流消耗非常小。

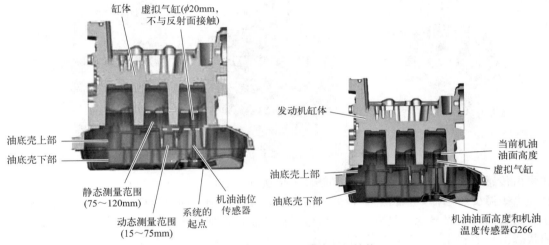

图 5-61　超声波机油油位传感器的结构

二、电容式液位传感器

1. 电容式液位传感器的原理

电容式液位传感器常用于燃油、机油和冷却液液位的测量。如图 5-62 所示，将电容式液位传感器放入燃油或冷却液中，随着燃油或冷却液液面高度发生变化，引起电容电极间的电介质的不同而导致电容变化，电容变化引起振荡周期的变化，通过计算振动频率，就能获知液面状态。

机油状态传感器是大众/奥迪车系所配备的反映机油状况的一个重要传感器，主要作用是随时监控机油液位和机油温度。下面以大众 CC 发动机为例，说明其构造和检测方法。

如图 5-63 所示，机油油位传和机油温度传感器 G226 安装在发动机油底壳上，该传感器由两个重叠安装的筒形电容器组成。两根金属管作为电容器电极嵌套安装在电极之间，发动机机油作为电介质。机油状态通过下面的传感器测得，作为电介质的机油因磨损碎屑不断增加以及添加剂的分解而使介电常数发生变化，相应的电容值将在传感器内的电子装置中被处理成数字信号，并作为发动机机油状态信息传送给仪表电脑。机油油位传感器在状态传感器的上部，它测量机油油位这一部分的电容值，该电容值会随着机油油位的变化而发生变化，

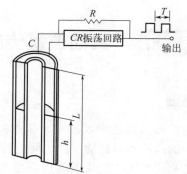

h—机油质量测量区；L—油位测量区；C—内部电容；
T—状态信号；R—电阻

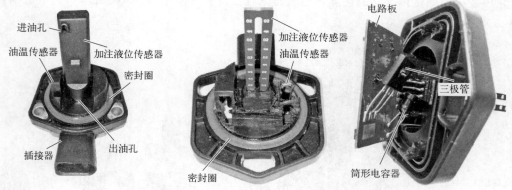

图 5-62　电容式液位传感器的结构

并将由传感器电子装置处理成的数字信号再传送到仪表电脑。在机油状态传感器的底座上装有一个铂温度传感器，该传感器检测机油温度，并将检测到的温度信号传送到仪表电脑，再输出到机油温度表显示。只要在输出信号端连续测量，即可测得机油液位、温度和发动机机油状态信号的变化。机油状态传感器 G266 是三线式数字信号传感器，机油油位和机油温度传感器电路如图 5-64 所示。

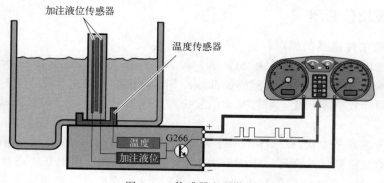

图 5-63　传感器电子装置

2. 机油油位和机油温度传感器 G226 的检测

（1）供给电源检测　用数字式万用表对传感器 1 号端子进行工作电压检查。用数字式万用表直电压挡检测机油状态传感器端子 T3bu/1 与 T3bu/2 的电压，点火开关打开时，其电源端电压应是蓄电池电压。

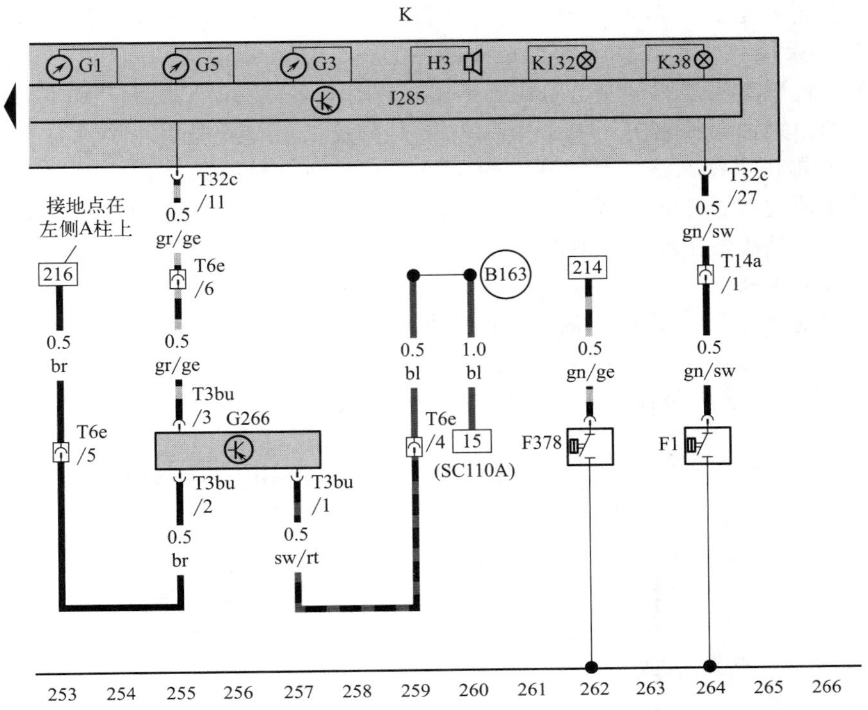

图 5-64　机油油位和机油温度传感器电路

F1—油压开关；F378—机油压力降低开关；G1—燃油储备显示；G3—冷却液温度表；G5—转速表；

G266—机油油位和机油温度传感器；H3—警报蜂鸣器和警报音；J285—仪表板中的控制单元；K—仪表板；

K38—油位指示灯；K132—电子油门故障信号灯；T3bu—3 芯插头连接；T6e—6 芯插头连接；T14a—14 芯插头

连接，发动机舱内左侧；T32c—32 芯插头连接；B163—正极连接 1（15），在车内导线束中

（2）搭铁线检测　检测 T3bu/2 号线与搭铁间电阻，正常值应为 0Ω，否则说明搭铁不正常。

（3）信号线参考电压检测　检测 T3bu/3 号线信号电压，应在 9.8～10.5V 范围内。在怠速时测量电压值应基本不变化。

（4）解码器检测　使用 VAS 5052 可以查询故障码，如果机油液位传感器本身或线路出现问题，会出现故障码 00562。

（5）波形检测　运用示波器对机油状态传感器输出端的信号进行波形分析，可以进一步确定该传感器信号特征。该信号是一个脉冲矩形方波信号。机油状态传感器波形如图 5-65 所示。

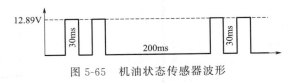

图 5-65　机油状态传感器波形

（6）油位显示　发动机油压指示灯也用来显示油位，如果指示灯为黄色，表示油位过低；如果黄色指示灯闪烁，表示油位传感器损坏；当油位过高时，无信号显示。

三、燃油液位传感器

1. 大众燃油液位传感器

大众直喷发动机用的燃油液位传感器也为三线制滑动电阻式传感器，就传感器本身来说，它与其他浮子可变电阻式燃油液位传感器工作原理相同，但不同点在于燃油表的显示信

号由燃油泵控制单元 J538 控制，而不是传感器本身。大众 CC 燃油液位传感器、仪表控制单元 K 与燃油泵控制单元 J538 连接的电路图，如图 5-66 所示。

　　燃油液位传感器为浮子可变电阻式传感器，滑动电阻臂随浮子的上升和下降而变化，燃油液位传感器由燃油泵控制单元 J538 的 T5a/2 号脚提供 12V 电压，由燃油泵控制单元 J538 的 T5a/4 号脚提供搭铁回路。燃油液位的改变引起滑动电阻值的变化，因为滑动电阻的变化电压信号是通过端子 T5a/3 提供给燃油泵控制单元 J538 的，因滑动电阻的电压改变最终使燃油液面信号电压发生改变。油面高时，滑动电阻值小，信号电压低；油面低时，滑动电阻值大，信号电压高。

　　燃油泵控制单元 J538 根据燃油液位传感器的 T5a/3 信号电压高低，通过燃油泵控制单元 J538 上的端子 T10p/4 向仪表控制单元 J285 上的端子 T32c/1 提供脉冲参考的电压，约为 5V 的方波信号，燃油泵控制单元 J538 根据燃油液位传感器的信号电压高低，控制方波

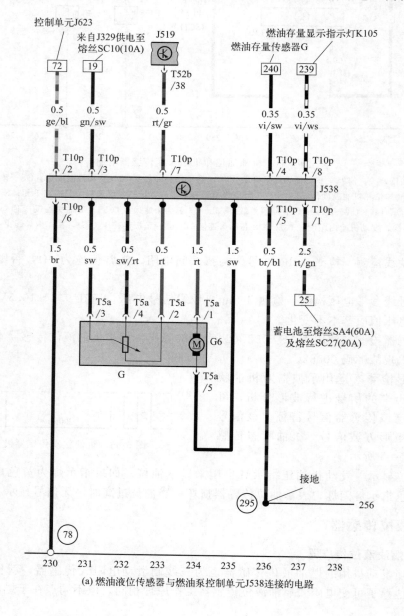

(a) 燃油液位传感器与燃油泵控制单元J538连接的电路

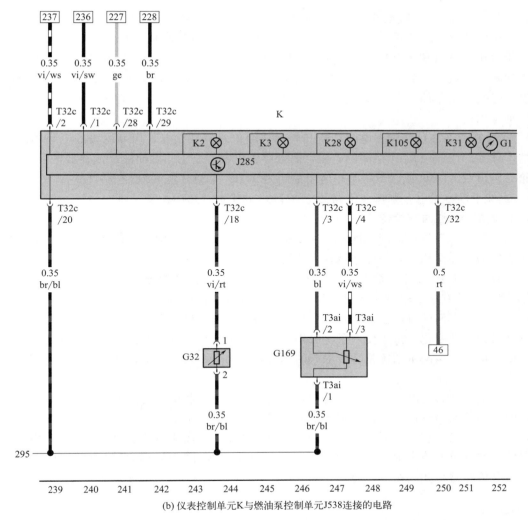

(b) 仪表控制单元K与燃油泵控制单元J538连接的电路

图 5-66 大众 CC 燃油液位传感器、仪表控制单元 K 与燃油泵控制单元 J538 连接的电路

G—燃油存量传感器；G6—预供给燃油泵；J519—车载电网控制单元；J533—数据总线诊断接口；J538—燃油泵控制单元；J285—仪表板中的控制单元；K105—燃油存量指示灯；G169—燃油存量传感器 2；＊—仅适用于带全轮驱动的车辆；G32—冷却液不足显示传感器；K—仪表控制单元；K2—发电机指示灯；K3—机油压力指示灯；K28—冷却液温度和冷却液不足显示指示灯；K31—GRA 指示灯；K105—燃油存量指示灯

的占空比，即控制搭铁时间，也就控制了供给燃油表的平均电压，从而驱动燃油表指针指示不同的值。

燃油液位电路端子经常出现的故障主要有：变形、端子损坏、端子与导线接触不良、线束损坏，以及电阻片并未磨损，只是其表面附着许多脏物等。

① 检查燃油液位参考电压。关闭点火开关，断开燃油泵连接器，接通点火开关，用数字式电压表测量燃油液位传感器连接器端子 T5a/2 与搭铁间的电压，正常值约为 5V。

② 检查燃油液位传感器搭铁状况。断开燃油泵控制单元 J538，检查燃油液位传感器连接器端子 T5a/4 和燃油泵控制单元 J538 之间的燃油液位传感器搭铁电路导通情况，正常情况下应导通。

③ 检查燃油泵控制单元 J538 与仪表板线路连接情况。T10p/4 与 T32c/1 间线路应该导

通，如果 T32c/1 端连线断路或接地，燃油信号变为 100% 或 0，燃油表不确认，也不动作。

④ 检查熔丝 SC27 没有熔断，拆开后排坐垫，在燃油泵控制单元 J538 的 T10p 插接器处，用万用表测量端子 T10p/1 与 T10p/6 之间有 12.3V 电压。在 T10p/2 线与接地端子之间连接发光二极管。启动时发光二极管闪烁，表明发动机控制单元 J623 的控制信号已输入，控制信号也满足条件。燃油泵插接器 T5a/1 与 T5a/5 端子上的 12V 试灯点亮，意味着 J538 给燃油泵供电。

⑤ 检查燃油液位传感器电阻。断开燃油液面传感器插接器，用万用表的电阻挡测量传感器本体 T5a/2 与 T5a/4 之间的电阻，随着浮子位置的变化，燃油液位传感器电阻应符合：满箱时阻值约为 36Ω 或以下；半箱时阻值约为 90Ω；空箱时阻值约为 285Ω。

⑥ 如果没有供电，则按照电路图检查 J538 的供电（J519、25、19）。

2. 奥迪 A8 燃油存量传感器

（1）结构　燃油油面的高度是由两个浸入式传感器和两个旋转角传感器来感知的。旋转角传感器为新型结构，它是电磁被动式位置传感器，如图 5-67 所示。

陶瓷基片上有 51 个串联的薄膜电阻，每个电阻都有自己的分接头，离这些分接头很近（距离很小）处有一个软磁体薄膜，其上带有相同数量的弹性触点。

陶瓷基片下面的电磁位置传感器会将弹性触点拉到分接头上。输出的电信号根据磁铁的位置会成比例地变化。由于使用了电磁耦合，所以测量系统可以获得极好的密封。

（2）优点　该测量系统是非接触式的，所以使用寿命长；可防止脏污和污物沉积；接触电流小。

（3）确定油面高度　燃油油面高度是由浸入式传感器和旋转角传感器信号的逻辑电路来确定的。燃油油面较低时，只由旋转角传感器的测量值来确定燃油油面高度；燃油油面较高时，只由浸入式传感器的测量值来确定燃油油面高度；燃油油面处于中间位置时，由所有传感器信号的逻辑电路来确定燃油油面高度，如图 5-68 所示。传感器信号由组合仪表进行分析，所有传感器是并联在一起的。

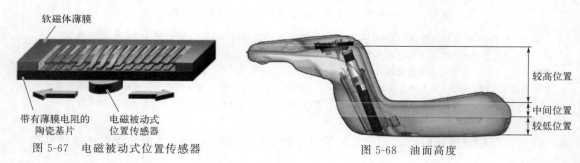

图 5-67　电磁被动式位置传感器　　　　图 5-68　油面高度

连接导线在油箱下面汇集在一起，这样在测量电阻时就不需要再进一步拆卸，传感器位置如图 5-69 所示。

（4）燃油存量传感器控制电路　燃油存量传感器控制电路如图 5-70 所示。燃油存量传感器 G237 端子 T6i/3 与端子 T6i/1 之间的电压为 5V，端子 T6i/3 与端子 T6i/5 之间的阻值为 70～158Ω；燃油存量传感器 G169 端子 T6i/4 与端子 T6i/2 之间的电压为 5V，端子 T6i/4 与端子 T6i/6 之间的阻值为 50～300Ω；燃油存量传感器 G 端子 T3y/2 与端子 T3y/1 之间的电压为 5V，端子 T3y/2 与端子 T3y/1 之间的阻值为 70～158Ω。

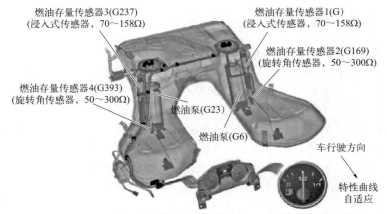

图 5-69 传感器位置

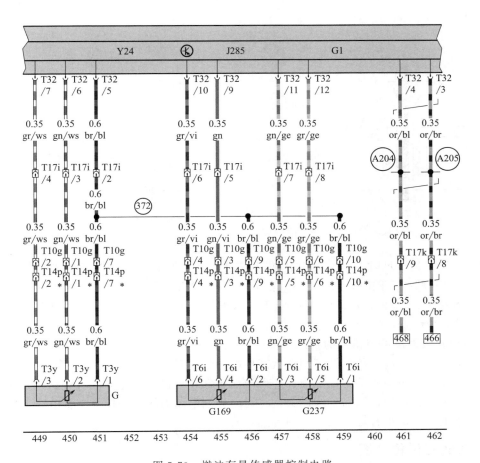

图 5-70 燃油存量传感器控制电路

G—燃油存量传感器 1；G1—燃油储备显示；G169—燃油存量传感器 2；G237—燃油存量传感器 3；J285—仪表板中
的控制单元；T3y—3 芯插头连接；T6i—6 芯插头连接；T10g—10 芯插头连接，右后部汽车地板上，黑色；
T14p—14 芯插头连接，右后部汽车地板上，黑色；T17i—17 芯插头连接，车内左侧的连接位置中，白色；
T17k—17 芯插头连接，连接站内，A 柱右侧，蓝色；T32—32 芯插头连接；Y24—组合仪表显示单元；
372—接地连接 7，在主导线束中；A204—连接（仪表盘 CAN 总线，High），在仪表板导线束中；
A205—连接（仪表盘 CAN 总线，Low），在仪表板导线束中；＊—自 2013 年 9 月起

四、电极式液面高度传感器

1. 电极式液面高度传感器的结构与原理

蓄电池液面报警系统利用电极式液面高度传感器测量液面高度,当蓄电池液面下降低于规定量时,蓄电池液面报警灯点亮,向驾驶员报警,以便对蓄电池进行维护。如图 5-71 所示,该传感器主要由装在蓄电池盖板上作为电极的铅棒构成。当把传感器的电极置于蓄电池电槽中时,在该电槽中具有与蓄电池阴极板相同的作用,该电极也将产生电动势。如使其电极长度与用液规定液面位置下限处吻合,则实际液面高于该位置时,铅棒起电极作用,它浸在蓄电池液中,作为正电极的铅棒与蓄电池负极将产生电压和电动势,低于该位置时不产生电动势。因此电极式液面高度传感器在蓄电池液量正常时可产生电压信号,异常时不产生电压信号。当蓄电池液位正常,符合规定要求时,如图 5-72 所示,传感器即铅棒浸入蓄电池液中产生电动势,晶体管 VT_1 处于导通状态。蓄电池电流按图中箭头方向从正极经过点火开关、晶体管 VT_1 流向蓄电池负极。由于 A 点电位接近零,晶体管 VT_2 处于截断状态,因此报警灯不亮。

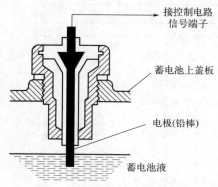

图 5-71　电极式液面高度传感器的构造

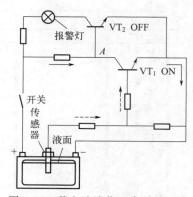

图 5-72　蓄电池液位正常时的电路

当蓄电池液量不足时,由于此时传感器未浸入蓄电池液中,不能产生电动势,晶体管 VT_1 处于 OFF 状态。同时,又由于 A 点电位升高,VT_2 得到正偏压,导通电流按箭头方向流过晶体管 VT_2 基极,从而使 VT_2 处于 ON 状态,报警灯亮,警告驾驶员蓄电池液量不足,如图 5-73 所示。

2. 电极式液面高度传感器的检测

由于电极式液面高度传感器利用电极产生电动势来对液面进行监控,因此如果蓄电池液面报警灯点亮,首先检查蓄电池液面,如果液面正常,可以用下述方法对传感器和线路的损坏部分进行判定:拔掉传感器单线插头,将通向控制电路的线束侧接头与蓄电池正极直接相连,如果蓄电池液面报警灯熄灭,说明传感器故障。

五、冷却液液位传感器

1. 别克轿车冷却液液位传感器

别克轿车使用半导体型发动机冷却液液位传感器,当点火钥匙置于 RUN 位置时,水位传感器的 B 端有蓄电池电压供给,传感器电极浸入发动机冷却液中,而发动机冷却液作为电介质被传感器电路视为电阻,其电路如图 5-74 所示。

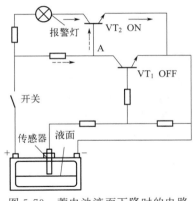

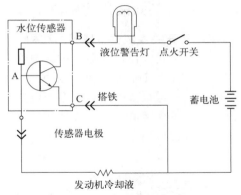

图 5-73　蓄电池液面下降时的电路　　　　图 5-74　冷却液液位传感器电路

发动机冷却液液位传感器的内部电路类似于三极管的工作原理，水位传感器的 B 端"＋"电压不仅是发动机冷却液液位警告灯电路的一部分，同时也是水位传感器的内部电路的工作电压，C 端为搭铁端。当发动机冷却液液位正常时，发动机冷却液导电能力相对较强，电阻较小，根据分压原理，基极电位（A 点电位）较低，三极管截止，水位传感器的内部电路将使 C 端处于开路状态，则液位警告灯不亮。

反之，当发动机冷却液液位较低时，发动机冷却液电阻较大，根据分压原理，A 端电位较高，三极管导通，水位传感器的内部电路使水位传感器的 B 端和 C 端导通，则液位警告灯点亮。

检测时，关闭点火开关，断开水位传感器接头，打开点火开关，首先检测 B 端是否有蓄电池电压，检查 C 端搭铁是否正常。如果不正常，应检查线路。检查发动机冷却液液位传感器 B 端与 C 端的线路是否有短路现象。传感器的 B、C 端之间并非电阻信号，因此在液位正常的情况下，传感器本体的 B、C 端之间不应导通。拔出水位传感器，则 B、C 端之间应导通，检测时应注意表笔的正负极不要接反。在发动机冷却液液位正常的情况下，发动机液位警告灯依旧点亮，此时应检查液位警告灯至液位传感器 B 端的线路是否有短路现象。

2. 大众、奥迪冷却液液位传感器

传感器对冷却液罐中的两个金属销之间的电阻进行测量，以确定冷却液液位。如果冷却液液位降低，引脚之间的电阻值将增加。电子元件间的电流减小，如果阻值大于 65Ω，仪表故障灯亮起。在正常液位时，两个电阻被充分冷却，之间的电阻值减小，电流增加，如图 5-75 所示。这种技术也被用来监测风挡清洗液液位。

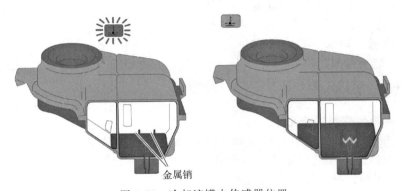

图 5-75　冷却液罐中传感器位置

六、浮子舌簧开关式液位传感器

1. 浮子舌簧开关式液位传感器的结构

浮子舌簧开关式液位传感器由树脂圆管制成的轴和可沿其上下移动的环状浮子组成，如图 5-76 所示。在管状轴内装有舌簧开关（强磁性材料制成的触点），浮子内嵌有永久磁铁。舌簧开关内部是一对很薄的触点，浮子位置不同，使得触点闭合或断开，从而判定液量是多于规定值还是少于规定值。浮子舌簧开关式液位传感器主要用于制动液液位、冷却液液位、洗涤液液位的报警检测。

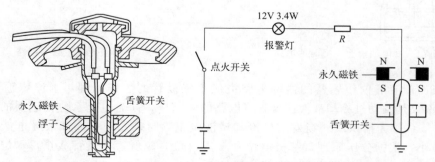

图 5-76　浮子舌簧开关式液位传感器的结构及电路

2. 浮子舌簧开关式液位传感器的工作原理

当液位低于规定值时，浮子的位置低于规定值，因为浮子内嵌有永久磁铁，所以永久磁铁接近舌簧开关，磁力线从舌簧开关中通过，使舌簧开关内两金属触点磁化产生吸引力，即一个磁化生成 N 极，另一个磁化生成 S 极，两者相互吸引，克服舌簧的弹性而使开关闭合，报警灯点亮，表明液位已低于规定值。

当液位达到规定值时，浮子上升，永久磁铁产生的磁场偏离开关中心，两个舌簧触点被接近的磁极磁化为同性极，因相互排斥而使触点打开，报警灯熄灭，表示液位在正常位置。液位传感器开关情况如图 5-77 所示。

3. 浮子舌簧开关式液位传感器的检测

浮子舌簧开关式液位传感器常见故障是浮子损坏、舌簧弹性丧失不能工作。可用万用表测量传感器的两接线端子电阻来判断传感器的好坏：当浮子上下移动时，确认开关是否随之通断变化。当传感器工作正常，浮子向下移动时，两端子电阻为 0，表示导通；浮子向上移动时，两端子电阻为 ∞，表示不导通。如果不符合要求，表示液位传感器已损坏，应当更换。

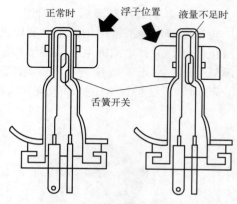

图 5-77　液位传感器开关情况

七、转向盘转角传感器

1. 转向盘转角传感器的作用

ESP ECU 根据转向盘转角传感器和轮速传感器判断驾驶员想往什么方向行驶，同时 ECU 根据横摆率传感器和横向加速传感器判断车辆实际行驶方向。如果车辆实际行驶方向与驾驶员的意图相同，则 ESP 系统不工作；如果车辆发生跑偏或甩尾，导致车辆实际行驶方向与驾驶员意图不同的时候，则 ESP 系统工作，调节车辆实际行驶方向，防止发生事故。

当车辆转向不足时，通过对内侧后轮施加相应的制动，并控制发动机和变速器管理系统，减小动力输出，ESP 在一定程度内阻止车辆向外驶出弯道。当车辆出现过度转向时，通过对外侧前轮施加制动，并对发动机和变速器管理系统施加控制，ESP 在一定程度内可以阻止车辆向内过度转向。向带有 EDL/TCS/ESP 的 ABS 控制单元传递转向盘转角信号。测量范围为 ±720°，4 圈；测量精度为 1.5°；分辨速度为（1～2000）°/s。

2. 转向盘转角传感器的安装位置、结构

转向柱上，转向开关与转向盘之间，与安全气囊时钟弹簧集成为一体，如图 5-78 所示。拆装注意事项：安装时，要保证转向盘转角传感器 G85 在正中位置，观察孔内黄色标记可见；进行标定，如图 5-79 所示。

图 5-78 转向盘转角传感器 G85

图 5-79 拆装 G85 时注意标定

转向盘转角传感器 G85（它是独立的驱动 CAN 总线用户）测量出当前的转向角值并把该值发送到 CAN 总线上。驻车转向系统控制单元可以从转向角实际值与规定值的对比中确定出实际驻车路线与理想驻车路线之间的偏差。根据这个偏差信息计算出新的转向角规定值并把该值发送到 CAN 总线上。打开点火开关后，转向盘被转动 4.5°（相当于 1.5cm），传感器进行初始化。

大众转向盘转角传感器 G85 的结构如图 5-80 所示。

3. 转向盘转角传感器的工作原理

① 带有两个密码环的密码盘。

② 各有一个光源和一个光学传感器的光栅对。

密码盘由两个环组成，如图 5-81 所示，在外

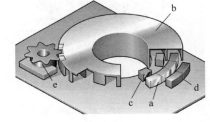

图 5-80 大众转向盘转角传感器 G85 的结构
a—光源；b—编码盘；
c, d—光学传感器；e—整圈计数器

面的一个叫作绝对环，里面的一个叫作增量环。增量环被分为 5 个扇区，每个扇区 72°，它由一对光栅对读取，如图 5-82 所示。该环在扇区有开口，同一扇区内的开口顺序是相同的，但不同扇区之间的开口顺序则不同，从而实现了各扇区之间的设码。

绝对环被 6 个光栅对读取，以确定精度。转向盘转角传感器可以识别 1044°的转向角，它对角度进行累加，由此当超出 360°标记时，能够识别出转向盘完全转动了一圈。转向器的这种设计结构可以使转向盘转动 2.76 圈。

光栅的结构如图 5-83 所示，它有带孔模板 1 和模板 2，光源在两板之间，光学传感器在两板之外。如图 5-84 所示，光束通过孔隙照到传感器上，产生电压信号。如果光线被挡住，则电压消失。如图 5-85 所示，移动模板产生 2 个不同的电压序列。其中一块模板因孔隙间

隔一致，产生的电压信号也是规则信号。另一块模板因不规则间隙生成不规则信号。比较2个信号，系统可以计算出模板移动的距离，由不规则模板确定运动的起始点。当传感器失灵时紧急运行程序启动，缺损的信号被设置成替代值，完全保持转向助力。该故障将通过指示灯 K161 的亮起来显示。

图 5-81　密码盘的组成

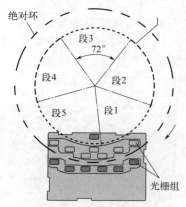

图 5-82　增量环分区

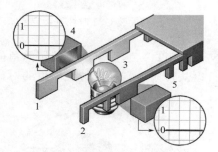

图 5-83　光栅的结构
1,2—模板；3—光源；4,5—光学传感器

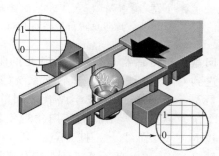

图 5-84　光栅工作原理（一）

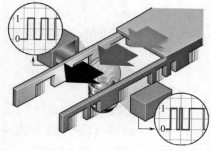

图 5-85　光栅工作原理（二）

4. 转向盘转角传感器零点平衡

① 前轮保持直线行驶状态，用 VAS 5051 输入地址码 44 后，转向盘左转 4°～5°（一般在 10°之内），回正转向盘。

② 再向右转 4°～5°，将转向盘回正，双手离开转向盘。

a. 连接 VAS 6150 或 ODIS 进入 03 地址。

b. 登录 11Q、40168Q（做多项调整时，只需登录1次）。

c. 启动车辆，在平坦路面试车，以不超过 20km/h 车速行驶。

d. 如果转向盘在正中位置（若不在正中位置调整），停车即可，不要再调整转向盘，不要关闭点火开关。

e. 检查 08 功能下 004 通道第一显示区，应为 0°。

f. 04Q、060Q、ABS 警告灯闪亮。

g. 06 退出，ABS 和 ESP 警告灯亮约 2s。

h. 结束。

注意：在做转向零位设定时，发动机不能运行。转向盘左、右转动后再回正，双手必须离开转向盘，使转向盘静止不动，以便让控制单元对零位进行确认。

③ 转向极限位置的设定方法。如果在更换了转向盘转角传感器、转向机总成（含转向控制单元）、转向柱开关总成（含控制单元），或做过一次四轮定位、做过转向零位（中间）设定后出现故障码 02546，则需要做转向极限位置的设定，具体方法如下。

a. 将前轮保持在直线行驶状态，启动发动机，将转向盘向左转动 10°左右，停顿 1~2s，回正。

b. 将转向盘向右转动 10°，停顿 1~2s，回正。

c. 将双手离开转向盘，停顿 1~2s。

d. 将转向盘向左转到底，停顿 1~2s。

e. 将转向盘向右转到底，停顿 1~2s。

f. 将转向盘回正，断开点火开关 6s，设定完成。

如果出现与转向盘转角传感器相关的故障，一定要先做零位（中间）设定和转向极限位置设定，然后才能清除故障码。用 VAS 5051 进入 44-10-01，在 VAS 5051 屏幕内的条形块上选择某个合适的助力数值（1~16 挡），按保存键，然后按接收键。此时屏幕就会显示新设定助力大小的名称，然后再按返回键，退出即可。

注意：由中间位置向左或向右最大的旋转角度为 90°。

5. 斯柯达车系转向盘转角传感器的基本设定方法

斯柯达车系所有 PQ35 及 PQ46 平台上的车辆全部运用电子精确控制动力转向 EPS，其中关键元件转向盘转角传感器 G85 在维修中需要基本设定时可采用以下 2 种方法完成。

① 启动发动机并将转向盘保持在车辆直行位置→通过 VAS 6150B 的自诊断功能进入 44→助力转向系统（如果 ABS 含电子稳定功能，也可以在 ABS 内进入）→进入 015→访问许可输入 40168 并确认→显示成功，执行该功能后退出→进入 006→基本设置输入通道号 060 并确认→故障检测仪界面会显示"激活"字样→点击"激活"，故障检测仪即会显示"转向盘转角传感器已校准"→退出故障检测仪，将转向盘向左转到极限位置后再向右转到极限位置即可。

② 连接 VAS 6150B 引导性功能→功能→车辆系统或功能选择→防抱死制动系统→转向盘转角传感器基础设定→前提条件（启动发动机→向左和向右转动转向盘→在平地上直线行驶汽车，车速不要超过 20km/h→把转向盘转到直线行驶位置→汽车由直线行驶状态停车，注意不要再调整转向盘）→确认在试驾时转向盘和前轮在正前方位置→导入基本设置→成功后对零位进行测试，基本设定完成。

注意：一般在更换相关配件后只要通过简单的通道号并激活即可完成对 G85 的基本设定，但如果系统内由于接收到错误的数据而存储了故障码，只能通过引导性功能做动态的基本设定方可排除。

6. 标致霍尔式转向盘转角传感器

随速可变电子泵助力转向系统中，使用了霍尔式转向盘转角传感器，同使用遮蔽板的霍尔式曲轴位置传感器原理相似，霍尔式转向盘转角传感器也是利用遮蔽转盘旋转时遮蔽或通过磁场，使霍尔元件产生或不产生霍尔电压的办法来计量转向角度的大小。转向盘转角传感器需要使用一根 12V 工作电压线、一根搭铁线和两根用于转向盘转动信号 S1 和 S2 的信号线。转向盘角度信息以两个方波信号传给助力转向控制单元，控制单元通过这两个信号确定转向盘转动的速度和方向。霍尔式转向盘转角传感器的结构如图 5-86 所示。

由于霍尔式转向盘转角传感器产生的也是脉冲方波信号（图 5-87），因此判断转向盘转角的方式和光电式相似。两个霍尔式传感器从相位上错开 $90°±30°$，能够确定转向盘的旋转方向，转向时，控制器可根据 S1 信号和 S2 信号的相对位置确定旋转方向，其检测方法也可参照光电式转向盘转角传感器来进行。

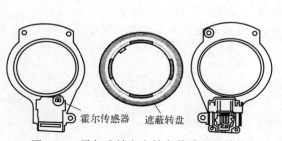

图 5-86　霍尔式转向盘转角传感器的结构

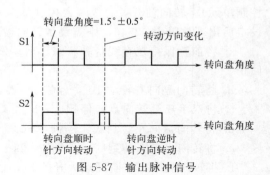

图 5-87　输出脉冲信号

7. 高尔夫 A6 转向盘转角传感器

在第三代电子机械式动力转向机中，利用电机转子位置传感器信号和圈数指示器信号来计算车辆的转向角度。转向角度信号不仅用于转向功能，也将信号提供给其他控制单元，如图 5-88 所示。

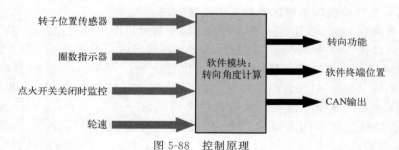

图 5-88　控制原理

（1）集成的转向角度传感器　在转向输入轴上，圈数指示传感器（集成的转向角度传感器）以一定角度安装在扭矩传感器上。磁铁块被安装在锥形弹簧盒的旋转部件上，如图 5-89 所示。当转向轴转动时，磁铁块经过霍尔传感器的检测区域，传感器安装在锥形弹簧盒的固定部件上。转向盘每转一圈，霍尔传感器信号就被转向盘的正中位置触发一次。

在整个转向范围内转向轴转过约 3.7 圈，圈数指示传感器被触发 3 次。利用此传感器，可以确定转向盘的正中位置，但不能确定清晰的转向正中位置或是车辆是否为直线行驶，还要借助高分辨率的转子位置传感器来确定，并且通过轮速信号来验证。

（2）转子位置传感器　转子每转 $180°$ 位置就能检测出非接触式转子的位置。传感器元件在控制单元内部，相应的传感器磁铁是一个磁力盘，位于电机轴的端面处，如图 5-90 所示。转子位置传感器检测整个转向动作（左/右）。通过转子位置传感器、圈数指示传感器和轮速信号，可以准确地判断出转向中间位置和车辆直线行驶。

当点火开关关闭时（睡眠模式），为满足实时获取绝对转向角度信息和保持最低信号传输电流的要求，需要持续不断地监测电机位置传感器信号。一个机械的计数装置集成在控制单元内部，当点火开关关闭后，持续不断地监测电机位置传感器，并且自动记录识别出的任何转向运动（睡眠模式计数）。当打开点火开关后，计数器的信号被读出，绝对转向角度信号又被提供。

注意：如果更换蓄电池，转向系统需要通过圈数指示传感器和评估轮速来进行标定。

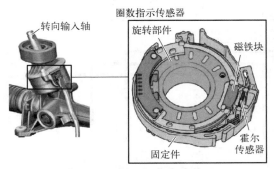

图 5-89　转向传感器的结构

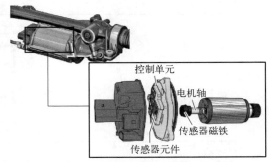

图 5-90　传感器的结构

8. 高尔夫 A7 转向盘转角传感器控制电路（图 5-91）

① 检测电压。打开点火开关，T5u/1 与 T5u/4 之间的电压约为 5V，T5u/5 与 T5u/4 之间的电压约为 12V。

② 转向传感器端子 T5u/4 与搭铁应导通。

八、超声波距离传感器

倒车雷达由超声波传感器、控制器和显示器或蜂鸣器等部分组成。倒车雷达一般采用超声波测距原理，传感器在控制器的控制下发射超声波信号，当遇到障碍时，产生回波信号。传感器接收到回波信号后，经控制器进行数据处理，并判断出障碍物的位置，显示距离并发出其他警示信号，从而达到安全泊车的目的。

超声波距离传感器就是利用超声波的发射和接收原理进行距离测定的传感器，也称为超声波换能器，俗称"探头"，主要用于倒车雷达系统中车辆与障碍物距离的测量，或者在车距控制辅助系统中，用于测定后车与前车的跟车距离。倒车雷达系统所使用的超声波距离传感器，有 2 个、3 个、4 个、6 个、8 个及 10 个之分。2～4 个探头的倒车雷达安装在汽车的后保险杠上面，6 个、8 个探头的倒车雷达一般安装形式为前 2 后 4 或前 4 后 4。通常来说，探头数量决定了倒车雷达的探测覆盖能力，能减少探测盲区。对于 6 个以上探头的倒车雷达，在倒车时，还可探测前左、右角与障碍物的距离。目前常用的频率有 40Hz、48Hz、58Hz，选择不同的频率以满足不同车型需要。

1. 测距原理

超声波测距是指通过不断检测超声波发射后遇到障碍物所反射的回波，由单片机实时检测出超声波传播所用的时间 ΔT。利用超声波在同种介质中传播速度不变的性质，在声速 v 已知的条件下，得到障碍物离传感器的距离。

$$S = \frac{\Delta T v}{2}$$

式中，v 为超声波波速，常温下取值为 344m/s；ΔT 为自发射出超声波到接收到反射回波的这段时间差。

2. 超声波传感器的结构

由物理学可知，将两个压电元件（或一个压电元件和一个金属板）黏合在一起成为压电

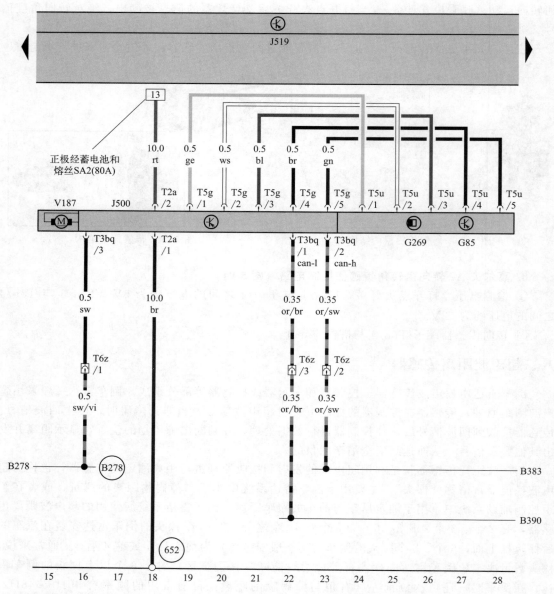

图 5-91　转向盘转角传感器、转向扭矩传感器、转向辅助控制单元、电控机械式伺服转向电机电路

G85—转向盘转角传感器；G269—转向扭矩传感器；J500—转向辅助控制单元，前轴横梁上；J519—车载电网控制单元；T2a—2 芯插头连接；T3bq—3 芯插头连接；T5g，T5u—5 芯插头连接；T6z—6 芯插头连接，左侧大灯附近；V187—电控机械式伺服转向电机；652—变速器和发动机地线的接地点；B278—正极连接 2（15a），在主导线束中；B383—连接 1（驱动系统 CAN 总线，High），在主导线束中；B390—连接 1（驱动系统 CAN 总线，Low），在主导线束中

片。当超声波照射到压电晶体上时，压电晶体产生振动，并产生压电信号；同理，当有电信号输入到压电晶体上时，压电晶体产生超声波。超声波距离传感器就是根据这一原理设计的测量距离的检测装置。

超声波探头利用压电陶瓷（主要材料为 GaAs 和 SiGe）作为换能器件，实现超声波的发射和接收。给探头压电陶瓷片施加一定的超音频电信号，压电陶瓷片将电能转换成声能发送出超声波。超声波遇到障碍被反射后作用于探头压电陶瓷片，压电陶瓷片将声能再转换成电信号，微弱的电信号经放大后送控制单元处理。双压电晶片示意和结构如图 5-92 所示。

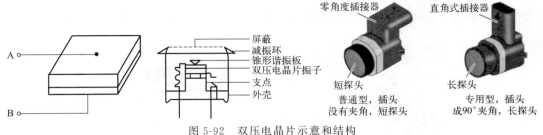

图 5-92　双压电晶片示意和结构

3. 超声波传感器的工作原理

超声波传感器用于测量距离。超声波传感器发出较短的超声波脉冲，环境中的物体反射超声波脉冲，超声波传感器接收反射脉冲。超声波传感器将发射超声波脉冲与接收第一个反射回声之间的持续时间传输给控制单元，控制单元根据这个持续时间计算出至附近物体的距离。

（1）发送模式　处于发射模式时，超声波传感器的作用相当于扬声器。所选择的超声波频率为 40～50kHz，在这个频率范围内对人和家畜无害。

超声波传感器电子装置通过电脉冲使压电陶瓷移动（将电能转化为机械能）。压电陶瓷位于外部隔膜的内侧，外部隔膜以共振频率振动并产生超声波，短脉冲序列碰到障碍物后反射回来，如图 5-93 所示。

（2）接收模式　处于接收模式时，超声波传感器的作用相当于话筒。外部隔膜振荡衰减后（约 1ms），超声波传感器接收到障碍物反射回来的超声波，如图 5-94 所示。外部隔膜和压电陶瓷受激振动并向超声波传感器电子装置发送电脉冲（将机械能转化为电能）。

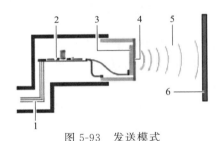

图 5-93　发送模式
1—超声波传感器接口；2—超声波传感器电子装置；
3—压电陶瓷；4—外部隔膜；5—超声波；6—障碍物/墙壁

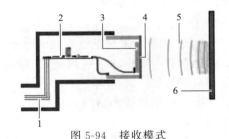

图 5-94　接收模式
1—超声波传感器接口；2—超声波传感器电子装置；
3—压电陶瓷；4—外部隔膜；5—超声波；6—障碍物/墙壁

电气测量信号进行数字化处理后传输给控制单元。在控制单元内对数据进行处理并计算出至障碍物的距离。通过开始发射的时间和接收到回声的时间可计算出回声传播时间。根据超声波在空气中传播的速度和回声传播时间可计算出至障碍物的距离。

按照接收和发送信号的传感器的组合情况，可以将其检测方式分为直接检测方式和间接检测方式。直接检测方式是指用一个传感器发送并接收信号的检测距离的方式，即使用发射/接收一体式车距传感器；间接检测方式是指用两个传感器，一个发送信号，一个接收信号的检测方式。现在以使用直接检测方式为主。

4. 迈腾轿车驻车辅助系统的工作原理

迈腾轿车驻车辅助系统的结构如图 5-95 所示，后保险杠上安装 4 个超声波传感器，并在前保险杠或散热器格栅上安装 4 个超声波传感器。驻车辅助控制单元 J446 通过前后保险杠内的超声波传感器监控车辆周围环境。通过汽车内部的 2 个警告蜂鸣器来进行声音间距报告。驻车辅助按钮位于换挡杆右侧，按下该按钮或挂倒挡，驻车辅助功能被激活。再次按下该按钮或车速大于 15km/h，该功能终止。驻车辅助起作用时，LED 灯为黄色，若有故障，该灯闪烁。

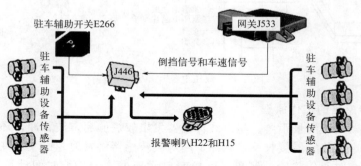

图 5-95　迈腾驻车辅助系统的结构

在打开点火开关以后进行自检，1s 后关闭自检。如果驻车辅助系统已待命，信号声会短促响起，功能指示灯亮起。如果发现系统故障，就会响起一个持续 5s 的信号声，驻车辅助系统的功能指示灯闪烁。在正常情况下进行测距时，在声脉之间的暂停间隔时间随着距离逐渐减小而成比例缩短。测量不超过 30cm 的距离时，声脉变为持续音。

5. 迈腾轿车驻车辅助系统的检测

① 驻车辅助控制单元 J446 及驻车辅助控制单元 J446 线路检查根据图 5-96～图 5-98 进行。检查驻车辅助控制单元 J466 的供电线路，拆下驻车辅助控制单元的插接器，检查 T16/3 脚与搭铁之间的电压为 12.3V，打开点火开关，检查 T16/1 脚与搭铁之间的电压为 12.3V，说明正极线路供电正常（T16/3 脚 SC37 的 30 电，倒车雷达 T16/1 脚接收来自 SC19 的 15 电）。

② 检查 T16/8 脚与正极之间的电压为 12.3V，并检查后备厢内的搭铁点是否良好。

③ 检查驻车辅传感器线路前部 T3ax/1、T3ay/1、T3ba/1、T3az/1 与搭铁之间电压为 10.5～14.5V。

④ 检查驻车辅传感器线路后部 T3at/1、T3au/1、T3av/1、T3aw/1 与搭铁之间电压为 10.5～14.5V。

⑤ 检查驻车辅传感器线路 3 号端子与搭铁的导通性，应正常导通。

⑥ 打开点火开关，断开传感器接头，将车辆挂入倒挡，用万用表的电压挡测量控制模块侧的 1 号端子与 3 号端子，应该有 10.5～14.5V 电压，如果没有，应检查控制模块是否从倒挡开关处取得 10.5～14.5V 工作电压。

⑦ 当倒车雷达主机通电，自检出现 4～6s 的长鸣音后，发出"嘀、嘀、嘀、嘀、嘀"五声报警时，提示为倒车雷达主机出现故障。如倒车雷达在通电后没有任何提示反应，请先检查倒车雷达主机端子的安装状态，是否为线束脱落或断路造成。

⑧ 经验判断法。在汽车进入倒车工作状态下，用耳朵贴近传感器表面，仔细听是否有轻微的嘀嗒声（可与正常的比较），如果响声正常，说明传感器的电源正常，检查传感器和控制器之间的信号连接是否正常。如果搭铁、供电、线束都没有问题，应尝试更换控制单元和传感器。

⑨ 驻车辅助传感器的数据流见表 5-13。

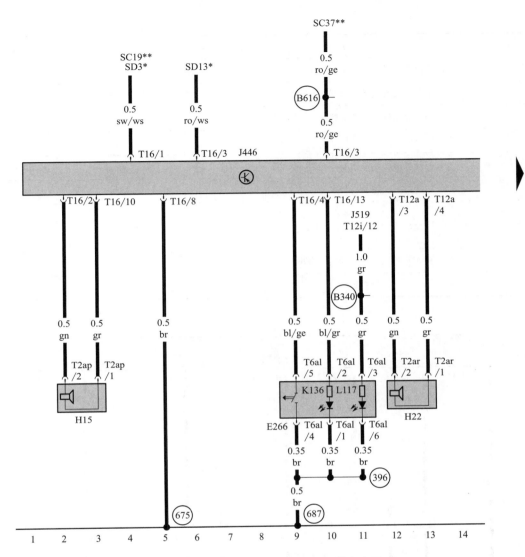

图 5-96　驻车辅助控制单元 J446 供电电路

E266—驻车辅助系统按键；H15—后部驻车辅助系统报警蜂鸣器；H22—前部驻车辅助系统报警蜂鸣器；J446—驻车辅助系统控制单元；J519—车载电源控制单元；K136—驻车辅助系统指示灯；L117—驻车辅助系统开关照明灯泡；SC19—熔丝架 C 上的熔丝 19；SC37—熔丝架 C 上的熔丝 37；SD3—熔丝架 D 上的熔丝 3；SD13—熔丝架 D 上的熔丝 13；T2ap，T2ar—2 芯插头连接；T6al—6 芯插头连接；T12a—12 芯棕色插头连接；T12i—12 芯黑色插头连接；T16—16 芯棕色插头连接；396—接地连接 31，在主线束中；675—接地点 2，在后备厢内右侧；687—接地点 1，在中间通道上；B340—连接 1（58d），在主线束中；B616—连接 12（30a），在车内线束中

表 5-13　驻车辅助传感器的数据流

测量值	结果	规定值
左后停车辅助设备传感器 G203（间距）	255cm	0
左后中央停车辅助设备传感器 G204（距离）	255cm	0
右后中央停车辅助设备传感器 G205（距离）	255cm	0

续表

测量值	结果	规定值
右后停车辅助设备传感器 G206(间距)	255cm	0
左前停车辅助设备传感器 G255(距离)	255cm	0
左前中央停车辅助设备传感器 G253(距离)	255cm	0
右前中央停车辅助设备传感器 G253(距离)	255cm	0
右前停车辅助设备传感器 G252(间距)	255cm	0
前间距结果	255cm	0
后间距结果	255cm	0
速度信号	0	0
停车辅助设备传感器的供电电压	0	10～14.5V
倒挡识别	反向	

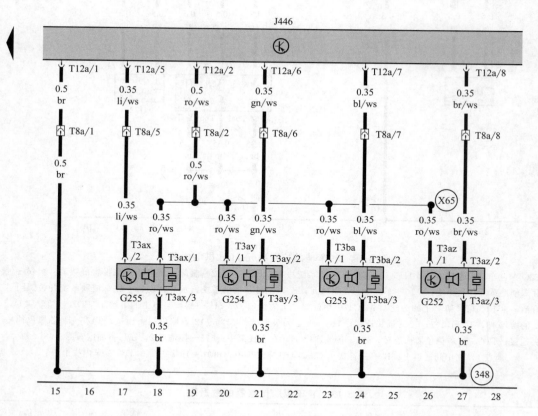

图 5-97　驻车辅助系统控制单元、豪华车型的前部驻车辅助系统传感器电路

G252—右前驻车辅助系统传感器；G253—右前中部驻车辅助系统传感器；G254—左前中部驻车辅助系统传感器；
G255—左前驻车辅助系统传感器；J446—驻车辅助系统控制单元；T3ax,T3ay,T3az,T3ba—3 芯插头连接；
T8a—8 芯黑色插头连接，在左前纵梁上；T12a—12 芯棕色插头连接；348—接地连接（驻车辅助系统），在前
保险杠线束中；X65—连接（驻车辅助系统），在前保险杠线束中

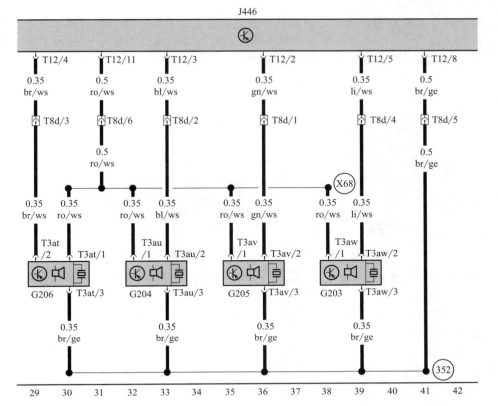

图 5-98　驻车辅助系统控制单元、豪华车型的后部驻车辅助系统传感器电路

G203—左后驻车辅助系统传感器；G204—左后中部驻车辅助系统传感器；G205—右后中部驻车辅助系统传感器；G206—右后驻车辅助系统传感器；J446—驻车辅助系统控制单元；T3at,T3au,T3av,T3aw—3 芯插头连接；T8d—8 芯黑色插头连接，在右后保险杠上；T12—12 芯黑色插头连接；352—接地连接（驻车辅助装置），在后保险杠线束中；X68—连接（驻车辅助装置），在后保险杠线束中

九、离合器位置传感器

1. 离合器位置传感器的作用

大众离合位置传感器 G476 切断定速巡航，使换挡时可减少喷油，保证换挡平顺，此外还能识别离合器的接合状态。对于安装手动变速器的车型，要启动 EPB 的坡道起步辅助功能或者奥迪坡道启动辅助功能，必须事先确定离合器踏板的位置。EPB 的控制单元要综合分析下列因素才能确定制动启动点的位置，即离合器踏板位置、所选挡位、道路坡度以及发动机扭矩等。

同样，在具备奥迪坡道辅助功能的车型中，EPB 的控制单元要确定何时释放系统中的电磁阀以及已降低的制动力。这两种情况下，为了防止翻车，在降低制动力之前都必须达到足够的发动机扭矩。

2. 离合器位置传感器的结构

离合器位置传感器用卡箍固定在主缸上，该传感器监测离合器踏板的动作。主缸通过一个卡扣，安装在轴承支撑架上。当踩下离合器踏板时，推杆推动主缸的活塞。离合器位置传感器 G476 如图 5-99 所示。

3. 离合器位置传感器的原理

当踩下离合器踏板时，推杆头和推杆一起沿离合器位置传感器方向被推动。活塞的最前端是一块永久磁铁。3个霍尔传感器集成在离合器极板中。永久磁铁一经过霍尔传感器，电子机构就会向相应的控制单元发送信号，如图 5-100 所示。

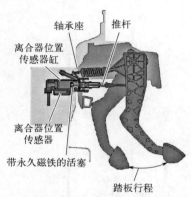

图 5-99　离合器位置传感器 G476

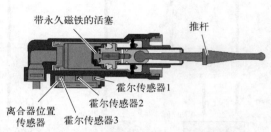

图 5-100　离合器位置传感器 G476 的内部原理

① 霍尔传感器 1 是一个数字传感器，它将电压信号发送到发动机控制单元，该信号用于关闭巡航控制系统。

② 霍尔传感器 2 是一个模拟传感器，它将一个频宽可调脉冲信号（PWM 信号）发送到电控机械驻车制动控制单元，这样就可监测到离合器踏板的准确位置。控制单元可在动态起步时，计算出驻车制动的最佳解除时间点。

③ 霍尔传感器 3 是一个数字传感器，它将电压信号发送到车载电网控制单元。控制单元监测是否踩下了离合器踏板。仅在踩下离合器踏板时才可启动发动机（互锁功能），如图 5-101 所示。

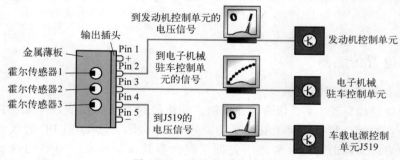

图 5-101　离合器电路控制

4. 离合器位置传感器的检测

① 正常情况下测量离合器开关的 2～4 号脚的电压，如图 5-102 所示，其数据流见表 5-14。

表 5-14　正常情况下测量离合器开关的 2～4 号脚的数据流

项目	01-08-66-02	09-08-15-03	03-08-03-01
不踩离合器	00000000	关	00
踩下 1/3	00000100	关	10
踩下 2/3	00000100	开	11

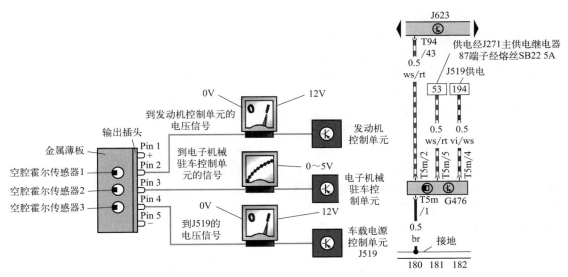

图 5-102　正常的离合器各端子的电压

② 分别断开离合器 G476 的 2～4 脚后，其数据流见表 5-15。

表 5-15　断开 G476 的 2～4 脚后的数据流

项目	01-08-66-02	09-08-15-03	03-08-03-01
不踩离合器	00000000	关	00
到 J540 断路 踩下离合器	00000100	关	11
到 J623 断路 踩下离合器	00000100	开	01
到 J519 断路 踩下离合器	00000100	关	10

从上述试验得出：从 ABS 控制单元 J104 中可以读出 G476 到 J540、J623、J519 的线路通断状态，J104 从 J623 读出第 1 状态位，从 J519 中读出第 2 状态位。

十、乘员位置传感器

智能安全气囊系统区别于以前一般的安全气囊系统重要的一点，就在于智能安全气囊系统采用了乘员位置感知系统。

1. 乘员位置感知系统

对于丰田轿车乘员位置感知系统，即探测前排座椅是否坐有乘员，以及乘员的坐姿、体形和体重等状况，从而对气囊爆出的时间和阶段做出必要的调整。

丰田轿车乘员位置感知系统（OPDS）由 OPDS 传感器和 OPDS 装置组成，其结构见图 5-103。在乘员座椅内暗藏 7 个传感器，即 6 个高度传感器和 1 个位置传感器，这些传感器和 OPDS 装置一起隐藏在前排乘员座椅内部。在 OPDS 传感器中，由座椅靠背内的 6 个传感器负责观察乘员的坐姿

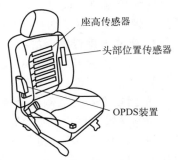

图 5-103　OPDS 装置的结构

高度，来判断坐着的是儿童还是成人，靠背侧边的一个传感器则专门检查儿童是不是侧着头打瞌睡，判断儿童的头部是不是处于侧气囊展开的范围内。

OPDS 传感器的感测原理是检测放射电波因电介质的存在而发生输出电流增加或减少。在 OPDS 装置内有高频振荡回路，发射频率为 120kHz，并设有输出监视回路。高度传感器（天线）则位于前排乘员座椅的靠背中央，座椅和乘员都可以看成是特定的电介质，具有一定的导电体量。由于儿童的导电体量比成人少，所以乘坐儿童时，传感器的输出电流也会减少。

另外，当乘员远离传感器时，虽然乘员本身没有变化，但是乘员的实际导电体量变少，因而传感器的输出电流也会减少。这样，OPDS 传感器就把乘员的导电体量转化成电信号。OPDS 装置根据输出电流的变化，判断出乘员的大小、位置的高低及坐姿和头部的位置，从而知道乘员是成人还是儿童或幼儿，知道其头部是否处于侧气囊的引爆范围。OPDS 的工作原理如图 5-104 所示。

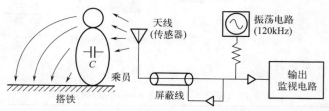

图 5-104　OPDS 的工作原理

2. 座椅占用传感器

大众新款速腾车副驾驶员处设置座椅坐人识别功能，副驾驶员座椅坐人传感器 G128 是一张塑料薄膜，该薄膜一直延伸到副驾驶员座椅的后部区域，它由多个单独的压力传感器组

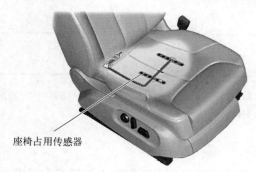

座椅占用传感器

图 5-105　座椅占用传感器的位置

成，这样可以保证识别出座椅表面各处的状态，如图 5-105 所示。

副驾驶员座椅占用传感器对压力做出反应并根据负荷来改变电阻值。如果副驾驶员座椅占用传感器识别出高于 5kg 的负荷，那么安全气囊控制单元 J234 就认为"座椅已坐人"。只要副驾驶员座椅上未坐人，那么座椅占用传感器就处于高阻值状态；如果有人坐，那么阻值就会下降。如果电阻值超过 480Ω，安全气囊控制单元就认为是断路，并会在故障存储器内记录一个故障码。

安全气囊控制单元通过分析座椅占用传感器的信号和安全带开关的信号来判断乘员是否系上了安全带，其电路如图 5-106 所示。

3. 座椅占用传感器的检测

① 打开点火开，检测 G128 占用传感端子 T2bc/1 与 T2bc/2 之间的电压约为 5V。

② 检测端子 T2bc/2 与搭铁之间的导通性。

③ 测量副驾驶员侧安全带开关 E25，电阻为 2Ω，插上开关时电阻为无穷大。

控制逻辑分析：舒适型速腾具有气囊电控系统功能，当车辆车速超过一设定目标值，气囊电脑监控乘客侧座位处于占用状态（由座椅占用传感器 G128 识别），且副驾驶员侧安全带开关不插合时，仪表将发出安全带未系提示音报警。

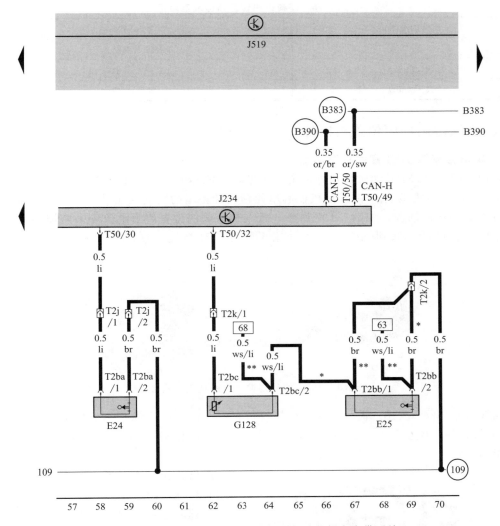

图 5-106　驾驶员侧安全带开关、副驾驶员侧安全带开关、
副驾驶员侧座椅占用传感器、安全气囊控制单元电路

E24—驾驶员侧安全带开关；E25—副驾驶员侧安全带开关；G128—副驾驶员侧座椅占用传感器；J234—
安全气囊控制单元；J519—车载电网控制单元；T2j，T2k，T2ba，T2bb—2 芯插头连接；T2bc—3 芯插头
连接；T50—50 芯插头连接；109—安全气囊线束中的接地连接；B383—主线束中的连接 1（驱动系统
总线 CAN-H）；B390—主线束中的连接 1（驱动系统总线 CAN-L）

　　电路图分析：根据电路图所示，电脑供 5V 电→座椅占用传感器 G128→副驾驶员侧安全带开关 E25→接地；当没有乘客时，整个回路是闭合的，G128 和 E25 产生电压降，电脑通过 T50/32 电位变化进行监测（实际上电脑通过电脑内部分压电阻器的电压变化进行监测）；当有乘客但未系上安全带时（E25 闭合），G128 阻抗发生变化，电压降发生变化，电脑通过 T50/32 的电位变化进行监测，此时乘客未系安全带，则系统发出报警提示音；当有乘客且系上安全带时，安全带开关 E25 将断开回路，无电压降，电位约 5V，电脑通过 T50/32 进行监测。

　　④ 座椅占用传感器标准电阻值见表 5-16。

表5-16　座椅占用传感器标准电阻值

G128 的电阻值	分析结果
430～480Ω	座椅上未坐人
120Ω 或更小	座椅上已坐人
大于 480Ω	故障,断路

十一、废气再循环阀位置传感器

1. 奥迪直喷 2.0TSI 废气再循环阀

奥迪直喷 2.0TSI 发动机装备外部废气再循环（EGR）装置，它通过初级催化净化器上的一根连接管来抽取废气。由发动机控制单元精确计算出的废气供应量经废气节流阀（由一个电机来驱动）被抽入，如图 5-107 所示。废气节流阀的位置值由电位计来监控并用于计算废气量以及自诊断。回到燃烧室的废气用于降低最高燃烧温度，从而减少氮氧化物的生成量。

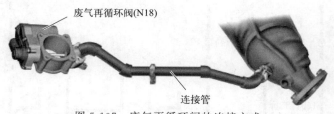

图 5-107　废气再循环阀的连接方式

废气再循环阀（N18）被设计成一个模块，它由下述部件构成：一个节流阀、一个电机（带有废气再循环电位计 G212，正极由控制单元提供 5V 电压），其结构如图 5-108 所示，其电路如图 5-109 所示。

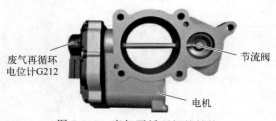

图 5-108　废气再循环阀的结构

废气再循环发生在分层充气模式/均质模式且转速不超过 4000r/min 的中等负荷状态。息速时不会出现废气再循环。

2. 别克 EGR 位置传感器

废气再循环按照是否设置反馈监测元件，可以分为开环控制 EGR 系统和闭环控制 EGR 系统。闭环控制 EGR 系统与开环控制 EGR 系统相比，只是在 EGR 阀上增设了一个 EGR 位置传感器作为反馈信号，用以监测 EGR 阀开度的大小，使 EGR 率保持在最佳值。

（1）EGR 位置传感器的结构　EGR 位置传感器位于 EGR 阀的上部，一般使用电位计式传感器来检测 EGR 阀阀杆的上下移动位置，发动机 ECU 以此确定阀门开度的大小。EGR 位置传感器的结构如图 5-110 所示，EGR 阀阀针与电位计的滑动触点臂相连，占空比控制的 EGR 阀随着占空比的变化，控制的真空吸力也不同，引起 EGR 阀阀门开启的大小也不一样，阀杆上升的位移也不同。阀杆上升，推动与之相连的滑动触点臂的位置发生变化，从而使滑动触点在滑动电阻上滑动，产生不同的电压信号，这个信号会传递到发动机控制 ECU，发动机控制 ECU 以此监视 EGR 阀的位置，确保阀门对 ECU 的指令做出正确的响应，从而调整和修正 EGR 阀的开启时刻和占空比，精确控制再循环量的大小，以减少排放，改善性能。

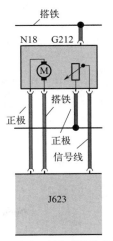

图 5-109 废气再循环阀的控制电路

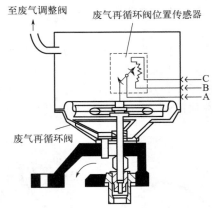

图 5-110 EGR 位置传感器的结构

（2）EGR 位置传感器的检测 上海别克 EGR 位置传感器的电路连接如图 5-111 所示。废气再循环真空控制电磁阀和 EGR 位置传感器共用一个 5 针插头，灰色连接的端子 A、白色连接的端子 E 分别和发动机控制单元（PCM）连接，采用正极驱动器和 PCM 中的搭铁电路控制，用于废气再循环真空控制电磁阀的驱动，另外 3 条为电位计式的 EGR 位置传感器所使用，它能够监视 EGR 阀的位置，确保阀门对 PCM 的指令做出正确的响应。电位计的 D 端子为 5V 参考电源，B 端子为搭铁端子，C 端子为信号输出端子。

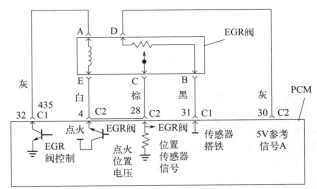

图 5-111 上海别克废气再循环系统 EGR 位置传感器的电路连接

① 故障征兆判断法。当发动机在怠速、低速小负荷及冷机时，发动机控制单元控制废气不参与再循环，避免发动机性能受到影响。因此，一旦发动机的 EGR 系统出现故障，特别是在发动机怠速、低速、小负荷及冷机工况时，使得废气参与再循环，将会影响发动机混合气的正常燃烧，导致发动机怠速不稳、加速不稳、汽车行驶无力等故障现象，从而影响发动机的动力性。

② 电阻检测。电阻检测时，首先关闭点火开关，拔掉 EGR 位置传感器线束插头，对传感器本体进行电阻测量：插座端子 B 与 D 之间的电阻应为 4.92kΩ；插座端子 B 与 C 之间的电阻应随 EGR 阀开度的变化而变化。

③ 外部电压和信号电压检测。在检查传感器外部供电电压时，打开点火开关至 ON 位置，断开 EGR 位置传感器线束插头，用数字式万用表电压挡检查端子 D 与搭铁端电压，应

有 5V 参考电压，检查端子 B 与搭铁端电压，应为 0V。连接 EGR 位置传感器线束插头，测量端子 C 信号电压，在 EGR 阀全关时为 0.14～1.0V，用手动打开 EGR 阀，其信号电压随着 EGR 阀开度的变化而变化，全开时为 4.5～4.8V。如果测量结果不符合要求，则应更换EGR 阀。

④ 输出波形检测。将示波器信号测量线探针插入传感器信号线中，启动发动机并加速，观察波形变化情况，如图 5-112 所示。当 EGR 阀打开时波形上升，这时废气排放；当 EGR 阀关闭时，波形下降，这时限制废气排出。汽车急速时，EGR 阀是关闭的，不需要废气再循环；汽车正常加速时，EGR 阀开大；汽车减速时，EGR 阀也是关闭的。

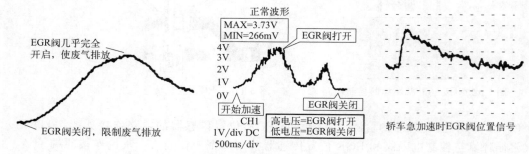

图 5-112　EGR 位置传感器的输出波形

（3）别克凯越废气再循环阀

① 废气再循环阀的工作原理。废气再循环系统的功能是降低氮氧化物的排放量。气缸内混合气的燃烧温度越高，氮氧化物的产生量就越大，氮氧化物严重污染环境。适当降低燃烧温度，可以减小氮氧化物的生成量。当将适量的废气送回燃烧室时，就可以降低混合气的燃烧温度。

别克凯越废气再循环系统采用一个受发动机电脑控制的线性废气再循环阀，如图 5-113 所示，为气缸提供准确的废气量。

图 5-113　废气再循环阀安装位置

发动机电脑根据节气门位置信号和进气歧管绝对压力信号，计算废气再循环阀的理想位置之后，再驱动废气再循环阀到达理想位置。发动机电脑通过阀的位置传感器监测阀的实际位置，控制废气再循环阀接近或处于理想位置，从而达到精确控制废气再循环的流量。故障诊断仪能读取理想位置和实际位置的数据。在必要时，发动机电脑还可以根据点火信号，控制废气再循环阀。

当电脑预先计算出废气再循环阀的理想位置后，也预先计算出了因废气再循环阀的开启而产生的进气压力变化的理论值；当废气再循环阀真正开启时，将产生进气压力变化的实际值。理论值与实际值之差的平均值叫作废气再循环减速过滤器值。系统在自诊断时，电脑将根据废气再循环减速过滤器值的大小来判断废气再循环阀是否有故障，若有故障就存储相关的故障码（P0401——废气再循环阀流量不足；P0404——废气再循环阀开度错误；P0406——废气再循环阀位置信号电压过高；P0402——废气再循环阀流量过大；P0405——废气再循环阀位置信号电压过低；P1404——废气再循环阀的阀芯关闭错误）。废气再循环电路如图 5-114 所示。说明：

在发动机运转时，测量废气再循环阀 5 号端子的灰色线电压，应为蓄电池电压，电脑以脉冲的方式控制 1 号绿色线搭铁。把发动机转速提高到 3000r/min 时，测量废气电磁阀 1 端子的平均电压，为 8.5V。

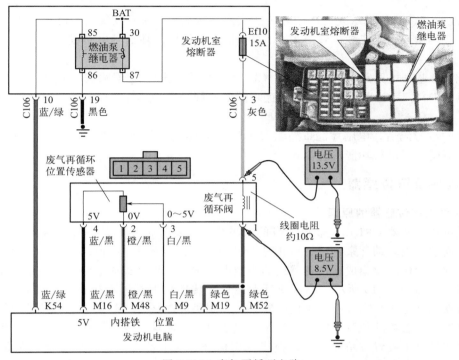

图 5-114　废气再循环电路

废气再循环阀通常在发动机热机工作、超过怠速转速时打开。如果废气再循环流量过大，会削弱混合气燃烧速度，导致发动机运转不稳或停机。所以，仅允许少量废气通过此阀，特别是在怠速时。在怠速、巡航或冷机运转时，排气再循环流量过大会导致冷启动后发动机停机、发动机减速后停机、怠速不稳、巡航时挫车，如果废气再循环阀始终打开，发动机就不能在怠速下运行。如果废气再循环流量过小或没有，会使发动机在提速和负载条件下燃烧温度过高，从而导致爆震、发动机过热、废气再循环设置方面的故障码出现。

② 废气再循环阀的功能检查。修理人员可以用诊断仪读取废气再循环减速过滤器值，分析废气再循环系统是否有堵塞故障，也可以检验维修效果。首先驾驶车辆加速到 97km/h，之后减速到 32km/h。正常工作的废气再循环阀，使进气压力产生变化的理论值要小于实际值。也就是说，废气再循环减速过滤器值应为负数，正常应在 −3 以下。若数据在 −3～+2 之间，表示系统有部分堵塞，但没有完全堵塞，达不到预期的废气再循环流量，会影响排放水平。

③ 故障检修。

a. 在寒冷天气条件下，废气中的水分在废气再循环阀处有时会结冰，使阀卡住，造成电脑设置废气再循环阀的故障码出现。当车辆温度上升后，故障消失。用诊断仪监测废气再循环阀的实际位置和理想位置，很容易检验出废气阀是否卡住。

b. 按照废气再循环阀的电路图以及前述的废气再循环阀数据，检查废气再循环阀的线路，排除开路、短路、接触不良等故障。

c. 废气再循环阀性能不良时，也会导致电脑设置废气再循环阀故障码。用诊断仪指令废气再循环阀按照规定值打开（如 25％、50％、75％、100％），可以确定废气再循环系统能否准确控制废气再循环阀以及是否出现故障。若实际位置与指令位置之差大于 15％，证明废气再循环阀有性能故障，应更换废气再循环阀。

　　d. 若废气再循环阀 4 号端子的 5V 线路开路，会导致位置信号电压过低，而设置故障码 P0405；此时，诊断仪显示废气再循环阀的实际位置为 0。断开废气再循环阀插头时，诊断仪显示废气再循环阀的实际位置应为 0，否则证明废气再循环信号电路或发动机控制模块有故障。

　　e. 将 5V 基准电路跨接到信号电路（3、4 号端子短接），会导致位置信号电压过高，而设置故障码 P0406；诊断仪显示废气再循环阀的实际位置应为 100％，否则证明线路或电脑有故障。

　　f. 清除故障码后，电脑才能重新学习废气再循环阀的位置。所以在每次维修后，都要先清除故障码，再进行功能检验。

十二、水平位置传感器

1. 水平位置传感器的原理

　　水平位置传感器 G84 用于监控车身的水平状态。这种传感器是一种非接触式的转角传感器，它通过一根联动杆来判定后桥相对于车身的弹簧压缩量。所使用的转角传感器也是根据霍尔原理来工作的。集成在传感器内的测量电子装置将霍尔集成电路信号按角度比例转换成电压信号，如图 5-115 所示。有一块环形磁铁与传感器曲拐轴连接在一起（转子）。在分为两半的铁芯（定子）之间有一个偏心安装的霍尔集成电路，与测量电子装置共同构成一个部件。根据环形磁铁的位置不同，穿过霍尔集成电路的磁场会发生变化。由此而产生的霍尔信号就被测量电子装置按角度比例转换成电压信号，这个模拟的电压信号由控制单元 J197 来使用，用于判定车身的水平状态。这种转角传感器也用于大灯照程自动调节装置上。带有大灯照程自动调节装置的车上共装有 3 个传感器。

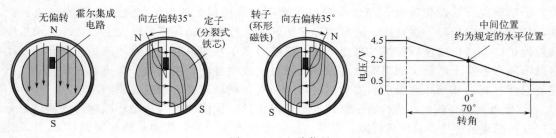

图 5-115　电路信号

　　这些水平位置传感器都是所谓的转角传感器。借助一个连杆机构可将车身水平变化转换成角度变化，如图 5-116 和图 5-117 所示。该角度传感器是非接触式的，采用感应原理。这种水平位置传感器的一个特点是：它可产生两个不同的且与转角成比例的输出信号。这种传感器既可用于空气悬架，也可用于大灯照程调节。其中一个输出信号提供一个与角度成比例的电压（用于大灯照程调节），另一个输出信号提供一个与角度成比例的 PWM 信号（用于空气悬架）。这四个水平位置传感器结构是相同的，只是支架和连杆根据左右和车桥的不同而有所不同。左、右传感器臂的偏转方向是相反的，所以输出的信号也是相反的。例如，车身一侧的传感器输出信号在空气悬架压缩时如果是增大的话，那么在车身另一侧该输出信号则是减小的。

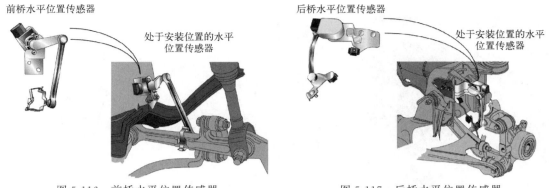

前桥水平位置传感器　　处于安装位置的水平位置传感器

后桥水平位置传感器　　处于安装位置的水平位置传感器

图 5-116　前桥水平位置传感器　　　　图 5-117　后桥水平位置传感器

2. 水平位置传感器的结构

水平位置传感器主要由定子和转子组成，其结构如图 5-118 所示。

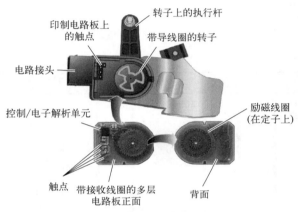

转子上的执行杆

印制电路板上的触点

带导线圈的转子

电路接头

励磁线圈（在定子上）

控制/电子解析单元

触点　带接收线圈的多层电路板正面　背面

图 5-118　水平位置传感器的结构

定子由多层电路板构成，电路板上有励磁线圈、三个接收线圈以及控制/分析电子装置。三个接收线圈布置成多角星形，相位是彼此错开的。励磁线圈装在电路板的背面。转子由一个封闭的线匣构成，线匣上连着传感器臂（线匣与传感器臂一同转动）。线匣的形状与接收线圈的形状是一样的。

3. 水平位置传感器的功能

交变电流流过励磁线圈，于是产生了一个交变电磁场，其电磁感应会穿过转子。转子中感应出的电流又会在线匣（转子）周围感应出一个次级交变磁场，如图 5-119 所示。这两个交变磁场（分别由励磁线圈和转子产生）共同作用在接收线圈上，在接收线圈内感应出交流电压。转子中的感应与角度位置无关，但接收线圈的感应取决于它与转子之间的距离和其角度位置。

由于角度位置不同，转子与接收线圈的重合度就不同，因而对应于角度位置的感应电压幅值也就不同。电子分析装置会对接收线圈的交变电压并进行整流和放大，使得三个接收线圈的输出电压成比例（相对比例测量）。分析完电压后，分析结果转化成水平传感器的输出信号，送至控制单元做进一步处理电路控制，如图 5-120 所示（传感器 1 号端子由 J197 提供 5V 电压，2 号端子为传感器接地，3 号端子为传感器输出电压信号，1 号端子与 3 号端子电压之间的电压为 0.5～4.5V）。

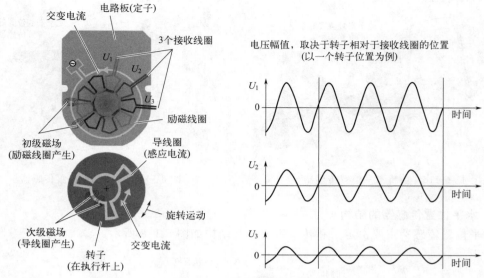

图 5-119　传感器电压输出

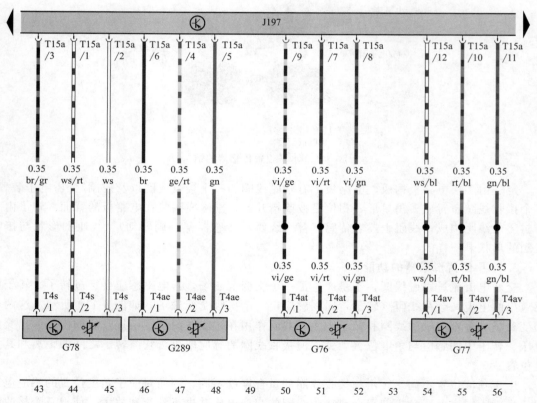

图 5-120　左后汽车高度传感器、左前汽车高度传感器、水平高度调节系统控制单元电路
G76—左后汽车高度传感器；G77—右后汽车高度传感器；G78—左前汽车高度传感器；
G289—右前汽车高度传感器；J197—水平高度调节系统控制单元；
T4ae，T4at，T4av，T4s—4 芯插头连接；T15a—15 芯插头连接

故障案例

案例 1：新款捷达故障灯常亮故障

【故障现象】

一辆新款捷达更换曲轴后油封之后，出现 OBD 灯点亮、加速无力故障。接故障诊断仪 VAS 6150B，读取发动机控制单元故障内容如下：检测到多缸不发火；检测到 3 缸不发火；检测到 2 缸不发火。读取发动机测量值，试车加速至 2000r/min 时，第 2、3 缸持续出现有规律的断火故障，且断火次数几乎一致，OBD 灯频繁闪烁，发生次数升高，故障灯常亮。

【故障诊断】

此故障为更换曲轴后油封后出现的，对更换的曲轴后油封进行检查。因发动机控制单元始终存储有断火的故障码，初步判断失火原因如下：配气正时错位，点火线圈及喷油器故障，发动机控制单元故障。仔细分析后，维修人员认为故障点还是在曲轴后油封上，于是装复之前旧曲轴后油封，结果故障现象消失。

当发动机转速为 2000r/min 时，发动机控制单元可对凸轮轴喷油进行调节，参考信号为曲轴位置信号。更换曲轴后油封时，由于所换配件与原车配件不符（图 5-121），曲轴位置传感器型号错误，导致了错误信号的产生，从而出现了上述故障。

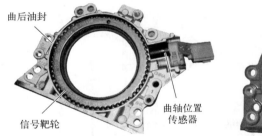

(a) 新配件号为 L03C 102 170　　　　　　(b) 原车配件号为 03C 102 170R

图 5-121　所换配件与原车配件不符

【故障排除】

更换与原车相同的配件（带密封圈和脉冲发生器轮的密封法兰），故障排除。

案例 2：途安倒车雷达不工作故障

【故障现象】

一辆新款途安 1.4 TSI 车，行驶 5000km，倒车雷达不工作。

【故障诊断】

首先检查倒车雷达是否工作，挡住红外线传感器的蜂鸣器，不响。打开后车门检查蜂鸣器插头，发现没问题。然后检查倒车雷达（又称驻车辅助、停车辅助）控制单元 J446 的供电和接地，均没有发现问题，相关电路如图 5-122 所示。

测量倒车雷达控制单元 J446 的 16 芯插头连接 T16c（棕色），驻车辅助控制单元插头中输出给蜂鸣器的信号，发现有 3.6～11V 的振荡电压，说明 J446 正常，而故障出现在蜂鸣器。用万用表测量蜂鸣器端子 1 和端子 2 阻值，为 10Ω，属于正常。下一步测量倒车雷达控制单元与蜂鸣器之间两条导线的导电情况，发现 T16c/10 与端子 1 这条导线的电阻为 3.5Ω，明显过大，仔细观察蜂鸣器插头，发现插针上有锈，将锈清除后故障排除。

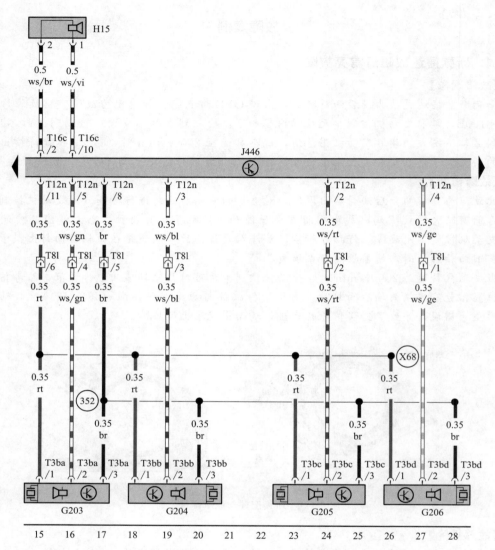

图 5-122　左后驻车辅助传感器、左后中部驻车辅助传感器、右后中部驻车辅助传感器、
右后驻车辅助传感器、后部驻车辅助报警蜂鸣器、驻车辅助控制单元电路

G203—左后驻车辅助传感器；G204—左后中部驻车辅助传感器；G205—右后中部驻车辅助传感器；
G206—右后驻车辅助传感器；H15—后部驻车辅助报警蜂鸣器；J446—驻车辅助控制单元，在仪表板后面
左侧；T3ba，T3bb，T3bc，T3bd—3 芯插头连接；T8l—8 芯插头连接，右后保险杠之后；T12n—12 芯插头
连接；T16c—16 芯插头连接；352—接地连接（驻车辅助），在后保险杠导线束里；X68—连接（驻车
辅助），在后保险杠导线束中

【故障总结】

　　途安车倒车雷达控制单元有诊断线（数据总线诊断接口，左侧仪表板下），当倒车雷达
系统出现故障后，可通过蜂鸣器提示故障内容，长音后的 1～5 声短音，分别代表后保险杠
左侧至右侧 4 个红外线传感器及倒车雷达控制单元故障，即 G203、G204、G205、G206、
J446。当蜂鸣器没有声音时，对于传感器及线路可暂不考虑，应首先考虑倒车雷达控制单
元、蜂鸣器及线路是否有故障。

案例 3：新款桑塔纳发动机抖动故障

【故障现象】

一辆上汽大众新款桑塔纳轿车，装配 1.6L 发动机和 5 挡手动变速器，行驶里程为 6 万千米。该车发动机不能启动，只能将车辆拖至维修厂进行维修。

【故障分析】

首先尝试启动发动机，起动机可以运转，但是发动机没有任何启动征兆，确认故障。接下来使用车辆诊断仪 VAS 6150 检查发动机控制单元的故障码，经过检查发现没有任何故障码。连接燃油压力测试表检查燃油压力，发现燃油压力为 400kPa，正常。拆下所有火花塞，对火花塞进行跳火试验，发现火花塞可以跳火，表明火花塞及点火线圈是正常的。检查气缸压力，发现气缸压力正常。拆下火花塞时发现所有的火花塞电极都是湿的。火花塞可以跳火，喷油器可以喷油，气缸压力也正常。

如果正时不对，发动机控制单元会存储关于正时不对的故障码，比如曲轴位置与凸轮轴位置分配不正确。但是发动机控制单元没有存储这类的故障码，表明正时应该是对的。

为了验证正时是否正确，还是对正时进行了检查，没有发现异常。能够导致发动机不能启动的原因都检查了，但是发动机为什么不能启动呢？

经过了解得知，该车是突然出现的发动机熄火，应该与燃油品质或气门积炭的关系不大。为了找到问题原因，将故障车的燃油分配管内的燃油流出并用气枪吹干，使用免拆燃油清洗装置更换了该车的燃油。同时拆下所有火花塞，将燃烧室内的燃油清理干净，并更换了一组全新的火花塞。尝试启动发动机，结果还是不能启动。

接下来只能检查曲轴与凸轮轴位置传感器的波形是否正常了。经过检查发现波形确实不正常。曲轴信号轮处第 14 个齿是 1 缸上止点，故障车是 16 个齿到 1 缸上止点。拆下凸轮轴位置传感器检查，发现安装在凸轮轴的信号轮已经错位，于是将带有凸轮轴的气门室盖拆卸下来检查，确认信号轮已经错位，这应该就是发动机不能正常启动的原因了。

【故障排除】

更换带有凸轮轴的气门室盖，故障排除。

案例 4：雪佛兰全新科鲁兹轿车的发动机故障灯亮故障

【故障现象】

一辆上汽通用雪佛兰全新科鲁兹轿车，行驶里程为 3 万千米。用户反映该车的发动机故障灯亮。

【故障分析】

接车后确认故障现象与用户描述的一致。使用故障诊断仪对车辆进行检测，发现有故障码 P0335（曲轴位置传感器电路，启动困难）。该故障码的形成原因有：发动机控制单元（ECM）超过 4s 没有检测到曲轴位置传感器脉冲；发动机控制单元在发动机旋转的每 10 转中有两转没有检测到曲轴位置传感器脉冲。

曲轴位置传感器电路由 ECM 提供的 5V 参考电压电路、低电参考电压电路以及输出信号电路组成，曲轴位置传感器是一种内部磁性偏差数字输出集成电路传感装置。该传感器检测曲轴上 58 个齿磁阻轮的齿槽磁通量变化。磁阻轮上的齿是按 60 个齿间隔均匀分布的，缺失的两个齿用作参考间隙。曲轴位置传感器产生一个变频的开/关直流电压，曲轴每转动一圈输出 58 个脉冲。当曲轴磁阻轮上的每个齿转过曲轴位置传感器时，传感器会向 ECM 发送一个数字信号，该信号描绘了该轮的图像。ECM 使用每个曲轴位置信号脉冲以确定曲轴转速，并对磁阻轮参考间隙进行解码，以识别曲轴位置。最后，此信息被用来确定发动机的最佳点火和喷油时刻。ECM 还利用曲轴位置传感器输出信息来确定凸轮轴相对于曲轴的位置，以控制凸轮轴相位和检测气缸缺火。

在了解了曲轴位置传感器的工作原理后，拆下传感器，发现传感器的端部有磨损。端部与磁阻环之间的间隙很小，出现磨损，很有可能是磁阻环损坏或间隙不合适造成的。使用内窥镜从曲轴位置传感器的安装孔伸入，查看磁阻环的情况，可以看到磁阻环表面已经破损。使用新的磁阻环在传感器端部晃动，可以看到发动机数据流中"曲轴位置计数"不断地变化，这说明传感器、线路及 ECM 均正常，故障原因就是磁阻环损坏。

【故障排除】

更换新的磁阻环后试车，故障排除。

案例 5：新宝来燃油表偶尔显示燃油存量为 0

【故障现象】

燃油表偶尔显示燃油存量为 0。

【故障诊断】

用故障检测仪 ODIS 检测，发现组合仪表控制单元中存储了故障码 B103E1A（燃油存量传感器 1 电阻过低，被动/偶发）；读取相关数据流，显示燃油存量传感器电阻为 0Ω。诊断至此，怀疑燃油存量传感器及其线路有故障。拆掉后座椅垫，检查燃油存量传感器线束，发现有 1 根紫黑色导线裸露在线束保护套外，并与钣金件发生了干涉，以致其绝缘层破损，与搭铁短路。查看图 5-123 所示电路，得知破损的导线为燃油存量传感器端子 T5a/4 与组合仪表控制单元 J285 端子 T32/2 间的燃油存量信号线。

【故障排除】

修复破损的导线并固定可靠。

案例 6：新款迈腾 B8 安全带报警灯点亮

【故障现象】

打开点火开关，在座椅安全带均系好的情况下，组合仪表中的安全带报警灯仍然点亮报警。行驶速度达到 25km/h 以上时，安全带报警灯闪亮，同时组合仪表发出持续的声音报警。仪表显示如图 5-124 所示。

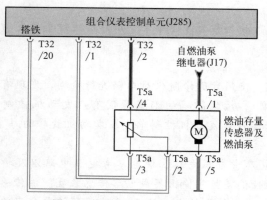

图 5-123　燃油存量传感器电路

图 5-124　仪表显示

【故障诊断】

自诊断检查安全气囊及组合仪表控制单元，均无故障码。迈腾 B8 安全带报警灯的工作原理：驾驶员侧座椅安全带开关识别到安全带未系，或乘客侧座椅坐人且未系安全带时，安全气囊控制单元通过动力 CAN 总线,把安全带报警信息传递给网关控制单元。网关控制单元再通过仪表 CAN 总线,将该信息传递到组合仪表控制单元,同时点亮安全带报警灯。迈腾 B8 安全带报警灯控制原理如图 5-125 所示。根据安全带报警灯的报警原理,检查安全气囊控制单元的数据流。在驾驶员侧安全带及乘客侧安全带均系好的情况下,数据流显示如图 5-126 所示。

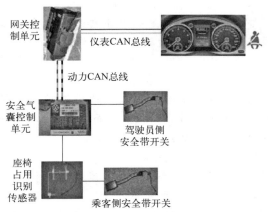

图 5-125 安全带报警灯控制原理

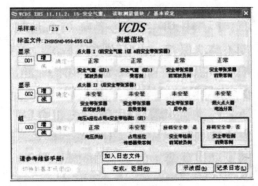

图 5-126 数据流显示

由数据流可知,安全气囊控制单元未能正确识别到乘客侧座椅安全带状态。于是更换乘客侧座椅占用传感器及安全带开关,但故障仍未排除。该车安全带开关电路如图 5-127 所示。

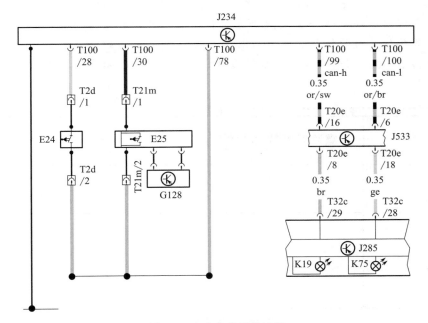

图 5-127 安全带开关电路

E24—驾驶员侧安全带开关;K75—安全气囊指示灯;E25—乘客侧安全带开关;T2d—2 针插头连接,驾驶员座椅上;G128—乘客侧座椅占用传感器;T21m—2 针插头连接,乘客座椅上;J234—安全气囊控制单元;T20e—20 针插头连接;J285—仪表控制单元;T32c—32 针插头连接;J533—数据总线诊断接口;T100—100 针插头连接;K19—安全带报警灯

安全带开关的开闭状态为系好安全带时开关断开；解开安全带时开关闭合接地。乘客侧安全带开关及座椅占用传感器电路如图 5-128 所示。

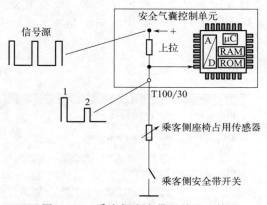

图 5-128　乘客侧安全带开关及座椅
占用传感器电路

当系好安全带后，安全带开关断开。信号源的波形信号经上拉电阻后被 ECU 检测到，由于安全带开关断开，上拉电阻没有电压损耗，因此该信号波形的幅值为 1，根据此波形幅值，安全气囊控制单元判断安全带已经系好。

迈腾 B8 车型上使用的乘客侧座椅占用传感器的工作原理：在乘客侧座椅未坐人时，电阻无穷大，相当于断路。此时即便安全带未系，即安全带开关闭合，而 ECU 检测到的波形信号幅值仍然是 1，所以安全气囊控制单元亦不会发出安全带报警信号。

当乘客侧座椅坐人后，座椅占用传感器的电阻就会变为 290Ω，此时，如果仍未系好安全带，安全带开关闭合接地。信号源的电压幅值就会因为座椅占用传感器电阻的分压作用而降低，变为 2。当 ECU 识别到此信号后，安全气囊控制单元判断安全带为未系状态，发出报警信号，使组合仪表点亮安全带报警灯。

用示波器实际测量 T21m 插头的第 1 脚，在乘客侧坐人、不系安全带的情况下，其信号波形如图 5-129 所示。在乘客侧坐人且系好安全带时，测量 T21m 插头的第 1 脚信号波形，如图 5-130 所示。故障车的信号波形与正常车的信号波形相同。由此可判断安全气囊控制单元外围线路或安全带开关及座椅占用传感器工作均正常。而在安全气囊控制单元检测到安全带已经系好的信号时，仍然做出了安全带未系的判断；或者安全气囊控制单元内的 ECU 没有检测到安全带已经系好的信号。以上两种情况的故障原因均为安全气囊控制单元损坏。

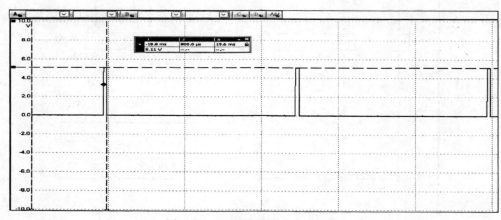

图 5-129　不系安全带的信号波形

【故障排除】

更换新的安全气囊控制单元，并按照各个安全气囊控制单元索引号正确编码后故障排除。

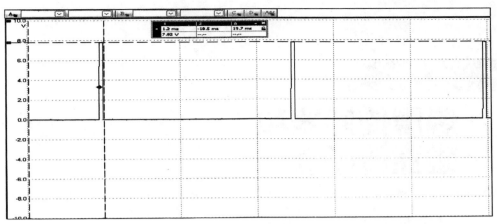

图 5-130 系安全带的信号波形

第六章

爆震传感器和
碰撞传感器

第一节　爆震传感器

为了避免因爆震损坏发动机，人们通过在发动机上装上爆震传感器来检测有无爆震现象的产生，并将检测的信号输入 ECU，ECU 根据爆震传感器的反馈信号来调整点火提前角，从而使点火提前角保持最佳位置，改善发动机的工作性能。

在利用发动机爆震信号作为反馈信息的闭环控制方式中，爆震传感器将发动机的爆震信息提供给 ECU，一旦爆震程度超过规定的标准，ECU 立即发出推迟点火指令；当爆震程度低于规定的标准时，ECU 又会将点火时刻提前。循环调节点火时刻的结果，使发动机始终处于临界爆震的工作状态，可使发动机获得最大的动力性能，经济性能也可以得到一定程度的改善。

检测发动机爆震通常有三种途径，一是检测气缸压力，二是检测发动机振动，三是检测燃烧噪声。其中检测气缸压力的方法，精度最好，但是存在着传感器的耐久性差和难以安装的问题；检测燃烧噪声的方法，由于是非接触式的，其耐久性很好，但是精度和灵敏度偏低；现在常用检测发动机振动的方法来判断有无爆震，这种方法可获得高输出信号，灵敏度高，安装简单，应用最为广泛。

用于发动机机体振动检测的爆震传感器有共振型和非共振型两大类，共振型又分为磁致伸缩式和压电式两种；非共振型有压电式。共振型爆震传感器在发动机爆震时输出的电压比较高，因此无须使用滤波器即可判别有无爆震产生；而非共振型爆震传感器需经滤波器检出爆震的信号。现代绝大多数汽车采用共振型压电式爆震传感器，它是利用发动机产生爆震时其振动频率和传感器本身的固有频率一致而产生共振的现象，用以检测爆震是否产生，其输出信号为电压，电压值的大小表示爆震的强度。

一、爆震传感器的控制系统

汽油发动机是利用火花塞产生的电火花将混合气点燃，使火焰在混合气中不断扩展传播燃烧的。在火焰的传播过程中，如果压力和温度异常升高，一些部位的混合气不等火焰传到，就自行着火燃烧，在整个燃烧室内造成瞬时爆发燃烧，产生高温和强大的压力波，这种现象称为爆震。发动机工作时，如果持续产生爆震，不但会引起气缸体、气缸盖和进气歧管等薄壁构件的高频振动以及运动机构的冲击载荷，产生很大噪声，最终导致机件损坏，而且火花塞电极或活塞很可能产生过热、熔损等现象，造成发动机的严重故障，因此必须防止爆震的产生（爆震和点火时刻有密切的关系，在一定的范围内，点火时刻越提前，燃烧的最大压力越高，就越容易发生爆震）。

为防止爆震的产生，在发动机上安装了爆震传感器，用于检测爆震，从而可以把点火时刻控制在接近爆震极限的位置，使发动机的潜力更能得到充分的发挥。

爆震传感器一般安装在发动机气缸体、火花塞或进气歧管上，它能够感应出发动机各种不同频率的振动，并将振动转化为不同的电压信号。当发动机发生爆震时，爆震传感器感应到此变化并产生较大的振幅电压信号，如图 6-1 所示。来自爆震传感器的含有各种频率的电压信号输入 ECU 中的爆震信号判别电路，如图 6-2 所示。首先须经滤波电路，将爆震信号与其他振动信号分离，只允许特定范围频率的爆震信号通过，然后将此信号的最大值与爆震强度基准值进行比较，如大于基准值，则将爆震信号电压输微机，表示发生爆震，由微机进行处理。

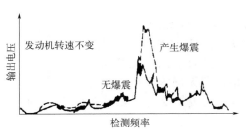

图 6-1　爆震传感器的检测频率与输出电压

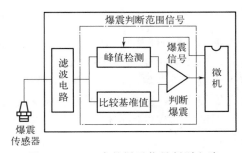

图 6-2　ECU 中的爆震信号判别电路

由于发动机的振动频繁而剧烈，为了使传感器只检测到爆震信号，从而防止 ECU 发生错误爆震判别，因此判别爆震信号并非任何时刻都进行，而是有一个判别范围，如图 6-3 所示。限于识别发动机点火后爆震可能发生的一段曲轴转角范围内的振动，只有在该范围内，爆震传感器的信号才能被输入比较电路。

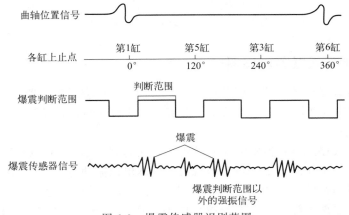

图 6-3　爆震传感器识别范围

爆震强度以超过基准值的次数计量，其次数越多，则爆震强度越大；次数越少，则爆震强度越小，如图 6-4 所示。试验表明，当发动机的负荷低于一定值时，一般不会出现爆震，这时不宜采用控制爆震的方法来调整点火提前角，可采用开环控制的方式控制点火提前角，即此时 ECU 不再检测和分析爆震传感器输入的信号，只根据有关传感器及 ROM 中存储的数据控制点火提前角的大小。而要判断在某一时刻究竟要采用开环还是闭环控制，可由 ECU 对负荷传感器传送来的信号进行分析判断。

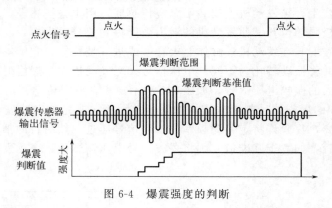

图 6-4　爆震强度的判断

当 ECU 进行闭环控制时，实际点火提前角的闭环控制如图 6-5 所示。当任何一缸产生爆震时，ECU 立即以某一固定值（1.5°～2°曲轴转角）逐渐减少点火提前角，直至发动机不产生爆震为止。然后，在一定的时间内，先维持调整过的点火提前角不变。在此期间内，若又有爆震发生，则继续以固定值减少点火提前角；若无爆震发生，则此段缓冲时间过后，又开始逐渐以同样的固定值增大点火提前角，直至爆震重新发生，又开始进行上述的反馈控制过程。

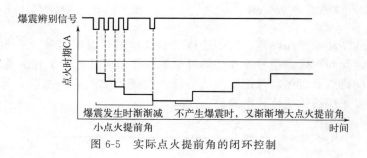

图 6-5　实际点火提前角的闭环控制

二、共振磁致伸缩式爆震传感器

共振磁致伸缩式爆震传感器应用较早，它是一种磁电感应式传感器，属于共振型爆震传感器，其结构如图 6-6 所示，由永久磁铁、靠永久磁铁励磁的磁芯以及磁芯周围缠绕的感应线圈和外壳等组成。

共振磁致伸缩式爆震传感器安装在发动机上，它将发动机振动的频率转换成电压信号，来检测爆震强度。其工作原理是：当发动机的气缸体出现振动时，外壳和感应线圈绕组随发动机振动，磁铁因弹簧的存在由于惯性而保持不放，这样磁铁和感应线圈间便存在相对运动。根据电磁感应原理，绕组中就会有感应电动势产生，当频率在 6～9kHz 时，传感器将产生共振，使传感器感应线圈的感应电压显著增大。如图 6-7 所示为共振磁致伸缩式爆震传感器的输出特性。

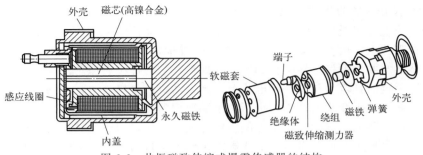

图 6-6 共振磁致伸缩式爆震传感器的结构

三、压电式爆震传感器

压电效应是指当沿着一定方向向某些电介质施力而使其变形时，其内部会发生极化，同时在其表面产生电荷的现象。压电式爆震传感器是指利用结晶或陶瓷多晶体的压电效应和硅压电效应，把爆震传到缸体上的机械振动转变成电信号。压电式爆震传感器从振动方式上可分为共振型和非共振型两种。共振型压电式爆震传感器由与爆震几乎具有相同共振频率的振子和能够检测振动压力并将其转换成电信号的压电元件构成，非共振型压电式爆震传感器用压电元件直接检测爆震信息。

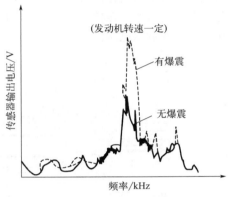

图 6-7 共振磁致伸缩式爆震传感器的输出特性

1. 共振型压电式爆震传感器

共振型压电式爆震传感器主要由压电元件、振荡片、基座等组成，如图 6-8 所示。压电元件紧密地贴合在振荡片上，振荡片则固定在传感器的基座上。振荡片随发动机的振动而振荡，波及压电元件，使其变形而产生电压信号。当发动机爆震时的振动频率与振荡片的固有频率相同时，振荡片产生共振，此时压电元件将产生最大的电压信号。共振型压电式爆震传感器的输出特性如图 6-9 所示。该爆震传感器在发动机爆震时输出的电压比较高，可用于判别有无爆震产生。

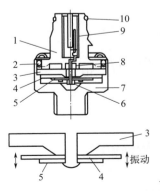

图 6-8 共振型压电式爆震传感器的结构

1—连接器；2,10—O 形环；3—基座；4—振荡片；5—压电元件；6—引线端头；7—外壳；8—密封剂；9—接线端子

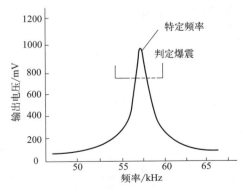

图 6-9 共振型压电式爆震传感器的输出特性

2. 非共振型压电式爆震传感器

非共振型压电式爆震传感器由平衡块、压电元件、壳体、电气连接装置等组成。平衡块由螺钉固定在壳体上，两个压电元件同极性相向对接，输出电压由两个压电元件的中央取出。这种传感器与共振型传感器结构的不同之处在于它内部没有振荡片，但设置了一个平衡块。平衡块以一定的预紧力压紧在压电片上。当发动机产生爆震时，发动机缸体的振动传到爆震传感器壳体上，平衡块就产生一个正比于加速度的交变力，壳体与平衡块之间就产生相对运动，使夹在中间的压电元件所承受的压紧力发生变化，压电元件承受推压作用力产生电压，并作为电信号输出。非共振型压电式爆震传感器结构简单，制造时不需要调整。

非共振型压电式爆震传感器结构示意如图 6-10 所示，它在爆震时输出电压较无爆震时无明显增加，具有平缓的输出特性，不像共振型压电式爆震传感器在爆震时会输出较高的电压。爆震是否发生是靠滤波器检出传感器输出信号中有无爆震频率来判别的。因此，必须将反映发动机振动频率的输出电压信号输送给识别爆震的滤波器中，判别发动机是否有爆震产生。

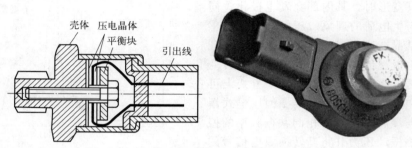

图 6-10　非共振型压电式爆震传感器结构示意

3. 共振型压电式爆震传感器与非共振型压电式爆震传感器的比较

（1）电压　共振型压电式爆震传感器在爆震时输出电压明显增大，非共振型压电式爆震传感器输出电压增大不明显。

（2）测量　共振型压电式爆震传感器电压易于测量，但必须与发动机配套使用；非共振型压电式爆震传感器用于不同发动机时，只需调整滤波器的频率范围就可以工作，不需要更换传感器，通用性比较强，但爆震信号的检测复杂一些。

（3）输出波形　共振型压电式爆震传感器可以直接观察出爆震的波形，即爆震点，而非共振型压电式爆震传感器需经滤波器检出爆震的信号。共振型和非共振型压电式爆震传感器输出波形的比较如图 6-11 所示。

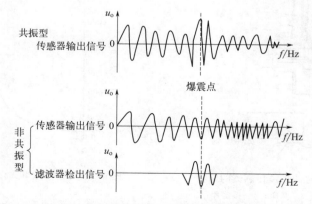

图 6-11　共振型和非共振型压电式爆震传感器输出波形的比较

四、爆震传感器的检测

1. 大众 CC 爆震传感器的检测

大众 CC 设有两个爆震传感器。爆震传感器 1（G61、白色插头）安装在缸体进气管侧 1、2 缸之间，用于检测 1、2 缸的爆震情况；爆震传感器 2（G66、蓝色插头）安装在缸体进气管侧 3、4 缸之间，用于检测 3、4 缸的爆震情况。

大众 CC 爆震传感器是根据压电原理制成的，传感器由压电陶瓷（压电元件）、惯性配重、壳体等组成，如图 6-12 所示，其电路如图 6-13 所示。

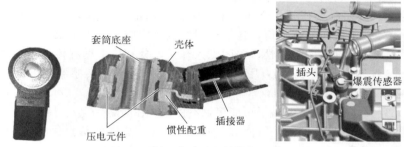

图 6-12　爆震传感器的结构及安装位置

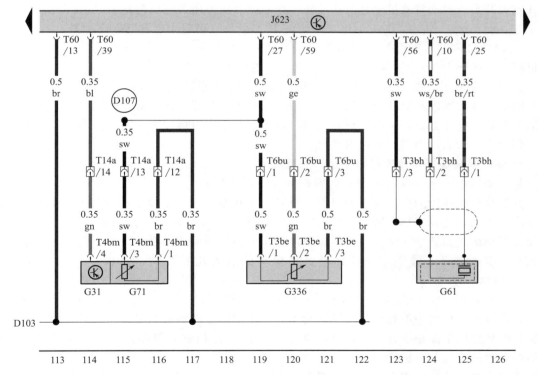

图 6-13　增压压力传感器、爆震传感器 1、进气管压力传感器、进气管风门电位计、发动机控制单元电路
G31—增压压力传感器；G61—爆震传感器 1；G71—进气管压力传感器；G336—进气管风门电位计；
J623—发动机控制单元，排水槽内中部；T3be、T3bh—3 芯插头连接；T4bm—4 芯插头连接；T6bu—6 芯插头连接，
气缸盖附近；T14a—14 芯插头连接，发动机舱内左侧；T60—60 芯插头连接；D103—连接 3，
在发动机舱导线束中；D107—连接 5，在发动机舱导线束中

爆震传感器的检测方法如下。

① 爆震传感器的随车检查。在进行爆震传感器的检查时，可轻轻敲击该爆震传感器附近的缸体，发动机的转速应随之下降。

② 用正时灯观察点火提前角的变化。轻轻敲击该爆震传感器附近的缸体，此时点火提前应该突然向后推迟，然后又向前提前，此现象即说明爆震传感器在起作用，爆震传感器及其线路基本没有问题；反之，说明爆震传感器或线路出现故障。

③ 在发动机工作过程中，如果爆震传感器发生故障，监测爆震信号中断，电脑就会将点火提前角推迟一定角度，汽车在行驶过程中，驾驶员就会明显感觉到发动机动力不足，这时发动机电控系统会诊断到故障，并使故障指示灯点亮。

④ 电阻检查。关闭点火开关，分别拔下爆震传感器的 3 芯插头，用万用表的电阻挡分别测量 3 芯插头各端子之间的电阻值，各端子间的电阻值应都大于 1MΩ。

⑤ 检测爆震传感器线束的导通性。关闭点火开关，分别拔下爆震传感器的 3 芯插头，然后拔下 ECU J623 控制单元插头。用万用表的电阻挡分别测量爆震传感器 3 芯插座 1～3 号端子与 ECU J623 控制单元的 T60/10、T60/25 及 T60/56 之间的电阻值，应均小于 0.5Ω，如果电阻值过大或为无穷大，表明线束与端子可能接触不良或存在断路，应及时排除。

⑥ 用专用诊断仪 VAS 5052，通过诊断插座读取有关故障的信息：00524-G61，内容为传感器对地开路或短路；00540-G66，内容为传感器对地开路或短路。

⑦ 检测爆震传感器的输出信号时，应先关闭点火开关，拔下传感器的连接器插头，再打开点火开关，启动发动机使之怠速运转，用示波器或万用表电压挡检测传感器的两个接线端子 T3bh/1 与 T3bh/2，应有如图 6-14 所示波形输出，否则应更换爆震传感器。

⑧ 敲击缸体（人工模拟），电压应大于 0.5V；发动机正常怠速时电压小于 0.6V；当发动机启动时电压大于 0.8；当发动机发生爆震时电压大于 1.2V。

⑨ 爆震传感器安装注意事项。为了避免爆震传感器误传输爆震信号，必须保证爆震传感器固定螺栓的紧固力矩准确无误。在安装爆震传感器时若紧固力矩过大，爆震传感器感知气缸爆震信号电压太低，从而出现点火过早现象；若紧固力矩过小，爆震传感器会感知气缸爆震信号电压太高，出现点火过迟现象。

2. 新款凯美瑞爆震传感器（平型）的检测

常规型爆震传感器（共振型）内置有振动板，该板具有与发动机爆震频率相同的共振点，并能检测此频段的振动。平型爆震传感器（非共振型）能够检测 6～15kHz 的更宽频带范围内的振动，它具有如下特性：根据发动机转速的不同，发动机爆震频率会有些许变化，即使在发动机爆震频率变化时，平型爆震传感器也能检测振动。因此，与常规型爆震传感器相比，平型检测能力增强，并可获得更加精确的点火正时控制。爆震传感器的特性如图 6-15 所示。

如图 6-16 所示，通过安装在气缸体上的双头螺栓，将平型爆震传感器安装在发动机上。因此，供双头螺栓使用的孔穿过传感器的中心。在传感器内侧的上部分有钢制配重，压电元件穿过绝热体位于配重下方。该传感器整合了开路/短路检测电阻器。常规型爆震传感器则是通过自身的螺纹旋入缸体中。

将爆震振动传输给钢制配重，其惯性将压力施加给压电元件，该动作产生电动势，如图 6-17 所示。

（1）开路/短路电阻器的检测　打开点火开关时，检测爆震传感器中的开路/短路电阻器及发动机 ECU 中的电阻器时，保持发动机端子 KNK1 处的电压恒定。发动机 ECU 中的 IC（集成电路）始终监视端子 KNKI 的电压，如果爆震传感器和发动机 ECU 之间出现开路/短路，端子 KNK1 的电压将改变，发动机 ECU 出现开路/短路并存储 DTC（诊断故障码），其检测电路如图 6-18 所示。

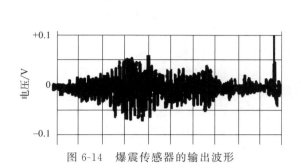

图 6-14 爆震传感器的输出波形

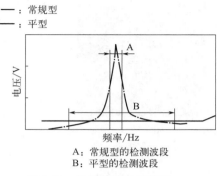

A：常规型的检测波段
B：平型的检测波段

图 6-15 爆震传感器的特性

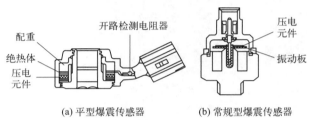

(a) 平型爆震传感器　(b) 常规型爆震传感器

图 6-16 平型爆震传感器和常规型爆震传感器

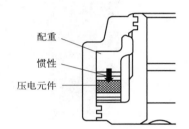

图 6-17 惯性将压力施加给压电元件

（2）维修提示

① 当检测开/短路电阻器时，传感器的检查方法随之更改。

② 确保按照如图 6-19 所示的位置安装平型爆震传感器，以防插接器中积水。

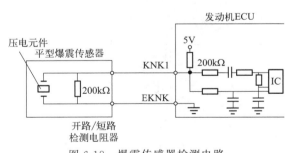

图 6-18 爆震传感器检测电路

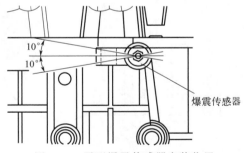

图 6-19 平型爆震传感器安装位置

3. 帕萨特非共振型压电式爆震传感器的检测

在帕萨特 1.8T 发动机上装的是非共振型压电式爆震传感器，其结构如图 6-20 所示，它是由压电元件、惯性配重、套筒底座、壳体、传感器信号线、插头等组成。该传感器结构简单，制造时不需要调整。

帕萨特 1.8T 发动机爆震传感器 KNK 安装

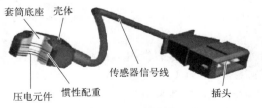

图 6-20 非共振型压电式爆震传感器的结构

图 6-21　帕萨特发动机 2 号
爆震传感器安装位置

在进气管侧气缸体上部，一个在第 1、2 缸之间，另一个在第 3、4 缸之间，如图 6-21 所示为帕萨特发动机 2 号爆震传感器安装位置。如图 6-22 所示为爆震传感器的插头与插座，由图 6-22 可知其有 3 个接线端子，其中 1、2 为信号端子，3 号为屏蔽线端子。轻击缸体，爆震传感器就有信号产生，能将发动机的爆震情况转成电信号输入 ECU，ECU 收到爆震信号后将根据爆震强度推迟点火时间，从而修正点火提前角，并能单独地对每一个气缸进行最佳点火提前角的控制，以清除发动机爆震现象的发生，保证发动机输出的功率高、油耗低。如图 6-23 所示是爆震传感器与 ECU 的控制电路。如图 6-24 所示为爆震传感器电压波形，由图可知爆震时电压为 0.4～

1.4V，它属于低频电压，所以易受外界干扰。

(a) 爆震传感器插头

(b) 爆震传感器插座

图 6-22　爆震传感器插头与插座

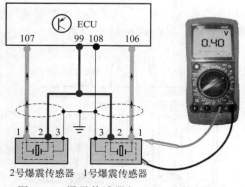

图 6-23　爆震传感器与 ECU 的控制电路

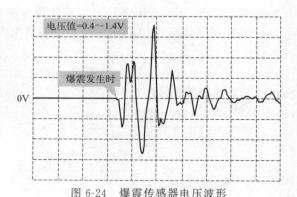

图 6-24　爆震传感器电压波形

第二节　碰撞传感器

　　碰撞传感器的作用是在汽车发生碰撞时，检测汽车碰撞强度，并将信号输入安全气囊系统（SRS）ECU，安全气囊 ECU 根据碰撞传感器传送的信号来决定是否引爆气体发生器使气囊充气，提高乘员的安全性。

　　碰撞传感器按其功用可分为碰撞信号传感器和安全传感器。平时所说的碰撞传感器其实是指碰撞信号传感器，也称为碰撞强度传感器、触发碰撞传感器，其作用是将汽车碰撞时的强度信号输入 SRS ECU，用于判断是否需要引爆气囊，一般采用机电结合式结构或机械式结构。正面的碰撞传感器常安装在散热器支架内，侧面的碰撞传感器安装在 B 柱内。安全传感器又称为碰撞防护传感器、防护传感器或保险传感器，一般安装在 SRS ECU 内部，其功用是防止气囊在非碰撞情况下发生错误引爆。安全传感器与触发碰撞传感器串联，且一般采用电子式结构。碰撞传感器在汽车上的位置如图 6-25 所示，安全传感器与碰撞传感器的关系如图 6-26 所示。

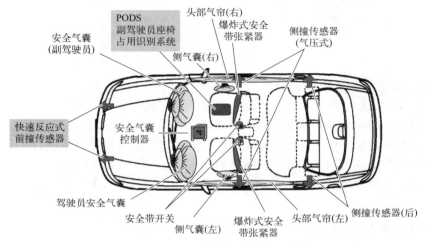

图 6-25　碰撞传感器在汽车上的位置

按照结构来分，碰撞传感器可分为机械式碰撞传感器、电子式碰撞传感器、机电式碰撞传感器。机械式碰撞传感器常见的有阻尼弹簧式，没有电子设备，只靠机械力控制气囊电路的接通和切断。电子式碰撞传感器没有电器触点，目前常用的有电阻应变式和压电效应式两种。电阻应变式碰撞传感器在发生碰撞时应变电阻发生变形，使电阻发生变化，传感器输出信号电压发生变化，当电压值

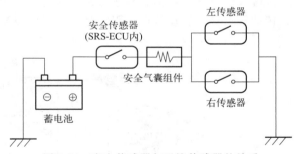

图 6-26　安全传感器与碰撞传感器的关系

超过预定值时，气囊被触发；压电式碰撞传感器在碰撞时压电晶片输出电压发生变化，当变化的电压达到预定值时，气囊被触发。机电结合式碰撞传感器利用机械的运动（滚动或转动）来控制电器触点动作，再由触点断开和闭合来控制气囊电路的接通和切断，常见的有滚轴式、偏心锤式和滚球式。

一、滚轴式碰撞传感器

1. 滚轴式碰撞传感器的结构

滚轴式碰撞传感器由止动销、滚轴、滚动触点、固定触点、底座和片状弹簧等零件构成。片状弹簧的一端固定在底座上，另一端略微弹起；滚轴可沿片状弹簧滚动，滚动触点固定在滚轴上，可随滚轴一起滚动并引出传感器的一个电极；固定在片状弹簧上并与之绝缘的

固定触点接传感器的另一个电极，如图 6-27 所示。

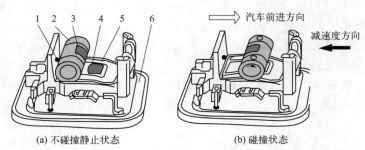

(a) 不碰撞静止状态　　　　(b) 碰撞状态

图 6-27　滚轴机电开关式碰撞传感器

1—止动销；2—滚轴；3—滚动触点；4—固定触点；5—片状弹簧；6—底座

2. 滚轴式碰撞传感器的工作原理

汽车未碰撞时，传感器处于静止状态，此时滚轴在弹起的片状弹簧作用下，靠向止动销一侧，滚动触点与固定触点形成的开关处于断开状态，传感器电路不接通，无碰撞信号输入。当汽车碰撞且减速度达到碰撞强度设定时，滚轴由于惯性产生的惯性力大于片状弹簧的弹力，就会克服片状弹簧的弹力压下片状弹簧向右滚动，使滚轴上的滚动触点与片状弹簧上的固定触点接触，将传感器电路接通。丰田、本田和三菱汽车安全气囊系统采用了滚轴式碰撞传感器。

二、偏心锤式碰撞传感器

1. 偏心锤式碰撞传感器的结构

该碰撞传感器又叫偏心转子式碰撞传感器，其结构如图 6-28 所示，主要由偏心锤、锤臂、转动触点臂、转动触点、固定触点、复位弹簧、挡块和壳体等组成。

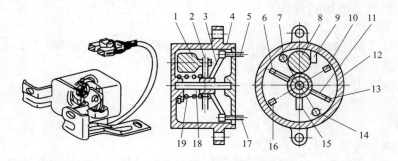

图 6-28　偏心锤式碰撞传感器的结构

1,8—偏心锤；2,15—锤臂；3,11—转动触点臂；4,12—壳体；
5,7,14,17—固定触点引线端子；6,13—转动触点；9—挡块；10,16—固定触点；18—传感器轴；19—复位弹簧

转子总成由偏心锤、转动触点臂及转动触点组成，安装在传感器轴上。偏心锤偏置安装在偏心锤臂上；转动触点臂两端固定有触点，触点随触点臂一起转动。两个固定触点绝缘固定在传感器壳体上，并用导线分别将传感器固定触点引线端子 7、14 与 5、17 连接。

2. 偏心锤式碰撞传感器的工作原理

当传感器处在静止状态时，在复位弹簧弹力作用下，偏心锤与挡块保持接触，转子处于静止状态，转动触点与固定触点处于断开状态，如图 6-29(a) 所示。当汽车遭受碰撞时，偏心锤的惯性力矩大于复位弹簧的弹力力矩，惯性力矩就会克服弹簧力矩使转子总成转动，从

而带动转动触点臂转动，使转动触点与固定触点接触，接通 SRS 的搭铁回路，如图 6-29(b)所示。丰田雷克萨斯 LS400 轿车使用的是偏心锤式碰撞传感器。

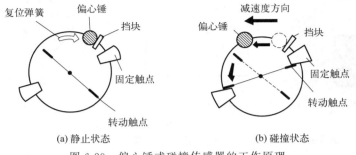

(a) 静止状态　　　　　　　　　　(b) 碰撞状态

图 6-29　偏心锤式碰撞传感器的工作原理

三、滚球式碰撞传感器

1. 滚球式碰撞传感器的结构

滚球式碰撞传感器亦称偏压磁铁式碰撞传感器，如图 6-30 所示，该传感器主要由固定触点、滚球、永久磁铁等零件构成。滚球用铁材料制成，能在柱状滚道内滚动。略带弹性的两个固定触点绝缘固定在壳体上，并分别引出两个传感器引线端子。日本日产和马自达汽车公司采用这种滚球式碰撞传感器，用于 SRS。该碰撞传感器由德国博世公司生产。

2. 滚球式碰撞传感器的工作原理

汽车未碰撞时，如图 6-30(a) 所示，传感器处于静止状态，滚球在永久磁铁的磁力作用下，被吸向磁铁，静止于磁铁侧，两个触点未被连通，无碰撞信号输入。

当汽车受碰撞且减速度达到碰撞强度设定的值时，如图 6-30(b) 所示，滚球由于惯性产生的惯性力大于永久磁铁的磁力，滚球克服磁力在柱状滚道内滚动到两个固定触点侧，将两个固定触点搭接，使传感器电路接通，碰撞强度信号即输入。

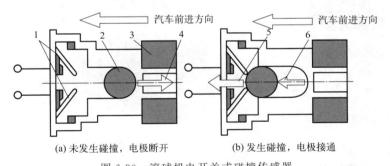

(a) 未发生碰撞，电极断开　　　　　　(b) 发生碰撞，电极接通

图 6-30　滚球机电开关式碰撞传感器

1—固定触点；2—滚球；3—永久磁铁；4—磁力；5—碰撞时的惯性力；6—惯性力与磁力的合力

四、电阻应变计式碰撞传感器

电阻应变计式碰撞传感器的结构如图 6-31(a) 所示，主要由电子电路、电阻应变计、振动块、缓冲介质和壳体等组成。电子电路包括稳压与温度补偿电路 W、信号处理与放大电路 A。应变计的电阻 R_1、R_2、R_3、R_4 制作在硅膜片上，如图 6-31(b) 所示。当膜片产生变形时，应变电阻的阻值就会发生变化。为了提高传感器的检测精度，应变电阻一般都连接成桥式电路，并设计有稳压和温度补偿电路，如图 6-31(c) 所示。

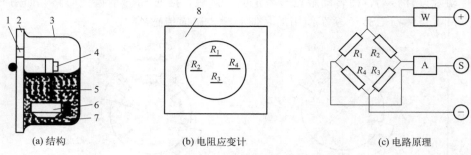

图 6-31　电阻应变计式碰撞传感器

1—密封树脂；2—传感器底板；3—壳体；4—电子电路；5—电阻应变计；6—振动块；7—缓冲介质；8—硅膜片

当汽车遭受碰撞时，振动块振动，缓冲介质随之振动，应变计的应变电阻产生变形，阻值随之发生变化，经过信号处理与放大后，传感器 S 端输出的信号电压就会发生变化。SRS 电脑根据电压信号强弱便可判断碰撞的强度，即碰撞激烈程度。如果信号电压超过设定值，SRS 电脑就会立即向点火器发出点火指令引爆点火剂，使充气剂受热分解产生气体。

五、压电碰撞传感器

压电碰撞传感器在车辆发生侧面碰撞时，测量前车门内空气压力的突然变化情况。压力传感器按工作原理分成两种：电容式压力传感器和压电式压力传感器。这两种压力传感器都带有电子分析机构，传感器与电子分析机构装配在一个壳体内，如图 6-32 所示。

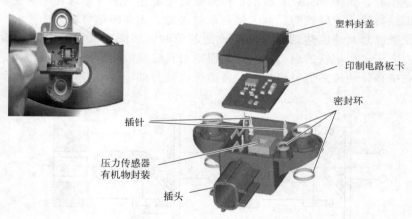

图 6-32　压电碰撞传感器结构

1. 压电式压力传感器

压电式压力传感器的传感器单元是个密封的空腔，其上蒙着附有压电晶体层的膜片。压力作用到膜片上时，膜片会内凹，这就引起压电晶体上出现电荷迁移。电子分析机构将这种电荷迁移转换成电压，并将电压信号传送给安全气囊控制单元，如图 6-33 所示。

2. 电容式压力传感器

电容式压力传感器的结构就像一个电容器。电容器片 1 固定在一个密封的空腔内；电容器片 2 以膜片的形式处于张紧状态。

如果膜片上作用有压力，那么电容器片之间的距离就会发生变化。电子分析机构会对这种变化进行处理，并将信号传送给安全气囊控制单元 J234，如图 6-34 所示。

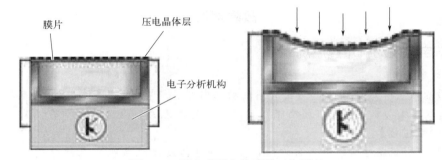

图 6-33 压电式压力传感器工作原理

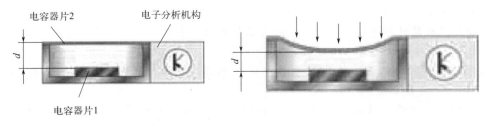

图 6-34 电容式压力传感器工作原理

六、水银开关式碰撞传感器

1. 水银开关式碰撞传感器的结构

水银开关式碰撞传感器利用水银导电良好的特性制成，一般用作防护传感器（安全传感器）。水银开关式碰撞传感器由电极、密封圈、水银珠、螺塞和壳体等零件构成。能够在管状壳体内移动的水银珠是一种良导电体。安装在绝缘螺塞上的两个电极互相绝缘，并各引出一个传感器电极。螺塞和壳体也是绝缘的。

2. 水银开关式碰撞传感器的工作原理

汽车未碰撞时，如图 6-35（a）所示，传感器处于静止状态，水银珠在重力作用下处于壳体下端，传感器的两电极断开，传感器电路未接通，无碰撞信号。

当汽车碰撞且减速度达到碰撞强度设定值时，如图 6-35（b）所示，水银珠由于碰撞产生的惯性力在壳体轴线方向的分力，克服了水银珠重力在壳体轴线方向的分力，将水银珠抛向传感器电极一端，并将两电极接通，产生碰撞强度信号。

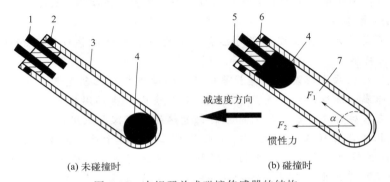

图 6-35 水银开关式碰撞传感器的结构

1—接引爆管电极；2—密封圈；3—壳体；4—水银珠；5—接电源电极；6—螺塞；7—水银运动方向

故障案例

案例1: 新宝来发动机爆震燃烧故障

【故障现象】

热车后原地急踩加速踏板，明显听到发动机内部有"咯咯咯"的响声；行车时转速超过3000r/min后，发动机也发出"咯咯咯"的响声。行车无力，冷车时故障不明显。

【故障诊断过程】

① 用 VAS 6150 对车辆进行自诊断：整车（包括发动机系统）无故障码；停车怠速时读取发动机所有的数据流，均没有发现问题。基本说明发动机控制系统是正常的。

② 对发动机机械部分进行诊断如下。

a. 停车将转速升到 4000r/min，此时有很明显的"咯咯咯"的响声。用听诊器依次听各缸的位置，发现每缸的响声是一样的。

b. 分别进行断缸试验，依次断开各缸的喷油器，各缸响声一样。暂时判断机械部分正常。

③ 经过以上分析，可说明故障不在原车质量。怀疑汽油原因，由于开始时没有读取故障状态的数据流，因此在出现故障时重新读数据流，如图 6-36 和图 6-37 所示。

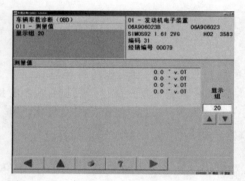

图 6-36 正常时（停车怠速工况）的数据流

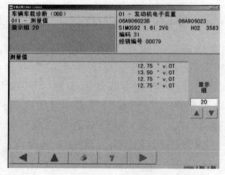

图 6-37 异常时（停车急加速）的数据流

从图 6-36 和图 6-37 可以判断，发动机响声是由于爆震导致的，并会使发动机动力下降。因此，集中对爆震原因进行分析。产生爆震的原因如下。

a. 汽油质量：由于燃油中混有低燃点物质，会导致燃气混合物在火花塞点火前自动爆震。

b. 发动机温度过高：使进气温度过高可导致爆震。

c. 点火提前角过大：在压缩行程时已有较多的汽油燃烧，导致还没有燃烧的混合气承受极大的压力而自燃。

d. 混合气过稀：由于燃烧时间过长导致部分继续燃烧的混合气进入下一循环。

e. 燃烧室积炭：压缩比增大而产生高压，积炭表面产生高温热点而爆震。

f. 使用热值不对的火花塞：压缩行程时，过热的火花塞会点燃混合气。

④ 通过数据流，可确认发动机温度和点火角正常；由于是新的发动机，燃烧积炭和混合气过稀的可能性较少；火花塞采用的原厂型。现在就怀疑汽油质量了。

⑤ 清洗油箱，更换全部汽油及汽油滤清器，启动后试车，异响消失。

【故障原因分析】

当发动机控制单元检测到爆震后，会推迟点火来消除爆震燃烧。因发动机控制单元将点火角延迟到极限—12.75°，所以会导致动力不足；但由于爆震延迟有极限，汽油质量太差，即使延迟到最后也产生爆震，此时发动机控制单元不会再采取其他控制方法，只能让发动机爆震燃烧。

【故障处理方法】

清洗油箱，更换汽油滤清器及全部汽油。

案例2：本田安全气囊系统故障灯持续点亮故障

【故障现象】

一辆广汽本田锋范轿车，车型代码为 GM2，行驶里程为 8 万千米。用户反映该车仪表板中的安全气囊系统（SRS）故障灯持续点亮。

【故障分析】

首先确认故障现象，与用户描述的一致。使用专用故障诊断仪读取车辆安全气囊系统，没有发现故障码存在。该车前段时间刚刚发生了较为严重的事故，车辆的发动机、车架、安全气囊以及仪表台等众多部位均进行了维修或更换。

查看该车的维修单据后得知，该车的主气囊、副气囊和侧气囊均进行了更换，但是 SRS 控制单元只进行了维修，这很有可能就是问题的原因。但为了稳妥起见，维修人员还是按照维修手册中的维修思路，对故障进行排查，如图 6-38 所示。

依照维修手册的内容，最后更换了全新的 SRS 控制单元，但是试车后发现故障依旧存在。

至此只能根据维修经验来进行一步步的排查了，维修人员首先检查了 SRS 控制单元的插接器 B，逐个断开各个气囊的插接器，确认均可报相关故障码；再逐个替换已知良好的气囊组件，发现故障依旧存在。接着对插接器 A 进行相同的检查，当断开左前碰撞传感器插接器时，故障灯熄灭，说明问题出在了这里。

【故障排除】

查看左前碰撞传感器，发现型号和固定螺栓均有问题，如图 6-39 所示，使用的传感器并非为广汽本田锋范轿车的，而是广汽本田飞度轿车的。将左前碰撞传感器和固定螺栓换成正确的型号，试车后故障排除。

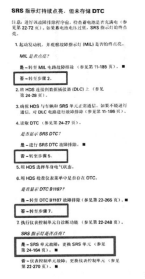

图 6-38　按照维修手册进行故障排查

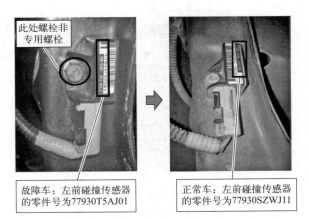

图 6-39　左前碰撞传感器使用错误

案例 3：迈腾安全气囊灯点亮，左/右碰撞传感器故障

【故障现象】

安全气囊灯点亮。安全气囊控制单元存储有故障码 01221（驾驶员侧侧面安全气囊碰撞传感器 G179 异常）和 01222（副驾驶员侧侧面安全气囊碰撞传感器 G180 异常）。

【故障诊断过程】

① 用 VAS 5051 清除故障码。开始只能清除故障码 01221；断开蓄电池接线后重新接上，清除故障码 01222。

② 直线行驶 3～4km 后，仪表上安全气囊灯重新点亮，故障存储器存储 01221 和 01222 故障码。

③ 将碰撞传感器直接跨接线至控制单元，故障未解决。

④ 更换安全气囊控制单元和驾驶员侧侧面安全气囊碰撞传感器（因为当时库存只有一个碰撞传感器，左/右零件编码一样），故障未解决。

⑤ 更换副驾驶员侧侧面安全气囊碰撞传感器，故障排除。

【故障原因分析】

① 根据"故障诊断过程"第①～④步和图 6-40 进行分析，可排除线束和控制单元故障。

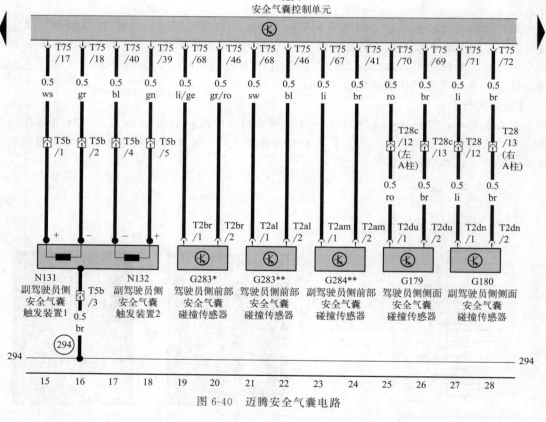

图 6-40　迈腾安全气囊电路

② 两个碰撞传感器同时出现故障的概率很小。

③ 驾驶员侧侧面安全气囊碰撞传感器/副驾驶员侧侧面安全气囊碰撞传感器间的关系是

相互检测。如果发生右侧碰撞，驾驶员侧侧面安全气囊碰撞传感器/副驾驶员侧侧面安全气囊碰撞传感器同时得到从右向左的碰撞信号。如果只有一个碰撞传感器有碰撞信号，但另一侧没有信号（例如副驾驶员侧侧面安全气囊碰撞传感器检测到发生碰撞，但左侧没有检测到碰撞），安全气囊控制单元就不能判断哪个传感器有故障，因此只能同时报错。

此时故障码 01221 和 01222 应理解为"信号不可靠"。

【故障处理方法】

更换副驾驶员侧侧面安全气囊碰撞传感器，故障排除。

【案例点评及建议】

① 驾驶员侧侧面安全气囊碰撞传感器发生故障的概率较高。驾驶员侧侧面安全气囊碰撞传感器与副驾驶员侧侧面安全气囊碰撞传感器零件是一样，如图 6-41 所示。

② 要对各系统原理做深入的了解和分析。

(a) 正面　　　　　　　　(b) 反面

图 6-41　侧面碰撞传感器

第七章

气体浓度传感器

随着汽油缸内直接喷射（GDI）发动机和燃油分层喷射（FSI）发动机的大量使用，均质稀薄燃烧技术也日益成熟，只能在理论空燃比附近间接测量混合气浓度的二氧化钛和二氧化锆氧气传感器已不能适应监测的需要，宽量程氧传感器随之出现。这种传感器能在混合气极稀薄条件下，能连续地检测出空燃比，实现稀薄领域的反馈控制。

第一节　氧传感器

现在的三元催化转化器大都安装在排气歧管近端，以便更有效地净化排气中 CO、C_xH_y 和 NO_x 三种主要的有害成分。但三元催化转化器只能在混合气的空燃比接近理论值的一个窄小范围内才能有效地起到净化作用。故在排气管中安装氧传感器，以检测废气中的氧浓度，并将其转换成电压信号，输入发动机 ECU，测定空燃比，从而反馈控制喷油量，使空燃比接近于 14.7 的理论空燃比。利用氧传感器对发动机混合气的空燃比进行闭环控制后，能使过量空气系数控制在 0.98～1.02，使发动机在各种工况下获得最佳浓度的混合气，使有害气体的排放量降到最低，减少汽车排气污染。

目前汽车上采用的氧传感器有二氧化锆（ZrO_2）式和二氧化钛（TiO_2）式。氧传感器又分为加热型氧传感器和非加热型氧传感器两种。

一、二氧化锆式氧传感器

1. 二氧化锆式氧传感器的结构和工作原理

二氧化锆式氧传感器的基本元件是二氧化锆陶瓷管（固体电解质），陶瓷体制成管状，因此亦称锆管。锆管固定在带有安装螺纹的固定套中，锆管内外表面都覆盖着一层多孔性的透气铂膜作为电极，氧传感器安装在排气管上，其内表面与大气接触，外表面与废气接触，为了防止废气中的杂质腐蚀铂膜，在锆管外表面的铂膜上覆盖着一层多孔的氧化铝保护层，并加装了一个防护套管，套管上开有通气槽。这样既可以防止废气烧蚀电极，又可保证废气渗进保护层和电极接触。氧传感器的接线端有一个金属护套，其上开有一个孔，用于锆管内表面与大气相通，导线将锆管内表面铂极经绝缘套从传感器引出，如图 7-1 所示。锆管的陶瓷体是多孔的，允许氧渗入该固体电解质内，温度高于 300℃时，氧气发生电离，氧气渗入锆管的多孔陶瓷体，由于锆管内、外侧氧含量不一致，存在浓度差，因而氧离子从大气侧向排气一侧扩散，从而使锆管成为一个微电池，在两铂极间产生电压，如图 7-2 所示。当混合气的实际空燃比小于理论空燃比，即发动机以较浓的混合气运转时，排气中氧含量少，但 CO、C_xH_y 等较多。这些气体在锆管外表面的铂催化作用下与氧发生反应，将耗尽排气中残余的氧，使锆管外表面氧气浓度变为零，这就使得锆管内、外侧氧浓度差加大，两铂极间电压陡增，可以产生约 $1V$ 的电压；当混合气的实际空燃比大于理论空燃比，即发动机以较稀的混合气运转时，氧气浓度高，CO、C_xH_y 浓度低，在锆管外表面的铂催化作用下，即使 CO、C_xH_y 气体完全与氧发生反应，排气中仍有残余的氧存在，由于内外两侧氧的浓度差较小，几乎不能产生电动势，此时输出电压几乎为零。结果，锆管传感器产生的电压将在理论空燃比时发生突变。

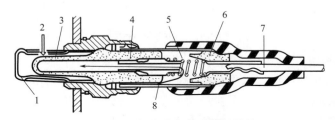

图 7-1　二氧化锆氧传感器的结构

1—防护套管；2—废气；3—锆管；4—电极；5—弹簧；6—绝缘体；7—信号输出导线；8—空气

根据氧传感器所产生的电压值就可测量氧传感器外表面氧气含量，而发动机废气排放中的氧含量主要取决于混合气的空燃比，因此，ECU 根据氧传感器输入的电信号分析汽油的燃烧状况，以便及时修正喷油量，使空燃比处于理想状况，即使空气过量系数 $\lambda=1$，所以这种传感器又称为 λ 传感器。要准确地完全保持混合气浓度为理论空燃比是不可能的，实际上氧传感器对喷油器的反馈调节是动态的，只能使混合气在理论空燃比附近一个较小的范围内波动，故氧传感器的输出电压在 $0.1\sim0.8V$ 之

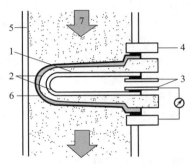

图 7-2　二氧化锆式氧传感器的工作原理示意

1—锆管；2—电极；3—电极引线；4—壳触点；
5—排气管；6—多孔陶瓷支承；7—废气

间不断变化（通常每 $10s$ 内变化 8 次以上）。如果氧传感器输出电压变化过缓（每 $10s$ 内少于 8 次）或电压保持不变（无论保持在高电位或低电位），则表明氧传感器本体或线路有故障，需检查线路或更换传感器。

2. 加热型二氧化锆式氧传感器

二氧化锆式氧传感器输出信号的强弱与工作温度有关，只有在 $300℃$ 以上时传感器才能正常工作，早期使用的氧传感器靠排气加热，这种传感器必须在发动机启动运转数分钟后才能开始工作，因此，电控发动机在氧传感器正常工作之前是开环控制。现在，大部分汽车使用带加热器的氧传感器，这种传感器在原来传感器的基础上，增加了一个陶瓷加热元件用于加热传感器，可在发动机启动后的 $20\sim30s$ 内迅速将氧传感器加热至工作温度，扩大了空燃比闭环控制的工作范围，故又称为加热型氧传感器。

氧传感器有一线制、二线制、三线制、四线制四种类型。一线制只有一根信号线与发动机 ECU 连接，传感器的另一极直接搭铁；二线制的两根线均与 ECU 相连，一根为信号线，另一根进入 ECU 后搭铁；三线制、四线制均属于加热式氧传感器，由于添加了两根加热电阻的接线，和氧传感器信号线组合成为三线制或四线制。加热电阻的两根接线，一根直接接控制继电器或主继电器，接收 12V 加热电源，一根由 ECU 控制搭铁端，控制加热电阻加热时间。氧传感器加热器是正比例系数热敏元件，在传感器与线束断开的情况下，可以通过测量加热器的阻值来对加热元件进行检测。加热型二氧化锆氧传感器的结构如图 7-3 所示。

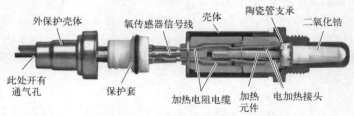

图 7-3　加热型二氧化锆氧传感器的结构

3. 双氧传感器系统

目前排放法规越来越严格，越来越多的车辆都在三元催化转化器的前后端分别安装了氧传感器，称为双氧传感器系统。一个在三元催化转化器之前，称作主氧传感器或上游氧传感器，用于混合气反馈控制，发动机电脑根据主氧传感器的反馈信号，增加或减少喷油量，将实际空燃比控制在理论空燃比附近；另一个位于三元催化转化器之后，称作副氧传感器或下游氧传感器，用于监测三元催化转化器的催化净化效率。

因为正常运行的三元催化转化器在转化 C_xH_y 和 CO 时要消耗氧气。所以副氧传感器输出的电压信号比主氧传感器输出的电压信号波动要缓慢得多，两个氧传感器电压幅度差值可反映出三元催化转化器存储氧以及转换有害气体的能力。当三元催化转化器损坏时，其转化效率丧失，这时在其前后的排气管中的氧气量十分接近，几乎相当于没有安装三元催化转化器，前、后两氧传感器的信号电压波形就趋于相同，并且电压波动范围也趋于一致，此时表明三元催化转化器转化能力下降。OBD-Ⅱ监视系统正是根据这个原理来检测三元催化转化器转化效率的。

二、二氧化钛式氧传感器

1. 二氧化钛式氧传感器的工作原理

二氧化钛式氧传感器与二氧化锆式氧传感器在测量氧气浓度的原理上有很大的不同：二氧化锆式氧传感器是以浓差电池原理为基础，通过浓度差异产生电压，判断混合气的稀与浓；二氧化钛式氧传感器则是利用气敏电阻的原理，通过氧气浓度引起的二氧化钛电阻值的改变来判定混合气状态，故又称电阻型氧传感器。

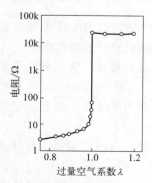

图 7-4　过量空气系数与二氧化钛电阻的关系

二氧化钛的电阻值与温度和含氧量有关。当周围气体介质中的氧元素多时，二氧化钛的电阻值增大；反之，氧元素少时，电阻值减小。在室温下，二氧化钛是具有很高电阻的半导体，当二氧化钛式氧传感器被放入排气管中后，排气中氧含量少（混合气浓）时，其晶体出现空缺，产生更多的电子用来传送电流，材料的电阻亦随之大大降低；当混合气较稀时，排气中氧含量较多，二氧化钛阻值将增加，特别是 $\lambda=1$ 在临界点处产生突变，过量空气系数与二氧化钛电阻的关系如图 7-4 所示。

2. 新型二氧化钛式氧传感器的构造

本田、丰田等车型应用的新型二氧化钛式氧传感器由发动机 ECU 提供 1V 基准电压，外形和原理与二氧化锆式氧传感器相似，但为了使二氧化钛式氧传感器有着与二氧化锆式相同的变化，即和二氧化锆式氧传感器输出的 0~1V 的电压值相一致，将参考电压由原来的 5V 变为 1V。同时，为了降低传感器的重量和更换时的成本，将其中的精密电阻转移到了 ECU 内部。新型二氧化钛式氧传感器的结构如图 7-5 所示。

ECU 的 A 端子将一个恒定的 1V 电压加在二氧化钛式氧传感器的一端，传感器的另一端与 ECU 的 B 端子相连，如图 7-6 所示（A 端子与 B 端子可以看作将 1V 分压的电路）。当排出的废气中氧浓度随发动机混合气浓度变化而变化时，氧传感器的电阻随之改变，ECU 的 B 端子电位也随着变化：当 B 端子上的电压高于参考电压时，ECU 判定混合气过浓；当 B 端子上的电压低于参考电压时，ECU 判定混合气过稀。通过 ECU 的反馈控制，可保持混合气的浓度在理论空燃比附近。在实际的反馈控制过程中，二氧化钛式氧传感器与 ECU 连接的 B 端子上的电压也是在 0.1~0.9V 之间不断变化，这一点与二氧化锆式氧传感器是相似的。

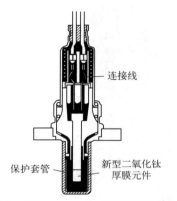

图 7-5　新型二氧化钛式氧传感器的结构

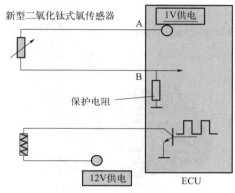

图 7-6　新型二氧化钛式氧传感器工作原理

三、宽量程氧传感器

为了克服普通氧传感器的缺陷，人们开发出了新一代氧传感器——宽量程氧传感器。宽量程氧传感器为五、六线制，属于线性、电流型氧传感器，在全空燃比范围内（0.7~4.0）起作用。它由 1 个普通窄范围浓度差电压型二氧化锆式氧传感器（能斯特元件）、氧气泵单元（ZrO_2）、加热线圈、传感器控制器及扩散小孔、扩散室等构成。

当排气管废气中的氧离子通过扩散通道进入测量区时，氧气泵单元泵入或泵出氧离子，并使氧浓度达到 $\lambda=1$，以使其电压值控制在 0.45V 附近，即将普通氧传感器的输出电压（能斯特电压为 0.45V）送到传感器内的运算放大器，通过与 ECU 输入传感器的比较电压比较后，运算放大器控制泵电流 I_p，计算出排气管中实际的氧浓度，进而控制喷油量。

一般来讲，宽量程氧传感器只用于催化剂转换器之前，催化剂转换器之后必为普通氧传感器。后氧传感器只负责校验，当前氧传感器出现故障时，发动机进入开环紧急运行状态。查看发动机舱盖下的标识，如标识为 HOS 则为普通氧传感器，如标识为 A/F Sensor 则为宽量程氧传感器。

1. 宽量程氧传感器的结构

宽量程氧传感器的测量室由一种二氧化锆陶瓷材料制成。该测量室由一个能斯特浓差电池（执行阶跃特性曲线式氧传感器功能的传感器室）和一个输送氧离子的氧气泵室构成，如图 7-7 所示。

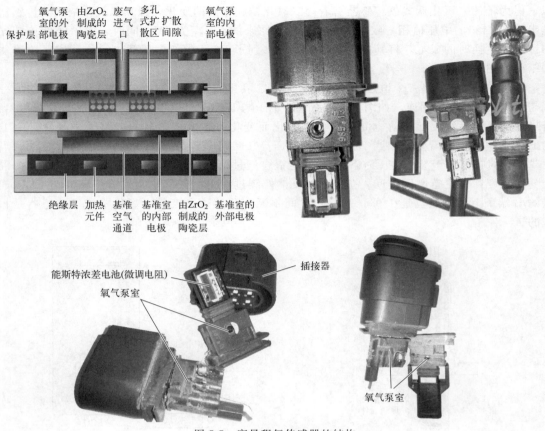

图 7-7　宽量程氧传感器的结构

（1）二氧化锆泵电池（氧气单元泵）　如果 ZrO_2 元件两端的氧气浓度不均，就会导致 ZrO_2 两端产生微小电压；反过来，当在 ZrO_2 元件两端施加电压时，就会使氧气扩散。在宽量程氧传感器中，泵单元是将尾气中的氧气通过扩散栅渗透到电源负极，在负极氧气分子得到 4 个电子变成氧离子，氧离子在电离作用下，在 ZrO_2 电解质中运动到正极，在正极中和掉 4 个电子，又还原成氧气，这就是泵单元的泵氧原理，如图 7-8 所示为泵电池原理，如图 7-9 所示为泵电流特性曲线。

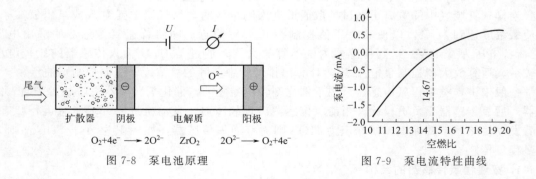

图 7-8　泵电池原理

图 7-9　泵电流特性曲线

（2）测量室　尾气中的氧气和氧气泵产生的氧气汇集于测量室，二氧化锆式氧传感器在此测量两者浓度之和与外部空气的浓差，并产生与普通窄范围浓度差电压型二氧化锆式氧传感器一样的用于分辨氧浓度的电压值。

（3）传感器控制器　传感器控制器在接收到二氧化锆式氧传感器的反馈电压信号后，将产生一个泵电流，流经宽域氧传感器氧气泵单元，氧气泵单元泵入或泵出氧离子，并使氧浓度达 $\lambda=1$，以使其电压值控制在 0.45V 附近，发动机 ECU 根据氧气泵单元泵电流的大小和方向，判断气缸内混合气稀浓程度，从而控制喷油脉宽。

（4）加热线圈　加热线圈是配合上述的普通窄范围浓度差电压型二氧化锆式氧传感器快速进入工作温度的加热装置，但又稍有差别：宽量程氧传感器的加热速度远比普通氧传感器快，这使得发动机从开环到闭环的时间缩短。

（5）二氧化锆参考电池　二氧化锆参考电池是普通窄范围浓度电压差型二氧化锆式氧传感器，其功能为采集混合气氧含量，二氧化锆式氧传感器产生的信号，是宽量程氧传感器施加泵电流的依据信号。

2. 全量程氧传感器的工作原理

全量程氧传感器是利用氧浓度差电池原理和氧气泵的泵电原理，能连续检测混合气从过浓到理论空燃比再到稀薄状态整个过程的一种传感器。当混合气过浓时氧泵就会吸入 O_2 到测量室中；而当排放气体比混合气空燃比稀薄时，则从测量室中放出 O_2 到排放气体中去。全空燃比范围就是利用这个特点用氧气泵供给出测量室的 O_2，使排放保持在理论空燃比上。这样就通过测量氧泵的电流 I_p 来测量排放气体中的空燃比。混合气空燃比在过浓一侧为负电流，在稀薄一侧为正电流，当理论空燃比为 14.7 时，电流值为零，即可连续测量出空燃比，更换传感器时必须连插头一起更换，如图 7-10 所示。

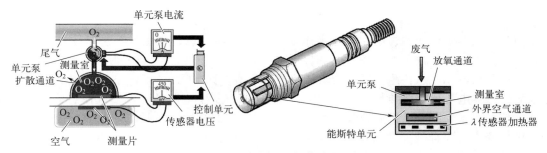

图 7-10　全量程氧传感器

（1）混合气过浓　氧气泵的泵氧量与通过扩散通道进入测量室的氧量叠加后，测量室中氧的含量较少，二氧化锆参考电池信号电压值上升，浓混合气产生高于参考电压的电压值，传感器控制器就会产生泵电流，自动增加单元泵的工作电流 I_p（使泵入测试室的氧量增加），使二氧化锆参考电池信号尽快恢复到 0.45V 的电压值。ECU 接收到单元泵的工作电流（控制单元将其折算成电压值信号），根据增加的泵电流，ECU 减少喷油量，如图 7-11 所示。

（2）混合气过稀　混合气过稀时，通过扩散通道进入测量室中的发动机尾气氧含量较多，二氧化锆参考电池信号电压值下降，富氧的稀混合气产生低于参考电压的电压值，传感器控制器就会产生泵电流，自动减小或反向提供单元泵的工作电流 I_p（使泵入测试室的氧量减少），使二氧化锆参考电池信号尽快恢复到 0.45V 的电压值。ECU 接收到单元泵的工作电流（控制单元将其折算成电压值信号），根据减少的泵电流推算出空燃比，加大喷油量，如图 7-12 所示。

3. 读取氧传感器 G39/G130 数据流

选择功能 08 读取数据块 30 组，一区显示 111，同时第一位能在 0～1 之间变换。一区

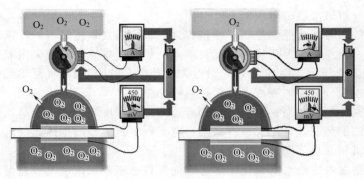

图 7-11 混合气过浓

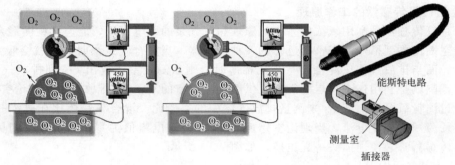

图 7-12 混合气过稀

表示前氧传感器工作状态，第一位 1 表示氧传感器正在加热，第二位 1 表示 λ 调节已准备好，第三位 1 表示 λ 调节在工作。

读取数据流 033 组，第一区是前氧传感器调节值，标准是 −10.0%～+10.0%。第二区是前氧传感器电压值，标准是 1.0～2.0V，并且在 1.5V 上下跳动。发动机控制单元接收氧传感器信号后，判断发动机混合气过稀，所以 ECU 控制喷油器延长喷油时间，使喷油量增加，供给变浓的混合气。如果氧传感器的自学习值已经达到极限 25%，说明混合气太稀，发动机控制单元就持续地增加供油量，造成混合气总是处于过浓状态。造成该数据流如此变化的可能原因：进气系统漏气；空气流量传感器与节气门间漏气；喷油嘴堵塞，喷油不畅；空气流量传感器故障；燃油压力低；排气管漏气；氧传感器加热器损坏；氧传感器脏污或氧传感器本身损坏。相关电路如图 7-13 所示。

四、氧传感器的检测

1. 新款捷达二氧化锆式氧传感器的检测

新款捷达使用二氧化锆式氧传感器，部件代号为 G39、G130，其电路如图 7-14 所示，端子 T4b/1、T4b/2 为加热元件接头，端子 T4b/1 由供电继电器 J317 的端子 87 提供蓄电池电压，端子 T4b/2 为搭铁端，接 J623，由 J623 控制加热时间；端子 T4b/3、T4b/4 为氧传感器信号端，其中，端子 T121/37 为信号电压正极，端子 T121/17 为信号电压负极（即搭铁端）。

（1）故障现象判断 氧传感器对汽车电子控制燃油喷射发动机正常运转和尾气排放起着至关重要的作用，一旦氧传感器或其连接线路出现故障，不但会使排放超标，还会出现回火、放炮、急速熄火、发动机运转失准、油耗增大等各种故障，使发动机工况恶化。

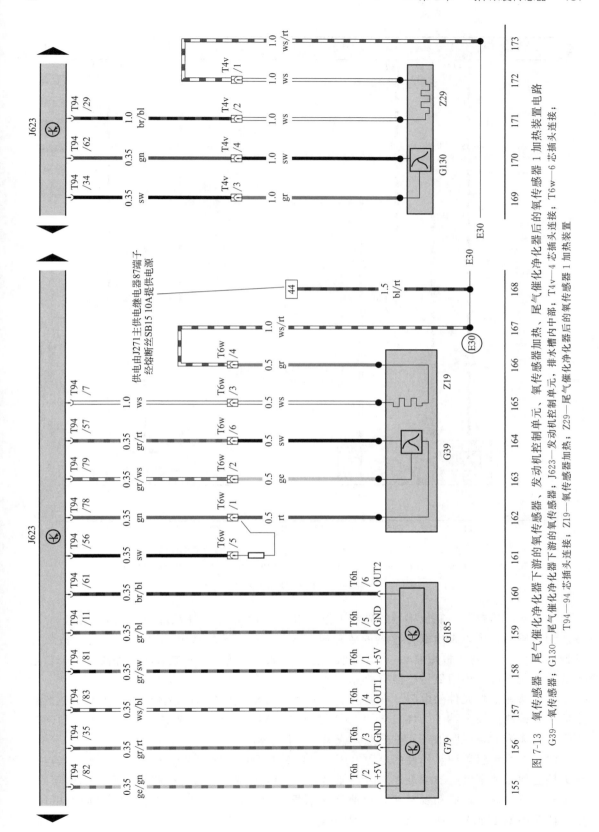

图 7-13　氧气传感器、尾气催化净化器下游的氧传感器、发动机控制单元、尾气催化净化器加热、尾气催化净化器后的氧传感器 1 加热装置电路

G39—氧传感器；G130—氧传感器加热；G79—尾气催化净化器下游的氧传感器；G185—尾气催化净化器下游的氧传感器加热；J623—发动机控制单元；T4v—4 芯插头连接；T6w—6 芯插头连接；Z19—氧传感器加热；Z29—尾气催化净化器后的氧传感器加热装置；T94—94 芯插头连接

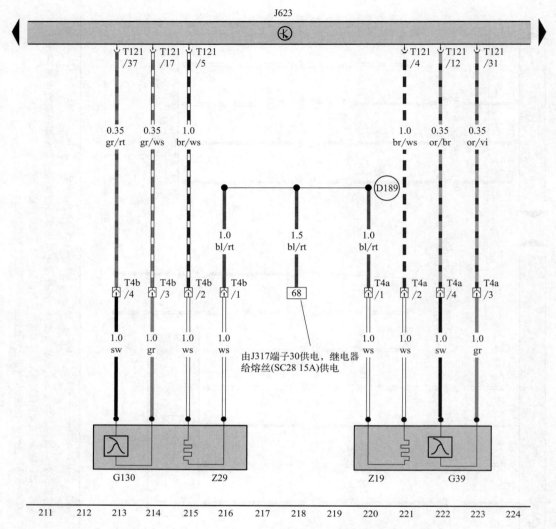

图 7-14　发动机控制单元、λ 传感器、活性炭罐电磁阀电路
G39—λ 传感器；G130—尾气催化净化器后的 λ 传感器；J623—Simos 发动机控制单元；
D189—连接（87a），在发动机预接线导线束中

（2）解码器检测　氧传感器的异常工作，都会在 ECU 中存储故障码。因此，通过专用或通用解码器，可以查出氧传感器的故障码 00525（氧传感器 G39、G130 无信号，或氧传感器 G39、G130 对正极短路）；或者读取数据流，如果氧传感器示数长时间停滞在一个数值不变或变化缓慢，说明氧传感器有故障。

（3）检测加热元件的电阻　在室温下，可用万用表进行检测。检测时，拔下氧传感器线束插头，检测插头上端子 T4b/1 与 T4b/2 之间的电阻，在常温下阻值应为 $1\sim5\Omega$。如常温下阻值为无穷大，说明加热元件断路，应更换氧传感器。

（4）检测传感器加热元件的电源电压　氧传感器加热元件的电压为蓄电池电压，当点火开关接通使燃油泵继电器触点接通时，加热元件的电源即被接通。检测加热元件的电压时，拔下氧传感器插头，启动发动机，检测连接器插座上的端子 T4b/1 与 T4b/2 之间的电压，电压值应不低于 11V。如电压为零，说明熔断丝（SC28 15A）断路或燃油泵继电器触点接

触不良，分别检修即可。

（5）检测传感器的信号电压　因为当氧传感器工作温度低于300℃时，氧传感器没有达到正常工作温度，无信号输出，因此应在二氧化锆式氧传感器处于300℃以上工作状态时测量其输出电压。用汽车万用表测压法检查二氧化锆式氧传感器的具体方法是：使发动机转速在2500r/min运行约90s，插头与插座连接，将数字式万用表连接到氧传感器端子T4b/3与T4b/4连接的导线上，当供给发动机浓混合气（节气门突然踩到底）时，信号电压应为0.7～1.0V；当供给发动机稀混合气（拔下空气流量传感器至发动机之间的真空管）时，信号电压应为0.1～0.3V。否则说明氧传感器失效，应予以更换。

（6）检测氧传感器的信号变化频率　可将一个发光二极管和一个300Ω的电阻串联接在传感器端子T4b/3与T4b/4连接的导线之间进行检测。二极管正极连接到端子3上，二极管的负极经300Ω电阻连接到连接器端子4上。发动机怠速或部分负荷运转时，发光二极管应当闪亮。闪亮频率每分钟应不低于10次，如二极管不闪或闪亮频率过低，说明氧传感器失效，应更换传感器。用万用表检测在10s内闪亮的次数，应为8次或更多。

（7）示波器检测　用示波器检测氧传感器输出的信号波形，可以很直观地确定氧传感器是否良好。测试方法是启动发动机，使传感器预热到300℃以上，发动机处于闭环工作状态时。用探针连接到传感器连接器信号端子T4b/2和T4b/3上。从怠速开始增大转速，观察氧传感器输出信号波形，并与标准波形比较，判断传感器的好坏。如图7-15所示为氧传感器在怠速工况和发动机转速为2500r/min时的正常波形。

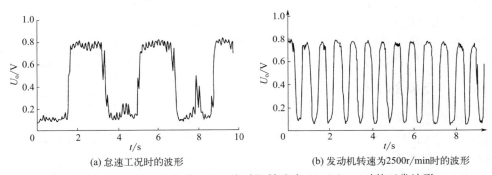

(a) 怠速工况时的波形　　　　　　　(b) 发动机转速为2500r/min时的波形

图 7-15　氧传感器在怠速工况和发动机转速为 2500r/min 时的正常波形

2. 二氧化钛式氧传感器的检测方法

二氧化钛式氧传感器加热电阻的检查，与二氧化锆式氧传感器基本相同。下面主要介绍其不同于二氧化锆式氧传感器的检测方法。

（1）万用表测阻法　万用表测阻法是利用二氧化钛式氧传感器的电阻特性来判断其在暖机状态和非暖机状态下的电阻值，以此来判断其是否损坏。正常氧传感器的电阻值为：充分暖机状态时约为300kΩ（不同厂家此值不同）；拆下传感器并暴露在空气中，冷却后测量其电阻值，若阻值很大，说明传感器良好，反之则说明传感器已损坏，应予以更换。

（2）二氧化钛式氧传感器波形检测法　对于采用1V参考电压的二氧化钛式氧传感器，其测试方法、波形图等和二氧化锆式氧传感器相同。对于采用5V参考电压的二氧化钛氧传感器，需要注意，良好的二氧化钛氧传感器输出端电压，应以2.5V为中心上下波动。

第二节   NO$_x$ 传感器

NO$_x$ 是可燃混合气在高温、高压下燃烧后的产物，是 NO 和 NO$_2$ 总称。NO$_x$ 主要是在高温富氧的条件下生成的，当空气过量时，N$_2$ 与 O$_2$ 在电火花的作用下，产生 NO，而 NO 被空气中的 O$_2$ 氧化为 NO$_2$。燃烧过程排放的氮氧化物 95％以上可能是 NO，其余的是 NO$_2$。尾气中氮氧化物的排放量取决于燃烧温度、时间和空燃比等因素。

为了降低排放，在还原存储型催化转化器的后端加装了感测氮氧化物浓度的 NO$_x$ 传感器，用于给 ECU 传输 NO$_x$ 浓度信号，使电控发动机适时对存储在还原存储型催化转化器中的氮氧化物进行催化还原，最终以氮气形式排出车外。烟雾浓度传感器用于空气净化装置中，该传感器通过检测烟雾浓度，可使空气净化器自动运转或停止，从而达到净化驾驶室内空气的目的。

一、NO$_x$ 传感器的结构

NO$_x$ 传感器包含两个腔室、两个泵室、四个电极和一个加热器。传感器元件是用二氧化锆制成的。此材料的典型特点是：如果对它施加电压，它就能使负的氧离子从负电极迁移到正电极，相当于气泵将氧气从一侧泵入另一侧，因此，习惯上也被称为氧气泵，其结构如图 7-16 所示。

NO$_x$ 传感器的检测原理也是以氧气测量为基础，并且可以从一个宽带 λ 探针上检测到氧气含量。

二、NO$_x$ 传感器的工作原理

NO$_x$ 传感器安装在存储式 NO$_x$ 催化转化器的后部，以监测其 NO$_x$ 的存储量。NO$_x$ 传感器采用电池电动势原理检测 NO$_x$ 的浓度，如图 7-17 所示。

在泵室内，氧气含量保持恒定（14.7kg 空气：1kg燃油），通过调整泵工作电流，空燃比会发生变化。废气流经扩散网到 O$_2$ 测量单元，该单元通过还原电极将氮氧化物分解成氧气和氮气，通过氧-泵电流就可确定 NO$_x$ 的浓度。

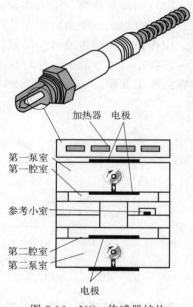

图 7-16   NO$_x$ 传感器结构

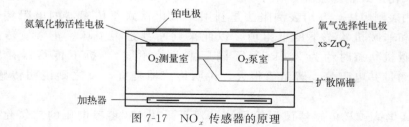

图 7-17   NO$_x$ 传感器的原理

1. 存储过程

当发动机在 λ＞1 的稀薄燃烧情况下工作时，废气中的 NO$_x$ 存储催化转化器表面上白色涂层发生氧化反应，生产 NO$_2$。NO$_2$ 再与氧化钡（BaO）发生化学反应，生成硝酸盐

$[Ba(NO_3)_2]$，并存储在催化转化器中，如图 7-18 所示。催化净化器不能再存储氮氧化物了，启动再生模式，存储过程一般需要 $60 \sim 90s$。发动机将从稀薄的分层充气燃烧模式转为均匀模式。在均匀模式下，尾气中碳氢化合物和一氧化碳的含量将会提高。在存储催化转化器内，氮氧化物与碳氢化合物和一氧化碳反应生成氮气和氧气。

2. NO_x 的还原

当存储式催化转化器中的 NO_x 负载量达到极限时，发动机控制系统使发动机短时间处于均质且 $\lambda < 1$ 模式工作。混合气变浓，排放的废气温度升高，存储式催化转化器的温度也就升高，此时所形成的硝酸盐变得不稳定，利用废气中的 CO 与 $Ba(NO_3)_2$ 发生还原反应，使硝酸盐分解，生成 BaO（氧化钡），并释放出 CO_2 和 NO_x。在催化转化器中的铂金和铑，将 NO_x 转化成 N_2，CO 转化为 CO_2，还原过程一般为 $2s$，如图 7-19 所示。

当 NO_x 传感器监测到 NO_x 的负载量已达到微小量时，发动机又进行 $\lambda > 1$ 稀薄燃烧模式。

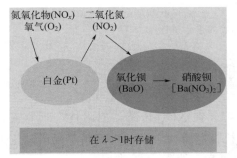

图 7-18　NO_x 存储式催化转化器的存储过程

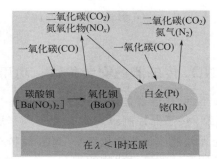

图 7-19　NO_x 存储式催化转化器的还原过程

3. 硫的还原

硫比氮氧化物具有更高的温度稳定性。氮氧化物在很短的时间内再生后，就会有硫的再生，发动机控制单元确认催化器内的空间已经被硫所占据，已经不能再存储氮氧化物了。脱硫需要大约 $2min$，从分层充气模式转变为均匀模式。两个气缸以浓混合气工作，两个气缸以稀薄混合气工作。在排气管中，两种不同的气体混合在一起，并且发生燃烧，通过这种方法，可以将氮氧化物存储催化转化器的温度提高到 $650℃$ 以上，硫将反应生成二氧化硫。如果燃油中含硫较少，那么除去硫的时间间隔也长，若燃油中含硫多，就会经常进行这种还原反应。在大负载、高转速行车时会自动去硫。对于涡轮增压式缸内直喷发动机，一般取消了 NO_x 存储催化转化器。

4. NO_x 传感器的工作过程

NO_x 传感器的工作过程可以分为两个阶段，如图 7-20 所示。

① 确定第一腔室中的 λ 数值，一部分废气流入第一腔室中。由于废气中的氧气残留量与参考小室中的氧气残留量不同，因此能在电极上测量出一个电压，氮氧化物传感器控制单元将此电压设定为恒定的 $450mV$，这相当于空气/燃油比 $\lambda = 1$。如果偏离此数值，氧气被泵出或者泵入，使 $450mV$ 的电压保持恒定。

② 确定第二腔室中的氮氧化物残留量，不含氧气的废气从第一腔室进入第二腔室，废气中的氮氧化物分子被一个特殊的电极分裂成氮气和氧气。因为第二腔室内部电极和外部电极上电压被调整至恒定的 $450mV$，所以氧气泵必须通入电流，使氧离子从内部电极迁移到外部电极。在此过程中氧气泵流动的电流表征的是第二腔室中的氧气残留量。因为氧气泵的

电流大小与废气中的氮氧化物成正比，为此就能够确定氮氧化物的残留量。

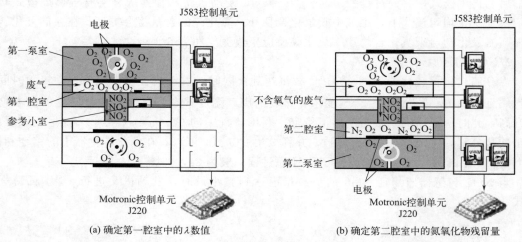

(a) 确定第一腔室中的 λ 数值   (b) 确定第二腔室中的氮氧化物残留量

图 7-20 NO_x 传感器的工作过程

三、NO_x 传感器的安装位置、功用、功能

1. NO_x 传感器控制单元的安装位置

NO_x 传感器控制单元常安装于汽车底板外部，在 NO_x 传感器的附近，对传感器信号进行处理，然后将该信息经 CAN 总线传至发动机控制单元，发动机控制单元通过这个信息来识别所存储的氮氧化物的饱和程度，执行还原过程，如图 7-21 所示。

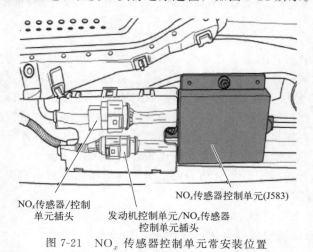

图 7-21 NO_x 传感器控制单元常安装位置

2. NO_x 传感器 G295 的功用

NO_x 传感器被直接拧紧在氮氧化物存储式催化转化器的后面，它确定废气中氮氧化物和氧气的残留量并把此信号传送给氮氧化物控制单元。

3. NO_x 传感器的功能

① 识别和检查催化转换器的功能是否正常。

② 识别和检查催化转换器前端宽域氧传感器调节点是否正常或是否需要修正。

③ 检测 NO_x 传感器产生的信号被传送至氮氧化物传感器控制单元。

④ NO$_x$ 传感器感测到氮氧化物存储式催化转化器的存储空间达到饱和时，就会启动一个氮氧化物再生周期，即提供给 ECU 信号，使发动机在短时间内生成更浓的混合气体，使排气温度升高，转化器中的钡涂层便开始释放氮氧化物。氮氧化物会随之被转化为无害的氮气。

⑤ 失灵时的影响：如果 NO$_x$ 传感器的信号发生故障，发动机仅能在均质充气模式中运行。

第三节　烟雾浓度传感器

在汽车车厢内，吸烟产生的烟雾会严重危害人体健康，为此，汽车上需安装空气净化器以除去空气中的烟雾。烟雾浓度传感器是与空气净化器配套使用的装置，用于检测烟雾，当烟雾浓度传感器从车厢内感知到烟雾的存在时，可自动地使空气净化器运转；没有烟雾时使空气净化器自动停止运转，从而使车厢内空气始终保持清新。

一、烟雾浓度传感器的结构与工作原理

烟雾浓度传感器的外观如图 7-22 所示，它是由本体和盖板组成的，安装在车厢顶棚上室顶灯的旁边。烟雾浓度传感器本体上设置有许多可以使烟雾自由进入的细缝，当检测出有烟雾时，烟雾浓度传感器使空气净化器的鼓风机自动运转。一般情况下，当烟雾浓度达到 $0.3\%/m^3$，即抽 1～2 根香烟时，就可使烟雾浓度传感器动作。在烟雾浓度传感器的本体上还设有感测灵敏度调整旋钮（灵敏度用电位器），转动旋钮，即可调整传感器的灵敏度。

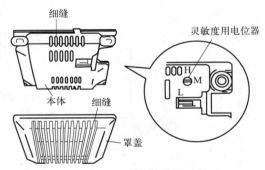

图 7-22　烟雾浓度传感器的外观

烟雾浓度传感器是由发光元件、光敏元件及信号处理电路部分等组成的，其结构如图 7-23 所示。烟雾浓度传感器的工作原理如图 7-24 所示。当空气进入烟雾浓度传感器壳体的窄缝后，可以自由地流动，发光元件（发光二极管 LED）间歇地发出肉眼不可见的红外光，在空气中没有烟雾的情况下，这种红外光射不到光敏元件上，电路不工作；但当烟雾等进入烟雾浓度传感器的壳体内时，烟雾粒子对间歇的红外光进行漫反射，使部分红外光照射到光敏元件上，这时传感器判断出车内有烟雾的存在，就会使空气净化器鼓风机电动机旋转。

为了防止外部干扰引起烟雾浓度传感器的误动作，这种传感器的控制电路采用了脉冲振荡式工作方式，这样即使有相同波长的红外光射入烟雾浓度传感器内，因其脉冲周期不同，传感器也不能做出有烟雾的判断。另外在烟雾浓度传感器控制电路中还包含定时、延时电路，若没有或只有少量的烟雾，鼓风机一旦动作起来，也只能连续旋转 2min 后而停止工作。

二、烟雾浓度传感器的检测

新款丰田皇冠在空调系统中使用了光电式的烟雾浓度传感器，如图 7-25 所示为其烟雾传感器与空调放大器的线路连接。

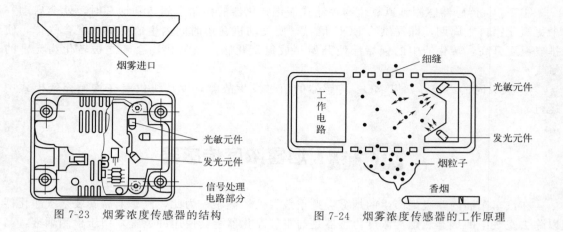

图 7-23　烟雾浓度传感器的结构

图 7-24　烟雾浓度传感器的工作原理

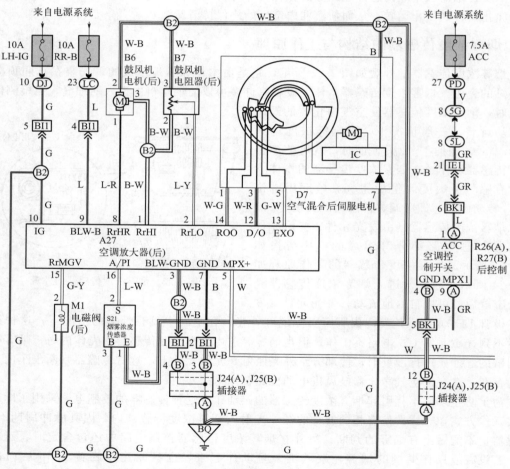

图 7-25　新款皇冠烟雾浓度传感器与空调放大器的线路连接

　　烟雾浓度传感器 S21 检测烟雾浓度并以电压信号输入空调放大器中，当点火开关在 ON（IG）时，烟雾浓度越大，电压越高。

　　（1）搭铁端子电阻的检测　关闭点火开关，从烟雾浓度传感器上断开连接器，用万用表电阻挡测量烟雾浓度传感器线束端 S21 端子 1（E 端）与车身接地间的电阻，其值应小于 1Ω。

（2）传感器电源的检测　关闭点火开关，拆开烟雾传感器连接器，打开点火开关，用万用表电压挡测量烟雾浓度传感器线束端 S21 端子 3（B 端）与车身接地间的电压，其值应在 10～14V 之间，约为蓄电池电压。

（3）传感器信号的检测　关闭点火开关，拆下烟雾传感器，将烟雾浓度传感器线束端 S21 端子 3（B 端）连接蓄电池正极，负极导线连接到烟雾浓度传感器线束端端子 S21 端子 1（E 端），点燃香烟置于传感器旁边，用万用表检测烟雾浓度传感器线束端 S21 端子 3（B 端）与烟雾浓度传感器线束端 S21 端子 2（S 端）电压值，有烟雾时电压高于 4V，无烟雾时电压低于 4V，否则表明传感器有故障。

故障案例

案例 1：新款捷达发动机故障灯点亮故障

【故障现象】

一辆一汽大众新款捷达轿车，搭载 CSTA 1.4L 型发动机，累计行驶里程为 3 万千米，因发动机故障灯亮、油耗高而送修。

【故障诊断与排除】

接车后，首先连接大众专用诊断仪 VAS 6150，读取发动机系统，有故障码 P218700（气缸列 1，燃油测量系统，怠速时混合气过稀）。读取故障车怠速时的发动机数据流，如图 7-26 所示，短期燃油修正为 23.4%，长期燃油修正为 21.1%，这两个数据远远高于正常车数据，如图 7-27 所示。正常情况下，该款车型怠速时的长期燃油修正和短期燃油修正范围为 −10%～+10%。

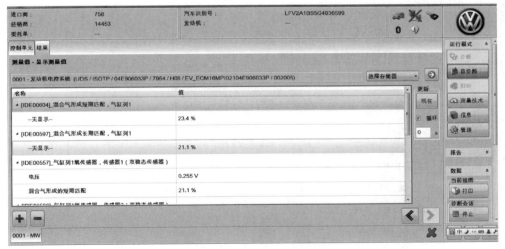

图 7-26　故障车怠速时的发动机数据流

导致混合气过稀的可能原因有：进气管或排气管漏气、炭罐电磁阀故障、喷油嘴堵塞、制动助力真空管损坏、氧传感器损坏、节气门故障、发动机控制单元故障（极少）。据此进行下述检查。

① 仔细检查进气管和排气管，未见异常，使用化清剂检测进气管，未发现有漏气情况。

0001 - 发动机电控系统 (UDS / ISOTP / 04E906033P / 7954 / H08 / EV_ECM16MPI02104E906033P / 002005)	故障存储器

名称	值
◢ [IDE00604]_混合气形成)	
--无显示--	-3.1 %
◢ [IDE00597]_混合气形成:	
--无显示--	-5.5 %
◢ [IDE00085]_标准负荷值	
--无显示--	25.5 %

图 7-27　正常车怠速时的发动机数据流

② 按维修手册指导，使用 VAS 6213 对炭罐电磁阀手动真空泵进行检测，显示正常。

③ 将燃油轨拆开，检查喷油嘴工作状态，无异常（注：由于捷达喷油嘴比较好拆，直接取出整条油轨，查看喷油嘴的雾化情况）。

④ 检查制动助力器真空管外表，未发现破损，单向阀功能正常。在发动机熄火后，连续踩几脚制动踏板，然后持续踩住制动踏板并启动发动机，制动踏板有一定下沉，说明制动助力器工作正常。

⑤ 读取节气门数据，怠速时开度为 3.5%，开空调时开度为 4.7%。怠速时节气门位置电压如图 7-28 所示；加速踏板踩到最大时，节气门位置电压如图 7-29 所示。由此可见节气门位置电压变化正常。

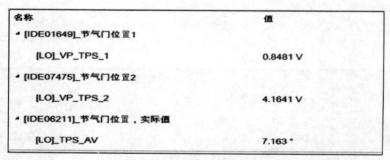

名称	值
◢ [IDE01649]_节气门位置1	
[LO]_VP_TPS_1	0.8481 V
◢ [IDE07475]_节气门位置2	
[LO]_VP_TPS_2	4.1641 V
◢ [IDE06211]_节气门位置，实际值	
[LO]_TPS_AV	7.163 °

图 7-28　怠速时节气门位置电压

名称	值
◢ [IDE01649]_节气门位置1	
[LO]_VP_TPS_1	4.3158 V
◢ [IDE07475]_节气门位置2	
[LO]_VP_TPS_2	0.6976 V
◢ [IDE06211]_节气门位置，实际值	
[LO]_TPS_AV	79.958 °

图 7-29　速度最大时节气门位置电压

节气门位置正常，为什么燃油修正值却那么大？难道是氧传感器工作异常？仔细查看前氧传感器外观和备件码，确认无误后根据电路图（图 7-30），对 T4a/1、T4a/2 号针脚的加热电阻进行测量，如图 7-31 所示，冷态时，该加热电阻的阻值为 6.4Ω，在正常范围之内。

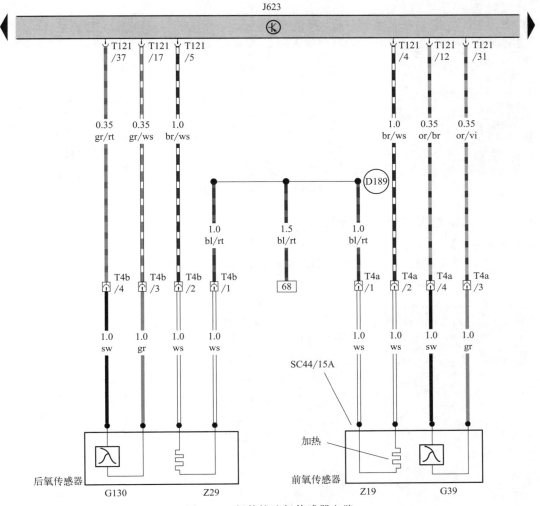

图 7-30　新款捷达氧传感器电路

查看前氧传感器数据，未见异常，但短期燃油修正值却高达 28.9%，明显超出正常范围。难道前氧传感器信号有误？为此，更换了前氧传感器，启动并运行发动机 5min 后再次读取燃油修正值，如图 7-32 所示，此时长期燃油修正和短期燃油修正均已恢复正常。试车 30km 左右，实时观测数据，均未见异常。

至此，该车故障已基本被排除。为了进一步验证，再次换上原车的前氧传感器进行试车，行驶了大约 2km 后，燃油修正值再次出现异常，混合气过稀，但是发动机故障灯没有点亮，且发动机电控系统也未存储故障码。由此可见，该车故障为之前的前氧传感器故障所致。

图 7-31　测量加热电阻冷态时的电阻值

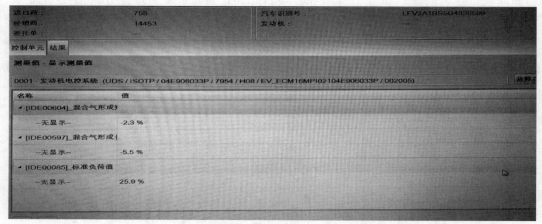

图 7-32 更换前氧传感器后的燃油修正数据

案例 2：上汽朗逸发动机灯点亮故障

【故障现象】

一辆上汽大众朗逸轿车，搭载 CDE 发动机，行驶里程为 6 万千米。该车发动机故障灯亮。

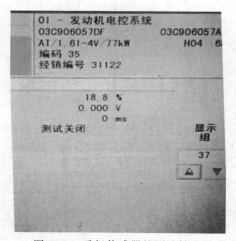

图 7-33 后氧传感器的测试结果

【故障分析】

检测发动机控制单元，发现有 2 个故障码存在：P0342（凸轮轴位置传感器 G40 信号过小）和 P2270（后氧传感器信号过小）。测量凸轮轴位置传感器的信号电压，为 0，异常。断开凸轮轴位置传感器的插接器，测量线束侧的信号线，发现其对搭铁短路。检查发动机线束，发现凸轮轴位置传感器的信号线已经破损并与车身接触。修复线束后，第一个故障码可以清除。

接下来对后氧传感器进行测试，发现测试过程尚未达到整个过程的 20%，便已关闭，如图 7-33 所示，原因是氧传感器的信号输出始终是 0，即完全没有信号输出。根据资料显示，后氧传感器的信号电压小于 0.075V 的时间超过 120s 时，即判为失效。而该车的后氧传感器根本没有信号输出，因此测试提前结束。

【故障排除】

更换后氧传感器，故障排除。

第八章
速度传感器

第一节 轮速传感器

现代汽车轮速传感器即车轮速度传感器，用于检测车轮旋转速度，并将其转化为电信号输入控制单元（ECU）。现在，在制动防抱死装置（ABS）、牵引力控制装置（TCS）、电子制动力分配装置（EBD）、电子稳定程序（ESP）等系统中，各个控制单元根据轮速传感器的信号，通过和车速传感器信号的对比，确定车辆是否发生抱死和滑移，从而决定执行器是否做出制动干预。因此，轮速传感器也是一个重要的传感器。

轮速传感器的数目和通道数目不同，感应齿圈安装位置也就不同。一般来讲，齿圈安装在随车轮或传动轴一起转动的部件上，如驱动车轮、从动车轮、半轴、轮毂或制动盘、主减速器或变速器的输出轴上，传感器本体安装在车轮附近不随车轮转动的部件上，如图 8-1 所示。传感器与感应齿圈的相对安装位置，也有三种方式，如图 8-2 所示。

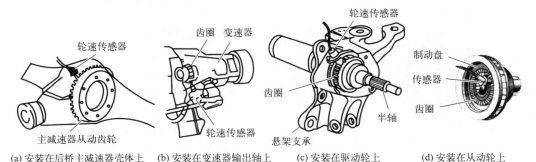

(a) 安装在后桥主减速器壳体上　(b) 安装在变速器输出轴上　(c) 安装在驱动轮上　(d) 安装在从动轮上

图 8-1　轮速传感器的安装位置

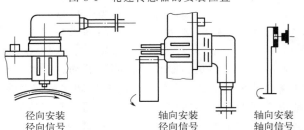

图 8-2　轮速传感器的安装形式

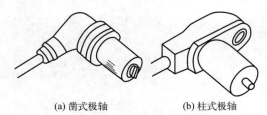

(a) 凿式极轴   (b) 柱式极轴

图 8-3 轮速传感器头形状

另外，按传感器头的外形分为凿式极轴轮速传感器头、柱式极轴轮速传感器头，菱形极轴轮速传感器头相对比较少见，如图 8-3 所示。

目前，轮速传感器主要有电磁感应式、励磁式、霍尔效应式、电涡流式、磁阻元件式等几种。

一、电磁感应式轮速传感器

1. 电磁感应式轮速传感器的结构和原理

电磁感应式轮速传感器由传感头和齿圈两部分组成，其传感头的结构如图 8-4 所示，它由永磁体、极轴和感应线圈等组成，齿圈由铁磁性材料制成。

当齿圈旋转时，齿顶与齿隙轮流交替对向磁芯，当齿圈转到齿顶与传感头磁芯相对时，传感头磁芯与齿圈之间的间隙最小，由永久磁芯产生的磁力线就容易通过齿圈，感应线圈周围的磁场就强，如图 8-5（a）所示；而当齿圈转动到齿隙与传感头磁芯相对时，传感头磁芯与齿圈之间的间隙最大，由永久磁芯产生的磁力线就不容易通过齿圈，感应线圈周围的磁场就弱，如图 8-5（b）所

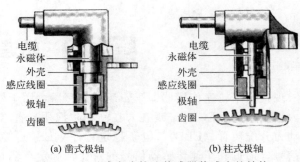

(a) 凿式极轴   (b) 柱式极轴

图 8-4 电磁感应式轮速传感器传感头的结构

示。此时，磁通迅速交替变化，在感应线圈中就会产生交变电压，交变电压的频率将随车轮转速成正比例变化。电子控制单元可以通过转速传感器输入的电压脉冲频率进行处理来确定车轮的转速、汽车的参考速度等。

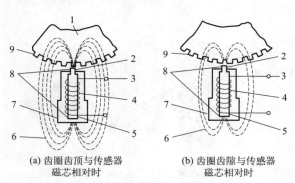

(a) 齿圈齿顶与感应器磁芯相对时   (b) 齿圈齿隙与感应器磁芯相对时

图 8-5 轮速传感器工作原理

1—齿圈；2—磁芯端部；3—感应线圈端子；4—感应线圈；
5—磁芯；6—磁力线；7—传感器；8—磁极；9—齿顶

2. 电磁感应式轮速传感器的检测

新款捷达轿车 MK70 制动系统共有 4 个车轮转速传感器，前轮的齿圈为 43 齿，安装在半轴上，转速传感器安装在转向节上，如图 8-6（a）所示；后轮的齿圈也为 43 齿，安装在后轮毂上，转速传感器则安装在固定支架上，如图 8-6（b）所示。

（1）故障征兆检测 电磁感应式轮速传感器如发生故障，将无法准确感知车轮轮速信号，从而使防抱死制动不能正确地控制车轮防抱死机构的工作，只能依靠基本制动进行刹车操作，此时 ABS 警告灯点亮，紧急制动时出现制动距离长、车轮抱死、两侧制动力不均匀、制动力不足、制动踏板剧烈振动、制动踏板行程过长、需用很大的力踩制动踏板、轻踩制动踏板时 ABS 工作、路面有拖印等故障现象。电磁感应式轮速传感器的常见故障主要是传感器本身的感应电路（感应线圈）断路或短路、传感器头和齿圈沾染油污或其他脏物，因振动或敲击造成传感器发生消磁现象等。除此之外还有轮速传感器、脉冲齿圈距离、车轮轴承、制动轮缸、制动蹄片等出现问题，也会导致轮速传感器没有信号

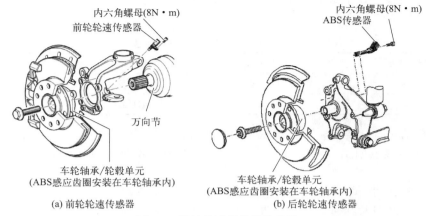

内六角螺母(8N·m)
前轮轮速传感器

内六角螺母(8N·m)
ABS传感器

万向节

车轮轴承/轮毂单元
(ABS感应齿圈安装在车轮轴承内)

(a) 前轮轮速传感器

车轮轴承/轮毂单元
(ABS感应齿圈安装在车轮轴承内)

(b) 后轮轮速传感器

图 8-6 轮速传感器的安装位置

输出的故障。

（2）电阻检查轮速传感器与 ABS ECU 的连接线路 如图 8-7 所示，将点火开关挡位置

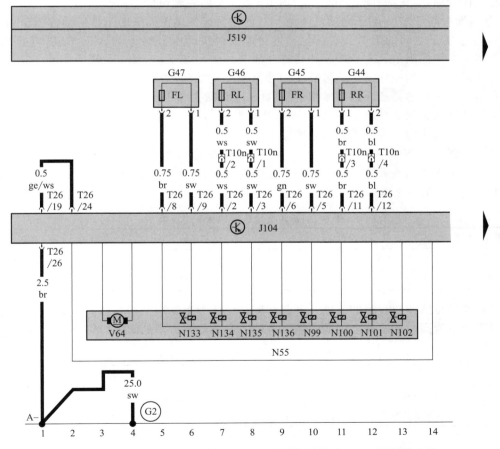

图 8-7 新款捷达 ABS 控制单元、ABS 油压控制单元、ABS 液压泵电路

G44—右后轮轮速传感器；G45—右前轮轮速传感器；G46—左后轮轮速传感器；G47—左前轮轮速传感器；J104—ABS
控制单元；J519—E-BOX 控制单元；N55—ABS 油压控制单元；T10n—10 芯蓝色对接插头，在 E-BOX 上；
T26—26 芯黑色插头连接；V64—ABS 液压泵；G2—接地点，在变速器上于 OFF 位置，断开 ABS ECU 插头，用万用表欧姆挡测量相应针脚，其电阻值应符合表 8-1 的规定。

表 8-1　轮速传感器的标准电阻值

轮速传感器	标准电阻值/kΩ	轮速传感器	标准电阻值/kΩ
左前轮	1.0～1.3	左后轮	1.0～1.3
右前轮	1.0～1.3	右后轮	1.0～1.3

如果电阻值不符合要求，可直接从所对应的轮速传感器处拔下导线，用欧姆表直接测量。如果达到标准电阻值，说明线路有问题；如果仍达不到标准电阻值，说明传感器有故障。

如果检测的任何一个轮速传感器的电阻值不在规定范围内，首先应检查与该传感器连接的导线是否发生断路及其插头是否松动。如果经过检查未发现导线中有断路现象，且插头连接牢固，就应更换该轮速传感器。

（3）检测传感器线束的电阻值　关闭点火开关，拔下 4 个轮速传感器的 2 芯连接插头，然后拔下 ABS ECU 的连接端子。用万用表的电阻挡分别测量左前轮轮速传感器插头的 1 号端子与 ABS 电脑插头的 T26/9 端子之间的阻值、左前轮轮速传感器插头的 2 号端子与 ABS ECU 电脑插头的 T26/8 端子之间的阻值、右前轮轮速传感器插头的 1 号端子与 ABS 电脑插头的 T26/5 端子之间的阻值、右前轮轮速传感器插头的 2 号端子与 ABS ECU 电脑插头的 T26/6 端子之间的阻值、左后轮轮速传感器插头的 1 号端子与 ABS 电脑插头的 T26/3 端子之间的电阻值、左后轮轮速传感器插头的 2 号端子与 ABS 电脑插头的 T26/2 端子之间的阻值、右后轮轮速传感器插头的 1 号端子与 ABS 电脑插头的 T26/12 端子之间的电阻值、右后轮轮速传感器插头的 2 号端子与 ABS 电脑插头的 T26/11 端子之间的阻值，应均小于 0.5Ω，若相差很大或为无穷大，则说明线束断路。

（4）检测传感器信号电压　升起车辆，使 4 个车轮离地，以 1r/s 的速度分别转动各个车轮，用万用表或示波器分别测量各个车轮轮速传感器的信号输出电压值。各轮速传感器的信号电压应满足表 8-2 所示的要求。

表 8-2　各轮速传感器的标准电压值

轮速传感器	信号输出电压(转速 1r/s)	轮速传感器	信号输出电压(转速 1r/s)
左前轮	190～1140mV 的交流电压	左后轮	＞650mV 的交流电压
右前轮	190～1140mV 的交流电压	右后轮	＞650mV 的交流电压

（5）检测传感器与齿圈的间隙　升起车辆，使 4 个车轮离地，在齿圈上取 4 点，用非磁性厚薄规测量齿圈与传感器之间的间隙。各轮速传感器与齿圈的间隙应符合表 8-3 的规定。

表 8-3　各轮速传感器与齿圈的间隙

检查项目	标准值/mm
前轮轮速传感器与齿圈之间的间隙值	1.10～1.97
后轮轮速传感器与齿圈之间的间隙值	0.42～0.80

二、霍尔式轮速传感器

1. 霍尔式轮速传感器的结构

霍尔式轮速传感器的测量元件是霍尔传感器，它包括三个霍尔元件。传统的传感器环

（脉冲感知环）被车轮轴承上的电磁密封圈所取代，这个密封圈上布置有 48 对南/北磁极（多极），如图 8-8 所示。

2. 霍尔式轮速传感器的工作原理

传感器感知磁通量的变化。三个霍尔元件是错开布置的，如图 8-9 所示，元件之间的距离选择：当元件 C 测出的磁通量最小时，元件 A 测出的磁通量最大，传感器内会产生一个差动信号 A-C。

图 8-8　霍尔式轮速传感器的组成

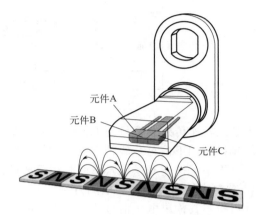

图 8-9　三个霍尔元件错开布置

霍尔元件 B 布置在 A 和 C 之间。当信号 A 和 C 以及差动信号为零时，元件 B 测出的磁通量最大。信号 B 何时达到最大值（正或负）就作为判定旋转方向的依据。例如，如果差动信号 A-C 的过零点是由信号的下降沿得到的，且信号 B 的最大值为负，那么就认为车轮在逆时针转动，如图 8-10 所示。

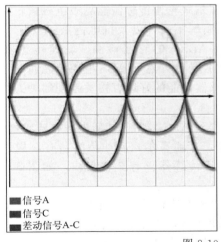

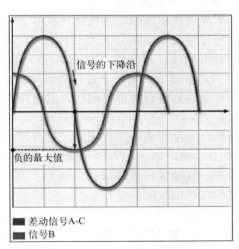

图 8-10　输出的波形

3. 霍尔式轮速传感器的电气线路

霍尔式轮速传感器通过一个电流接口与 ESP 控制单元相连，ESP 控制单元内装有一个低阻值的测量电阻 R。转速传感器有两个电插头，它与测量电阻一起构成一个分压器。插头 1 和 2 之间的电压就是蓄电池电压 U_B。传感器信号在测量电阻上会产生一个电压降 U_S，如图 8-11 所示。这个信号电压由控制单元进行分析。

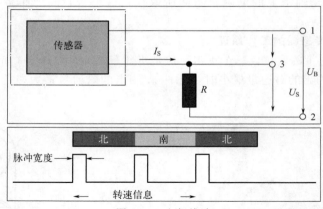

图 8-11　电气线路

霍尔式轮速传感器信号是 PWM 信号。某时间单位内的脉冲数量中包含着转速信息。由脉宽信号提供如下信息：旋转方向、空气间隙的大小、安装位置、停车识别。正确的空气间隙大小对于系统操作和系统自诊断是很重要的。

4. 霍尔式轮速传感器的检测方法

可用检测其输出电压信号的方法来判断霍尔式轮速传感器工作的好坏。关闭点火开关，将车支起，使每个轮胎离地 10cm 左右，然后拔下轮速传感器的导线连接器插头，并用导线将线束插头与轮速传感器插头的电源端子相连，用万用表（打开交流电压挡）的两表笔分别搭在轮速传感器的信号输出端子间，测量传感器的输出电压。接通点火开关，用手转动车轮，万用表应显示在 7～12V 范围内波动的交流电压，若电压不在此范围内，应检查传感器与齿圈之间的间隙，标准值应在 0.2～0.5mm 范围内，否则应进行调整。

5. 新型霍尔式轮速传感器的检测

霍尔式轮速传感器输出方波脉冲信号。由于霍尔式轮速传感器能克服电磁式轮速传感器输出信号电压幅值随车轮转速变化而变化，响应频率不高，以及抗电磁波干扰能力差等缺点，因而其被广泛应用于汽车防抱死制动系统（ABS）的轮速检测。轮速传感器是汽车 ABS 的重要组成部分，它将轮速信号传给 ABS 电控单元，然后 ABS 电控单元通过计算决定是否开始并准确地进行防抱死制动，因此轮速传感器性能的好坏直接关系到驾驶人的生命及财产安全。

为降低汽车生产成本，近年来，越来越多的汽车 ABS 采用一种新型霍尔式轮速传感器，例如奥迪 A8、奇瑞风云、雪铁龙新爱丽舍等车型。普通霍尔式轮速传感器有 3 根引线，分别为电源线、信号线和搭铁线；而新型霍尔式轮速传感器只有 2 根引线，如图 8-12 所示，分别为电源线和信号线。

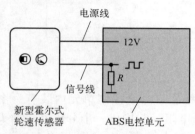

图 8-12　新型霍尔式轮速传感器的电源线和信号线

新型霍尔式轮速传感器与普通霍尔式轮速传感器的输出均为方波脉冲信号，占空比范围一般为 50%，但输出信号的高、低电压存在差异，如图 8-13 所示。新型霍尔式轮速传感器输出信号的高、低电压不受轮速影响，主要由 ABS 电控单元内部的电阻 R 决定，如图 8-14 所示，电阻 R 一定，高、低电压便一定，即使轮速很低，ABS 电控单元仍能检测到输出信号电压，这就克服了电磁轮速传感器输出信号电压随转速变化而变化的缺点。

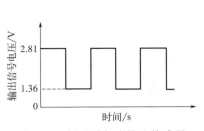

图 8-13　新型霍尔式轮速传感器
输出信号波形

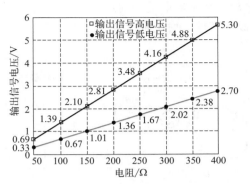

图 8-14　新型霍尔式轮速传感器输出高、
低电压与电阻的关系

新型霍尔式轮速传感器的检测：传感器两条线，其中一条是 ABS ECU 提供的 8V 或 12V 的工作电源，通过传感器另一条信号线再回到 ABS ECU 控制搭铁。因为霍尔式轮速传感器的独特性能，使传感器的搭铁和信号线共用一条线，如图 8-15 所示。

三、磁阻式轮速传感器

1. 磁阻式轮速传感器的结构、安装位置

新款皇冠轿车的轮速传感器采用磁阻型半导体（MRE）传感器。磁性转子是由内置带磁性粒子的橡胶制成南北共 48 极，磁极按圆周方向均匀分布的环状垫片，镶嵌在后轮轴承内圈上，与车轮同速度旋转。MRE 传感器则安装在轮毂上固定不动，与磁性转子间存在 0.5～0.8mm 的间隙，如图 8-16 所示。

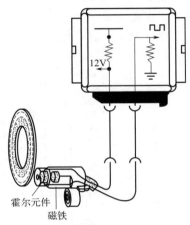

图 8-15　新型霍尔式轮速传感器电路

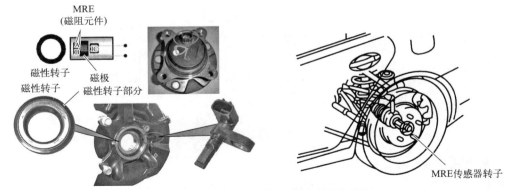

图 8-16　新款皇冠轿车轮速传感器安装位置

2. 磁阻式轮速传感器的工作原理

当磁性转子随车轮旋转时，磁阻半导体元件所处空间的磁场发生周期性变化，根据磁阻效应，磁阻半导体元件的电阻值也跟着发生周期性变化，其组成的惠斯通电桥就会输出一个周期性变化的交变电压，经 IC 电路处理以脉冲信号输出给防滑 ECU，如图 8-17 所示。

MRE 轮速传感器能检测到从 0km/h 开始的车速信号，信号质量不受车速变化的影响，而且具有故障率低、使用寿命长、工作可靠等优点。

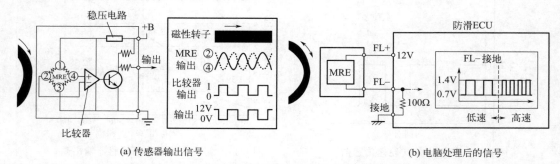

(a) 传感器输出信号　　　　　　　　　　　　　　(b) 电脑处理后的信号

图 8-17　传感器输出信号和电脑处理后的信号

　　新款皇冠轿车使用的新型磁阻式轮速传感器除具备主动型轮速传感器的功能外，还能够检测出车轮的旋转方向。新型磁阻式轮速传感器内部有两个磁阻，在车轮转动时产生两个信号，把这两个信号叠加在一起后，再发送到电脑。由于车辆向前或者向后行驶时，两个磁阻发出的信号是不同的，所以电脑可以根据传感器信号来判断车轮的旋转方向和车辆的实际行驶方向，如图 8-18 所示，其输出的正常波形如图 8-19 所示。

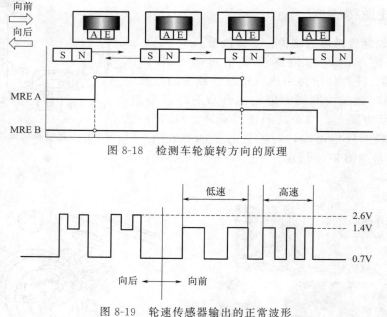

图 8-18　检测车轮旋转方向的原理

图 8-19　轮速传感器输出的正常波形

3. 磁阻式轮速传感器的检测

　　磁阻式轮速传感器与 ABS 的制动防滑 ECU 的连接电路如图 8-20 所示。

　　(1) 线路导通性检测　关闭点火开关，断开轮速传感器连接器和制动防滑 ECU 连接器，用万用表测量左前轮速传感器 S4 的 2 号端子与防滑 ECU 的 18 号端子、左前轮速传感器 S4 的 1 号端子与防滑 ECU 的 4 号端子之间的电阻值，其阻值应小于 1Ω。

　　(2) 绝缘性检测　关闭点火开关，断开制动防滑 ECU 连接器，用万用表测量防滑 ECU 的 4 号端子 FL－与搭铁之间、防滑 ECU 的 18 号端子 FL＋与搭铁之间电阻，其值应大于 10kΩ。

（3）输入电压检测　关闭点火开关，断开轮速传感器连接器，打开点火开关，用万用表检测左前轮速传感器 S4 的 2 号端子与车身搭铁的电压，其值应为 7.0～12V。

（4）示波器检测　使用示波器，利用背插法，在不脱开端子的条件下测量，应该输出符合图 8-19 所示的波形，否则检查线路或更换传感器。

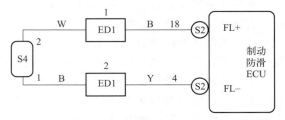

图 8-20　磁阻式轮速传感器与 ABS 的制动防滑 ECU 连接电路

四、主动型 ABS 轮速传感器

主动型轮速传感器带有一个磁电阻式元件，其电阻根据由读取前束的传感器环切割的磁力线进行变化。轮毂上的传感器环由一个带有根据南北极不同的磁力线的读取前束构成，如图 8-21 所示。传感器环旋转通过固定的传感器元件。

主动型传感器的功能原理：在磁性区域旁边，磁力线垂直于读取前束。根据极性的不同，磁力线要么远离前束，要么趋近于前束。因为读取前束和传感器之间的距离非常小，因此磁力线穿过传感器元件并改变其电阻。安装于传感器中的电子放大器/触发器开关装置将电阻变化转换成两个不同的电流，如图 8-22 所示。这也就意味着，如果传感器元件的电阻因为穿过磁力线而变大，电流便会降低。如果电阻变小，电流则会因为磁力线方向的颠倒而升高。

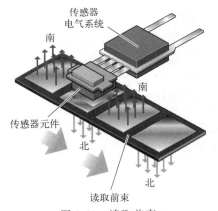

图 8-21　读取前束

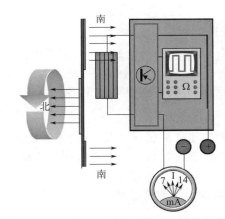

图 8-22　电阻变化转换成两个不同的电流

由于旋转读取前束上的南北极交替变换，因此便产生一个矩形信号序列，频率是转速的标准。

第二节　组合式加速度传感器

一、组合式加速度传感器的安装位置

随着科技的发展，现在基本使用传感器总成的模式，即将其中的两个或三个传感器设计为一体与控制单元连接。最常见的组合式加速度传感器为横向加速度传感器、偏转率传感器、纵向加速度传感器的组合。

组合式加速度传感器安装在驻车制动杆的左侧，由横向加速度传感器与横摆角速度传感器组合而成，用以探测车辆横摆率（车辆转角速度）以及横向惯性力，并把信号传输给控制液压控制单元。当传感器探测到旋转转向叉的转动速度所产生的自转偏向力（科氏力）时，就会按比例形成横摆角速度。当传感器探测到作用在硅检测部件上的惯性力时，就会按比例形成横向惯性力。当车辆保持静止时，组合式加速度传感器输出横摆角速度信号和横向惯性力信号电压为 2.5V，并随着横摆角速度以及横向惯性力变动。新款奥迪 A4 轿车组合式加速度传感器的外观及输出特性如图 8-23 所示。

(a) 安装位置及外观

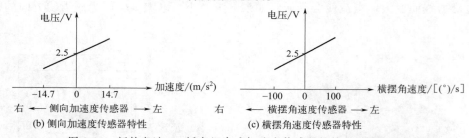

(b) 侧向加速度传感器特性　　　　　　(c) 横摆角速度传感器特性

图 8-23　新款奥迪 A4 轿车组合式加速度传感器的外观及输出特性

横向加速度传感器/偏转率传感器装在一个壳体内。部件都装在一个印制电路板上，按微机械原理工作，通过一个六脚插头连接。按电容原理对横向加速度进行测量。偏转率是通过测量科氏加速度而获得的。

1. 横向加速度传感器

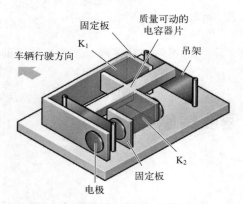

图 8-24　横向加速度传感器的结构

（1）结构　该传感器是组合式加速度传感器印制电路板上的一个极小的部件，如图 8-24 所示。放好质量可动的电容器片，使它能来回摆动。两个固定安装的电容器片围住了可动的电容器片，这样就形成了两个串联电容器 K_1 和 K_2。借助电极就可以测量出这两个电容器容纳的电荷量，这个电荷量就叫电容 C。

（2）功能　如果没有加速度作用在这个系统上，那么测出来的两个电容器的电荷量 C_1 和 C_2 是相等的。若有横向加速度作用，那么可移动质量就会因惯性而作用到中间板上，即它顶着固定板并逆着加速度方向移动。于是两板之间距离就改变了，相应的分电容器的电荷量也增加了。

对于电容器 K_1，若其两板间距离变大，那么其电容 C_1 就变小；对于电容器 K_2，若其两板间距离变小，那么其电容 C_2 就变大，如图 8-25 所示。

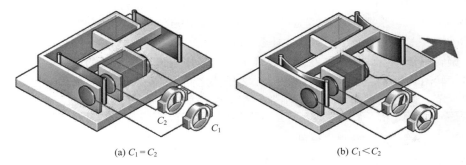

(a) $C_1 = C_2$ (b) $C_1 < C_2$

图 8-25 横向加速度传感器的电容量的变化

2. 偏转率传感器

（1）结构 在同一板上，还有偏转率传感器，该传感器与横向加速度传感器在空间上是分开的，如图 8-26 所示。在恒定磁场的南极和北极之间的托架内放一个可摆动的质量块，在这个质量块上装一个导电轨道，这个轨道用以代替真正的传感器。在真正的传感器上，为保险起见，有两个这种结构。

（2）功能 如果接上交流电压 U，那么支撑导电轨道的托架就会在磁场内摆动。如果有旋转加速度作用在此结构上，那么由于惯性作用，摆动质量块的状态与前述的电容片是一样的。就是说：由于出现了科氏加速度，质量块偏离了来回的直线摆动。由于这一切都是发生在磁场内的，因此导电轨道的电气性能就改变了。测量出这个变化就知道了科氏加速度的大小和方向，电子装置根据这个值即可计算出偏转率的大小，如图 8-27 所示。

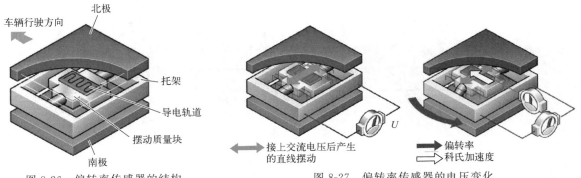

图 8-26 偏转率传感器的结构 图 8-27 偏转率传感器的电压变化

二、组合式加速度传感器的检测

在检测组合式加速度传感器时，应注意不能让传感器跌落，如果传感器受到强烈冲击，应更换。

（1）电源检测 将点火开关旋转到接通的位置（发动机关闭），测量组合式加速度传感器的端子 T6m/5 和搭铁之间的电压，应为 $4.5\sim5\mathrm{V}$。

（2）搭铁电路检测 将点火开关旋转到断开的位置，断开组合式加速度传感器，测量其线束侧的端子 T6m/2 与蓄电池负极之间的导通性，正常应导通。

（3）横向加速度传感器的检测　连接插头，接通点火开关，根据下列内容检查端子T6m/4 端子和 T6m/2 搭铁之间的电压。如果结果不满足技术规范，则更换横向加速度传感器。

① 水平：端子 T6m/4 和 T6m/2 搭铁之间的电压应为 2.4～2.5V。

② 顶面向上（与水平面上倾 90°）：端子 T6m/4 和 T6m/2 搭铁之间的电压应为 3.3～3.7V。

③ 顶面向下（与水平面下倾 90°）：端子 T6m/4 和 T6m/2 搭铁之间的电压应为 1.3～1.7V。

（4）偏转率传感器的检测　在静态条件下测定横摆角速度传感器的电压。当摆动速率传感器左右旋转时，测量端子 T6m/3 和 T6m/2 搭铁之间电压，应符合下述规定。如果结果不满足技术规范，则更换横摆角速度传感器。相关电路如图 8-28 所示。

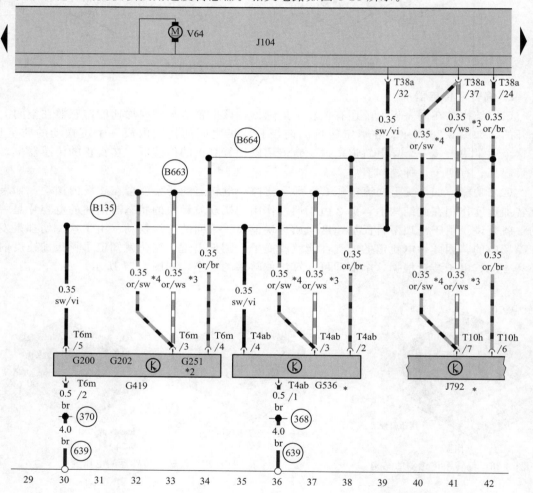

图 8-28　奥迪 A4 ESP 传感器单元 1、ESP 传感器单元 2、ABS 控制单元、
主动转向系统控制单元、ABS 液压泵电路

G200—横向加速度传感器；G202—偏转率传感器；G251—纵向加速度传感器；G419—ESP 传感器单元 1；G536—ESP 传感器单元 2；J104—ABS 控制单元；J792—主动转向系统控制单元；T4ab—4 芯插头连接；T6m—6 芯插头连接；T10h—10 芯插头连接；T38a—38 芯插头连接；V64—ABS 液压泵；368—接地连接 3，在主导线束中；370—接地连接 5，在主导线束中；639—接地点，在左侧 A 柱上；B135—连接 1（15a），在车内导线束中；B663—连接（底盘传感器 CAN 总线，High），在主导线束中；B664—连接（底盘传感器 CAN 总线，Low），在主导线束中；*—特殊装备；*2—仅适用于带全轮驱动的车辆；*3—逐渐投入使用；*4—逐步取消

①　向右旋转：在 2.5～4.62V 之间波动。

②　向左旋转：在 2.5～0.33V 之间波动。

注意：应注意旋转横摆角速度传感器时的旋转位置，因为旋转方向和电压方向相反，所以旋转位置处于相反状态。

故障案例

案例 1：丰田雅力士 ABS 灯亮故障

【故障现象】

一辆新款丰田雅力士，ABS 报警灯亮起。据车主讲述，该车已在多家维修厂修过，更换过 ABS 电脑及轮速传感器，但故障依旧。

【故障诊断与排除】

用 KT600 诊断检测仪进入 ABS 电脑读取故障码，内容为右前 ABS 轮速传感器断路或短路。进一步读取数据流，当车辆行驶时，右前 ABS 轮速传感器没有信号输出。根据检测结果，决定从两个方面检查，一是线路及 ABS 电脑，二是检查轮速传感器及触发轮。首先检查从 ABS 电脑到右前 ABS 轮速传感器线路是否存在断路或短路。该车型在点火开关打开后，从 ABS 电脑供给轮速传感器应有蓄电池电压，经检测其中白线有 12.5V 的电压，为正常，另一根黑线经检测没有断路且与车身不短路。以上表明从 ABS 电脑到轮速传感器的线路没有问题。接下来将右前轮速传感器的信号线与传感器断开，通过延长线与左前轮速传感器相接，用手旋转左前轮读取数据流，结果显示右前轮有转速信号，由此表明，ABS 电脑没有异常。另外检测轮速传感器，该传感器包含两个磁阻元件及放大整形电路。将该传感器拆下，装在左前轮速传感器位置试车，结果数据流显示左前轮有转速信号，表明该传感器是好的。

根据以上检测结果，分析只有触发信号有问题。其触发信号轮包含呈圆形排列的 48 组 N 和 S 磁极，与轮毂轴承内座圈安装在一起。经检查轮速传感器与触发信号轮的间隙是一定的，不可调。接下来只有信号轮问题了，于是决定更换信号轮。新的信号轮装上车后试车，结果右前轮速传感器依然没有信号，ABS 故障灯依旧亮。用示波器检测好的轮速传感器信号输出波形（打开点火开关，用手转动车轮得到波形），如图 8-29 所示。通过示波器检测右前轮速传感器却得到了如图 8-30 所示的波形，这显然是错误的波形。通过分析波形发现，波形朝下，是信号反向了，起初认为将信号线接反了，但是互调接后故障没有排除。顺着波形分析的思路往下走，接着将车轮拆下，将传感器在原位置调了 180°，用手按着传感器，接上电路，转动车轮，结果示波器显示正确波形。更换相应位置的传感器后，故障排除。

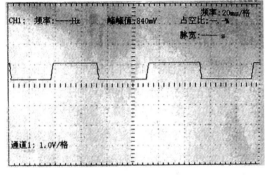

图 8-29　轮速传感器正确的波形

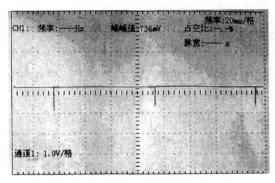

图 8-30　轮速传感器错误的波形

【故障总结】

这一类型的 ABS 轮速传感器是分左右的，由此可以看出，事前修过此车的修理厂也没有注意该车轮速传感器是分位置的，虽然能左右互调位置，但出来的信号却有很大的区别。对于轮速传感器信号异常引起的 ABS 故障，通过诊断检测仪和示波器的检查就能基本锁定故障原因。丰田车采用的是磁阻半导体有源型轮速传感器（MRE 轮速传感器），而不是霍尔元件型轮速传感器。进行带有 MRE 轮速传感器的车轮维修时，请一定要小心以下几点：更换压装轮毂轴承时要将轴承上带有磁性转子的一面朝向 MRE 轮速传感器方向；磁性转子橡胶圈表面不能损坏；油、铁体等物质不能黏附在磁性转子的表面。

案例 2：奇瑞 A3 ABS 灯点亮故障

【故障现象】

一辆奇瑞 A3 轿车，累计行驶里程约为 8 万千米，ABS 故障灯异常点亮。用故障检测仪检测，发现 ABS 控制单元中存储有左前轮速传感器电路类的故障码（具体故障码当时没有记录）。检查发现，左前轮速传感器的导线连接器有进水痕迹，且端子氧化腐蚀严重，更换了左前轮速传感器（与导线连接器是一体的）。进行路试，ABS 故障灯仍异常点亮，接着先后又更换了 2 个左前轮轴承和 1 个左前轮速传感器，但故障依旧。

图 8-31 故障车 ABS 控制单元中的轮速信号

【故障诊断】

接车后试车，启动发动机，组合仪表上的 ABS 故障灯异常点亮。用故障检测仪检测，发现 ABS 控制单元中存储有故障码 C0031（左前轮速传感器故障超限、性能错误、信号断续）；记录并尝试清除故障码，故障码可以清除，且 ABS 故障灯熄灭；进行路试，ABS 故障灯再次异常点亮，且故障码 C0031 再现。路试的同时用故障检测仪读取 ABS 控制单元中的轮速信号，如图 8-31 所示，发现左前轮速比其他轮速高；用故障检测仪的数据波形显示功能观察 4 个轮速信号的变化，如图 8-32 所示，发现左前轮速始终比其他轮速高，且车速越快，差值越大，而其他轮速信号的变化基本一致，由此可知左前轮速信号确实异常。推断可能的原因有：左前轮速传感器故障；左前轮轴承（与信号盘集成一体）故障；轮胎直径比其他车轮小；ABS 控制单元故障；相关线路故障。

首先对调左前和右前车轮后试车，依旧存储故障码 C0031，说明该车故障与轮胎直径无关。由于之前已更换了 2 个左前轮轴承和左前轮速传感器，如果继续盲目换件，可行性不高，决定用示波器采集轮速信号波形进行分析。

将车辆举升，检查发现左前轮速传感器上有 2 根导线；进一步测量得知，其中一根为 12V 供电线，另外一根为信号线；在车轮上做标记，如图 8-33 所示，转动车轮 1 圈，测得左前轮速信号波形如图 8-34 所

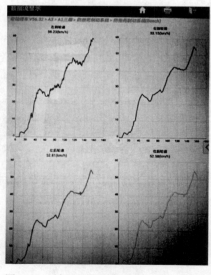

图 8-32 波形显示 4 个轮速信号的变化

示，用相同方法测得右前轮速信号波形如图 8-35 所示。对比分析可知，左前、右前轮速信号均为方波脉冲信号，高电位约为 1V，低电位约为 0.5V，且高、低电位不会随着轮速变化而变化；在同样转动车轮 1 圈的情况下，左前轮速信号波形上有 45 个脉冲信号，而右前轮速信号波形上有 44 个脉冲信号。如果 ABS 控制单元根据脉冲信号数量来计算轮速，则在转动相同圈数的情况下，ABS 控制单元计算的左前轮速会比右前轮速高，由此推断故障正是由此信号错误引起的。

图 8-33　在车轮上做标记

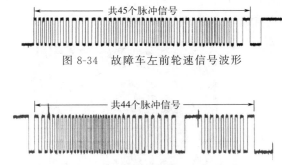

共45个脉冲信号

图 8-34　故障车左前轮速信号波形

共44个脉冲信号

图 8-35　故障车右前轮速信号波形

该车采用霍尔式轮速传感器，如图 8-36 所示，它的信号盘是一个多极磁环，镶嵌在轴承内圈上。多极磁环上的北极（N 极）和南极（S 极）相当于磁电式轮速传感器信号盘上的齿和齿隙（图 8-37）。多极磁环随车轮旋转，轮速传感器上的霍尔元件受磁环上不断交替的磁场变化而产生霍尔电压，霍尔电压经芯片 IC 处理后以脉冲信号发送至 ABS 控制单元。

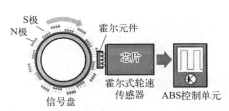

图 8-36　霍尔式轮速传感器的工作原理

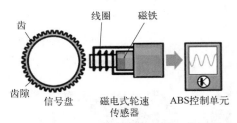

图 8-37　磁电式轮速传感器的工作原理

分析霍尔式轮速传感器工作原理，怀疑左前轮速传感器信号盘上多了 1 对磁极。由于维修人员之前已更换过 2 个，配件到货后不敢贸然安装，因为一旦配件错误，轴承压装后再拆下来就无法继续使用，于是决定先验证配件上的磁极对数是否正确。观察轴承，如图 8-38 所示，多极磁环上并没有标注磁极，那么怎么验证磁极对数是否正确呢？经过思考，决定尝试用铁粉进行测试。收集磨制动盘留下的铁屑，用油漆过滤纸筛出细铁粉；将细铁粉平摊开来，用塑料袋包裹住轴承，然后轻轻地将轴承平放在细铁粉上；再轻轻拿起轴承，此时轴承上吸附了很多铁粉，如图 8-39 所示，且分布十分规律，而这与磁极是相对应的。经统计，多极磁环上共 88 个磁极，即 44 对 N 极和 S 极，这与右前轮速信号波形上的 44 个脉冲信号相对应，说明配件上的磁极对数正确。

拆下故障车上的左前轮轴承，用相同方法统计轴承上的磁极对数，发现共有 96 个磁极，即 48 对 N 极和 S 极。之前测得左前轮速信号波形上共有 90 个脉冲信号，对应 45 对磁极，怎么拆下的左前轮轴承上是 48 对磁极呢？是之前的分析方法错误，还是存在其他故障呢？

梳理维修思路，认为存在其他故障的可能性比较大。更换上新的左前轮轴承后再次测量左前轮速信号波形，如图 8-40 所示，发现转动车轮 1 圈，波形上只有 41 个脉冲信号，仍与 44 对磁极无法对应，且与之前一样少了 3 个脉冲波形。回想安装左前轮速传感器（是之前维修人员更换的，并不是原车的）的过程，感觉左前轮速传感器头部与信号盘的间隙偏大，如图 8-41 所示，这会不会影响轮速信号呢？还是传感器有问题？将从原车上拆下的左前轮速传感器与更换的左前轮速传感器进行对比，如图 8-42 所示，发现更换的左前轮速传感器上的凸起部分比原车的要高一些，而这会影响传感器头部与信号盘间的间隙，由此推断更换的左前轮速传感器也有问题。

图 8-38　新轴承外观

图 8-39　轴承上吸附的铁粉

图 8-40　更换上新轴承后左前轮速信号波形

图 8-41　左前轮速传感器头部与信号盘的间隙过大

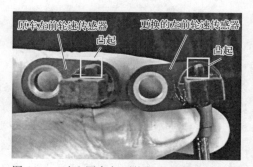

图 8-42　对比原车与更换的左前轮速传感器

【故障排除】

考虑到原车左前轮速传感器其他部分可能是好的，只是导线连接器有问题，于是将更换的左前轮速传感器的导线连接器剪下来，与原车左前轮速传感器连接后装复，再次测量左前轮速信号波形，信号波形上共有 44 个脉冲信号，恢复正常；进行路试，ABS 故障灯不再异常点亮；用故障检测仪读取 ABS 控制单元中的轮速信号，4 个轮速信号的变化始终一致，故障排除。

【案例小结】

目前汽车上采用的轮速传感器主要分为主动式和被动式 2 种。被动式即磁电式轮速传感器，如图 8-43 所示，该传感器不需要供电，通常有 3 根导线，其中 2 根为信号线，1 根为屏蔽线；信号波形为正弦波，车速越快，信号幅值越高；优点是结构简单，缺点是抗干扰能力弱，车速过低（小于 3km/h）时无法检测，且无法检测车轮旋转方向。主动式即霍尔式轮速传感器，如图 8-44 所示，该传感器需要供电，通常有 2 根导线，1 根为电源线，1 根为信号线；信号波形为脉冲信号，波形幅值不随车速变化而变化；优点是抗干扰能力强，车速较低时也能精确检测，还能检测车轮旋转方向，缺点是结构比较复杂。

值得一提的是，霍尔式轮速传感器有 2 种信号盘（图 8-45）：一种为多极磁环，对应的传感器自身无磁性；另一种为脉冲齿轮（与磁电式轮速传感器的信号盘类似），对应的传感器自身有磁性。

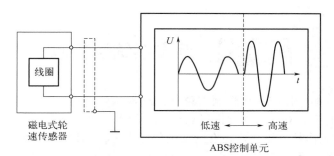

图 8-43　磁电式轮速传感器控制电路

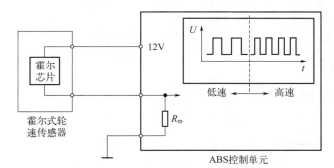

图 8-44　霍尔式轮速传感器控制电路

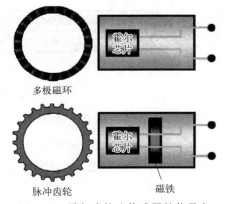

图 8-45　霍尔式轮速传感器的信号盘

第九章

其他执行器、传感器

第一节　点火系统执行器

控制汽车点火线圈工作的点火控制器俗称点火模块，点火线圈按发动机管理系统 ECU 的指令，在指定的时刻、对应的工况进行点火。有的点火模块还提供给 ECU 反馈信号，供 ECU 判断点火线圈工作是否正常，还有的反馈信号供 ECU 计算下一个导通脉冲宽度。

点火模块实际是一个功率电子开关，控制点火的信号为方波或磁脉冲信号，输送到点火模块的信号输入端，通过整形来驱动功率电子开关。用脉宽来控制功率电子开关的导通时间，导通后，点火线圈电流近似指数特性上升，导通时间长，断电电流就大，以此来控制线圈的点火能量，用脉冲信号的后沿时刻控制功率电子开关的关断时刻，即控制点火时刻。

一、点火线圈的结构

单缸独立点火线圈的结构如图 9-1 所示，与一般的点火线圈基本相同。

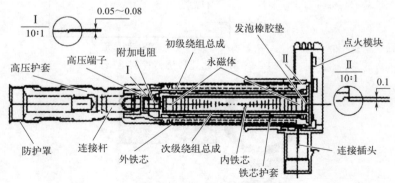

图 9-1　单缸独立点火线圈的结构

① 单缸独立点火线圈的磁路由内部的圆铁芯、圆铁芯两端的永磁体以及圆筒形的外铁芯组成。在相同的初级断电电流的条件下，铁芯磁通的变化率越大，输出的电压及能量就越高。点火线圈体积小，但还要有足够的输出电压和能量，因此线圈采用了两项措施：一是铁芯采用饱和磁感应强度高的晶粒取向的硅钢片，它比无取向的硅钢片饱和磁感应强度高 10% 以上，铁损减少；二是在内铁芯的两端加永磁体。永磁体磁通方向与初级电流产生的磁

通方向相反，这样初级施加电流后，产生的铁芯磁场由负变为正，刚好在铁芯磁化曲线正负方向不饱和的直线段。对应相同的磁场强度的变化，得到比饱和段高得多的磁通变化率，从而以较小的体积实现了较高的输出。

② 内铁芯前端是高压端子，后端是模块引线，它们之间的电位差就是高压输出的电压，要考虑前后有足够的绝缘距离。

③ 由于体积限制，线圈初次级骨架、外壳的壁厚多为 0.7～1mm，而且与发动机接触，温度高。这对于外壳及初次级骨架的材料选择、结构、加工工艺都提出了较高的要求。

④ 为了避免内应力开裂，在内铁芯两端加发泡橡胶垫。

⑤ 为了提高绝缘强度，在内铁芯上加绝缘套管，初级骨架绕线前，包一层耐高温、耐高电压的绝缘薄膜。

⑥ 带点火模块的线圈，在模块的元器件上，应附一层硅胶，防止热应力损坏元器件。

⑦ 为防止初级电流接通瞬间产生的正向高压（2kV 左右）造成的误点火，在次级回路上加高压二极管。有两种方式：一是加耐压 3～4kV 的高压二极管；二是加 15kV 的瞬态电压抑制二极管。后一种方式，二极管装在模块上。

二、点火系统的电路

高尔夫 A6 点火控制系统是单缸独立控制系统，特点是有 4 个点火末级功率放大器 N70、N127、N291、N292，点火线圈（与点火功率放大器为一体）通过火花塞插头直接安装在火花塞的顶上，取消了点火高压线，可减小无线电干扰和能量损失，如图 9-2 所示。缺点是各缸点火线圈和功率放大器分别共用一个搭铁点，当搭铁点出现不良时，点火能量的损耗等使各缸可能同时出现工作不良或不工作现象。

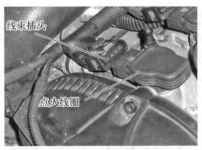

图 9-2　点火线圈实物

如图 9-3 和图 9-4 所示为点火控制电路。根据电控单元 J623 的指令控制初级线圈电路通断（控制点火线圈端子 4），从而在次级线圈中感应出高压电动势，击穿火花塞间隙而点火。

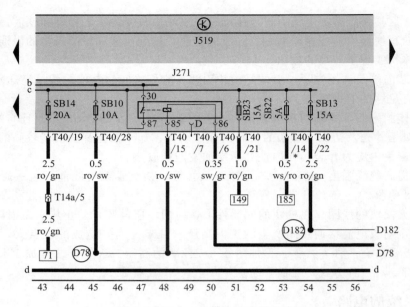

图 9-3 Motronic 供电继电器电路

J271—Motronic 供电继电器，在电控箱上，在发动机舱内左侧（100）；J519—车载电网控制单元；SB10—熔丝架 B 上的熔丝 10；SB13—熔丝架 B 上的熔丝 13；SB14—熔丝架 B 上的熔丝 14；SB22—熔丝架 B 上的熔丝 22；SB23—熔丝架 B 上的熔丝 23；T14a—14 芯插头连接，在蓄电池附近；T40—40 芯插头连接；D78—正极连接 1（30a），在车身线束中；D182—连接 3（87a），在车身线束中；*—仅针对配备手动变速器的汽车

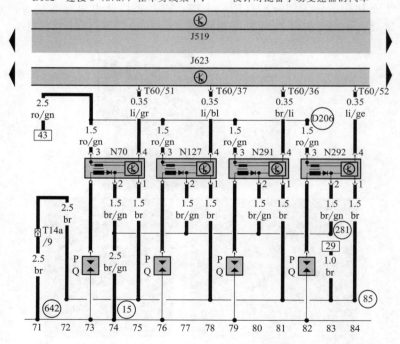

图 9-4 发动机控制单元、带功率输出级的点火线圈、火花塞电路

J519—车载电网控制单元；J623—发动机控制单元，在排水槽内中部；N70—带功率输出级的点火线圈 1；N127—带功率输出级的点火线圈 2；N291—带功率输出级的点火线圈 3；N292—带功率输出级的点火线圈 4；P—火花塞插头；Q—火花塞；T14a—14 芯插头连接，在蓄电池附近；T60—60 芯插头连接；15—接地点，在气缸盖上；85—接地连接 1，在发动机线束中；281—接地连接 1，在发动机线束中；642—EC 风扇接地点；D206—连接 4（87a），在发动机线束中

三、点火系统的故障检修

① 检查点火线圈，如图 9-5 所示。

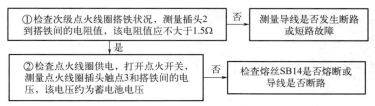

图 9-5 检查点火线圈

② 检查点火线圈功率放大器，如图 9-6 所示。

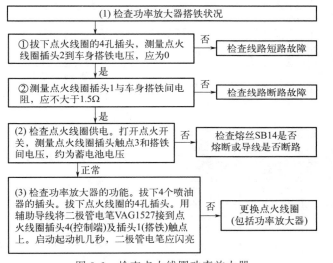

图 9-6 检查点火线圈功率放大器

第二节 变速器多功能挡位开关

一、变速器多功能挡位开关的结构与工作原理

变速器多功能（TR）开关 F125 如图 9-7 所示。换挡杆通过拉索与自动变速器壳体上的多功能开关 F125 连接，F125 将换挡杆的机械运动转换为电信号，并把这些信号传送至自动变速器控制单元（TCM）J217。如图 9-8 所示，F125 内部有 6 个滑动触点开关，其中 4 个开关用于识别选挡滑阀位置，1 个开关用于控制倒车灯，1 个开关用于起动机联锁控制（P/N 挡才允许启动发动机）。F125 的切换逻辑如图 9-9 所示，其中 F125 端子 1、端子 7、端子 9 和端子 5 的状态组合表示挡位信号（即 P 挡为 1001，R 挡为 1100，N 挡为 0101，D 挡为 0110，S 挡为 1111），其中任一端子与端子 3 接通时，状态都显示 1，与端子 3 断开时，状态都显示 0。结合 F125 的电路（图 9-10）分析可知，F125 端子 3 为搭铁信号。

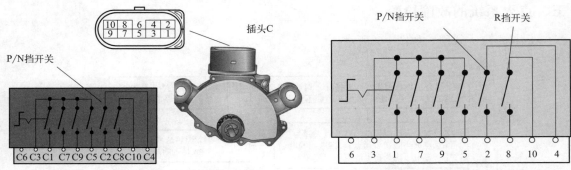

图 9-7　变速器多功能（TR）开关 F125　　　　　图 9-8　开关 F125 内部的结构

挡位	P/N挡信号		R挡信号		挡位信号					数据块 9-4
	端子2	端子4	端子10	端子8	端子3	端子1	端子7	端子9	端子5	
P	○	○			○	●			●	1001
R			○	○	○	●	●			1100
N	○	○			○				●	0101
D					○		●			0110
S					○	●	●	●	●	1111

图 9-9　F125 的切换逻辑

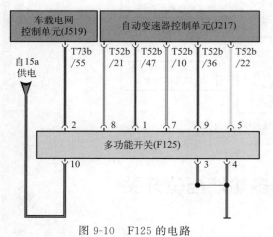

图 9-10　F125 的电路

二、变速器多功能挡位开关的检测

用示波器的 4 个通道同时测量 F125 端子 1、端子 7、端子 9 和端子 5 的电压变化，如图 9-11 所示，分析可知，端子 1、端子 7 和端子 5 的电压随着挡位变化在 0 和蓄电池电压之间变化，且当端子上的电压为蓄电池电压时对应的 F125 状态值为 0，电压为 0（即与搭铁导通）时对应的 F125 状态值为 1，如图 9-12 所示。而 F125 端子 9 的电压始终为 0，对应的 F125 状态值始终为 0。假设 F125 端子 9 对应的导线对搭铁短路或 F125 内部损坏使端子 9 与端子 3 短路，那么对应的 F125 状态值应为 1 而不是 0，因此可以排除这两种情况。

正常情况下，J217 通过端子 T52b/36 输出蓄电池电压（此电压为虚电，无驱动能力）至 F125 端子 9，当 F15 内部开关接通使端子 9 与端子 3 导通时，J217 端子 T52b/36 的电压被下拉至 0V。进一步分析认为，若 F15 端子 9 与 J217 端 T52b/36 之间的线路断路，则 J217 端子 T52b/36 的电压不会被拉低，始终为蓄电池电压，所以对应 F125 状态值始终为 0，而从 F125 端子 9 处测量的电压始终为 0V。

测量 J217 端子 T52b/36 处的电压，为蓄电池电压；人为将 J217 端子 T52b/36 对搭铁短路，对应 F125 状态值立即由 0 变为 1，这说明 J217 工作正常。

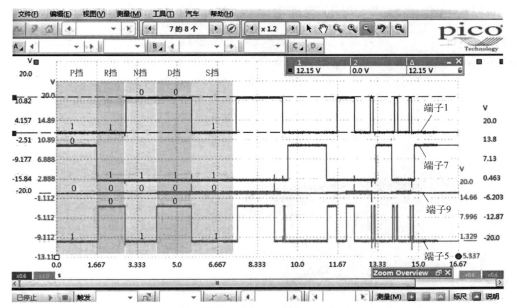

图 9-11 F125 端子 1、端子 7、端子 9、端子 5 的电压

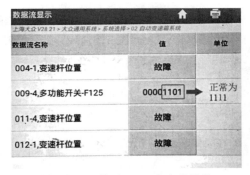

图 9-12 S 挡时 F125 状态值异常

第三节 雨量感应传感器

随着科技的发展进步，人们对汽车的智能控制要求越来越高。刮水系统是汽车的重要组成部分，在雨天对汽车的安全性能起着非常重要的作用。汽车智能刮水系统正在逐步取代传统的机械结构的刮水器，在中高档汽车上广泛应用。现代汽车上普遍采用雨量感应式智能刮水系统，可以免除驾驶员手动操作刮水器的麻烦，有效提高雨天行车的安全性。

奥迪 A6L（C6）轿车电控智能刮水组合开关具有间歇、间歇分级、单触刮水、刮水 4 种功能。根据雨量不同，雨量传感器具备 4 种功能：自动启动刮水器开关以 7 种速度工作；雨天会自动打开前照灯；关闭刮水器 5s 后再次刮水一次；雨天车辆停止后自动关闭车门和车顶。当刮水拨杆位于"间歇"位置时，上述功能启用，雨量传感器有 4 种敏感程度可以选择。手动选择总是处于优先位置。

一、雨量感应传感器的安装位置及电路控制

奥迪 A6L（C6）采用雨量/光强度组合识别传感器 G397，包括一个光辅助控制功能，可免除驾驶员手动接通行车灯的工作，还具有根据前风挡玻璃上的雨量情况控制刮水器的功能。传感器位于前风挡玻璃上车内后视镜的安装底座内，如图 9-13 所示。G397 是供电控制单元 J519 的一个从控制单元，可通过 J519 进行诊断工作，如图 9-14 所示。

图 9-13　传感器安装位置

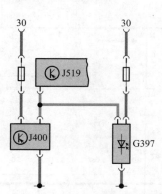

图 9-14　控制单元与传感器间的通信
J400—刮水电机控制单元；G397—雨量感应传感器

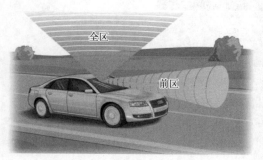

图 9-15　光强度识别传感器作用区域

J519 作为 G397 的主控单元，可根据光强度识别传感器的信号自动接通及断开行车灯，激活回家/离家功能，实现白天/夜晚识别。在拂晓、黄昏、黑暗、驶入穿行隧道或在树林里行驶时，光强度识别传感器会发送信息到 J519 上，接通行车灯。为了能识别出诸如树林内的道路以及穿行隧道等环境状况，光强度识别传感器接收来自全区和前区两个区域内的光强度信号。全区表示紧靠车附近的亮度，通常是车上部区域，而前区表示车辆前部区域的光线情况，如图 9-15 所示。

J519 还可根据 G397 感应的前风挡玻璃的沾水湿润程度，实现刮水器 7 个速度挡的自动接通和关闭，同时在下雨时自动接通行车灯。在把刮水杆置于"间歇"位置时，G397 开始起作用，即被激活。驾驶员也可以通过刮水器间歇工作调节器的 4 个灵敏度来设置雨量感应传感器，在这种模式下则不再需要参考刮水动作（激活雨量感应传感器时的刮水动作）。当传感器激活后，刮水拨杆总是置于间歇位置。出于安全考虑，只有在车速超过 16km/h 或通过刮水器间歇工作调节器来改变其工作灵敏度时，雨量感应传感器 G397 才会被激活。

二、雨量感应传感器的工作原理

G397 通过光的折射原理来判断前风挡玻璃的湿度情况，该传感器内集成有发光二极管，这个发光二极管在驾驶室内透过前风挡玻璃发射出红外线光，如图 9-16 所示。

如果玻璃处于干燥状态，则红外线按照全反射原理进行反射，红外线由玻璃的表面反射回来，则集成在 G397 中央的光电二极管能接收到较多的光，记录了高的光的强度，如图 9-17

所示。

如果玻璃浸湿，玻璃表面的光学特性就发生了变化，玻璃表面因水滴的作用会发生散射，则光线发生折射，反射的光量将会减少，这样光电二极管接收到的光也就减少，于是信号电压就发生了改变，光电二极管记录了低的光的强度，如图 9-18 所示。

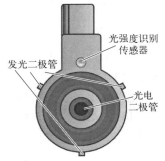

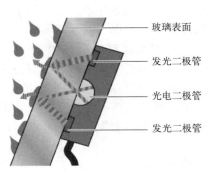

图 9-16　G397 的结构　　　　图 9-17　G397 晴天工作原理　　　图 9-18　G397 雨天工作原理

要使 G397 的发光二极管发出光线，光电二极管接收到光线后产生电压信号，就需要给发光二极管提供电流，即需要提供电源与搭铁回路，其信号是直接通过 LIN 总线发送的。G397 电路连接如图 9-19 所示。

1. 刮水控制单元 ECU J400

奥迪 A6L（C6）轿车上的 J400 如图 9-20 所示，其与刮水电机集成在同一个元件内部。J400 和 G397 均作为从控单元通过 LIN 总线与主控单元 J519 连接在一起，如图 9-21 所示。J400 可根据雨量传感器检测到的雨量信号控制刮水自动工作，在完成清洗玻璃刮水过程后 5s 再刮水一次（仅在车速＞5km/h 时工作），以防止玻璃上产生水滴。同时 J400 还控制风挡玻璃清洗泵的工作。J400 出现故障时采用仪表板上的黄灯显示，如图 9-22 所示，提醒驾驶员及时检修。

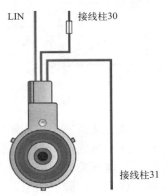

图 9-19　G397 电路连接

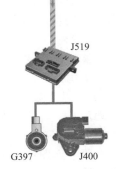

图 9-20　奥迪 A6L（C6）轿车上的 J400　　　图 9-21　J400 总线连接　　　图 9-22　J400 故障指示灯

2. 智能型刮水器控制功能

奥迪 A6L（C6）轿车刮水器一般具有间歇、慢速、快速和点动刮水 4 挡，当车速为 0 时会自动降速一挡，起步之后恢复设定的刮水速度。如在间歇挡，间隔时间与车速成反比。

刮水操纵杆向下拨一下可短促刮水一次，如保持在该位置 2s 以上，刮水器开始加快刮水速度。智能型刮水器具有根据雨量传感器检测到的雨量信号控制刮水器自动工作的功能，在完成清洗玻璃刮水过程后 5s 再刮水一次（仅在车速＞5km/h 时），防止玻璃上产生水滴。同时刮水控制单元还控制风挡玻璃清洗泵的工作。向转向盘方向拉操纵杆，清洗器立即开始工作，刮水器随后开始刮水。如车速超过 120km/h，清洗器同时工作。如果松开操纵杆，则清洗器停止工作，刮水器继续工作约 4s。

3. 供电控制单元 J519

J519 的任务是接收开关信息并向外输出能量，它控制 J400 的功率输出，并通过 LIN 总线控制 G397。如果在刮水电机正在工作时打开发动机舱盖，那么刮水电机会立即停止工作。如果在风挡玻璃清洗泵 V5 工作时打开发动机舱盖，那么该泵也会被立即关闭。发动机舱盖是否打开由 2 个接触开关来识别，这 2 个开关信号被发送到 J519 上。J519 通过 LIN 总线给 J400 提供所需要的信息，以便执行刮水器的各种功能。用于启动 V5 的信息是由转向柱电气控制单元 J527 发送到舒适系统 CAN 总线的。J519 在接收到信息后，又通过 LIN 总线将信息传递给 J400，J400 随后启动 V5，同时 J519 通过 LIN 总线将包含相应刮水功能的信息发送到 J400，J400 控制刮水电机工作。风挡玻璃清洗泵的启动电路如图 9-23 所示。

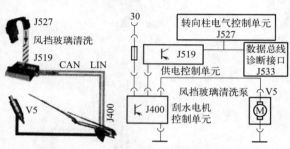

图 9-23　风挡玻璃清洗泵的启动电路

如果舒适系统中央控制单元 J393 失效，那么 J519 就会替代它来实现主功能，J519 会将转向信息发送到 CAN 总线上。J519 的软件可以实现应急功能，如果识别出旋转式灯开关有故障，或该开关的导线断路，那么 J519 会自动接通行车灯，前照灯自动亮起。J519 还可实现转向柱调节、脚坑照明、变速杆位置照明、前面和侧面转向信号、喇叭控制、风窗清洗泵控制、转向柱记忆等功能。J519 装在仪表板左侧的后部，取下脚坑盖板就可看到。

4. 智能型刮水器的其他功能

① 停车并断开点火开关后 10s 内，启动刮水间歇挡，刮水器可停在风挡玻璃最上端，此时方可将刮水臂扳起，可以进行维修以避免冬季下雪天气发生刮水冻结。

② 刮水器在摆动过程中遇到障碍物或冻结在风挡上时，尝试推动 5 次，如失败，刮水器停在此位置不动，可避免传统刮水器耗尽电源的弊端。

③ 随车速、雨量的变化自动调整刮刷速度。

④ 刮水片停在发动机盖下，不干扰视野。

⑤ 关闭刮水器 5s 后，再刮一次，以清除水滴。

⑥ 发动机舱开启，刮水器自动停止，在发动机盖打开的状态下，刮水器没有动作，防止发生干涉而损坏刮水器。

⑦ 刮水器具有防盗功能，刮水器收到发动机盖下面后，无法将刮水器扳起盗走。

⑧ 挂倒挡时，后风窗玻璃刮水器刮水一次，如刮水器操纵杆处于慢速或快速刮水位置并挂倒挡，则后风窗刮水器动作。

⑨ 向前推刮水器操纵杆，后风窗玻璃约隔 6s 刮水一次。

⑩ 软停止功能使得刮水片磨损小，为了防止刮水片变形损坏，刮水器在每次开关断开时，刮水臂都会轻柔地回到风挡玻璃下沿，每次的停止位置都不同，每隔一次在停止位置稍

许退回，将刮水片翻过来，这样可以延缓橡胶刮水片的老化。

⑪ 每次启动发动机时，两个刮水臂都会轻轻地跳动一下，将刮水片翻转，此项动作能延缓橡胶刮水片老化。

5. 刮水器的 LIN 总线控制

奥迪 A6L（C6）轿车采用 LIN 总线控制的智能刮水系统，该系统采用 LIN 总线控制工作，LIN 总线是一个连接主控制单元与其部件的子系统，这些部件包括控制器、开关、传感器、执行器等，这种方式的连接和数据传递方式在更多的车型与系统中应用。LIN 总线作为子系统可以节省费用，在一辆车里可以存在多个 LIN 总线子系统而输出不同的功能。每个 LIN 总线

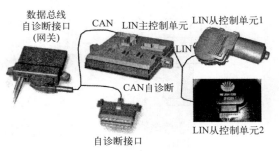

图 9-24　LIN 总线系统

系统由一个主控制单元和一个或多个从控制单元组成。从控制单元通过主控制单元与 CAN 总线通信。其他 LIN 总线子系统均可与 CAN 总线进行数据交换，如图 9-24 所示。LIN 总线数据的传递速率介于 1～20kbit/s 之间，传递速率的快慢取决于其位于舒适总线及信息娱乐总线的地址设定。LIN 总线的线材基础颜色为紫色，带有一点白色识别色，直径为0.35mm，单线传输没有屏蔽。信号传递波形为高低电平的矩形波（介于蓄电池额定电压与0 之间），从控制单元包括刮水电机、雨量感应传感器、多功能转向盘等，执行器包括刮水器等。LIN 总线控制的优点包括可以减少线束，减轻车辆装备质量，减少干扰，由于插接器减到最少而减轻维修难度。

6. 雨量/光照/湿度传感器 G397 失灵

（1）适用车型　所有奥迪车型。

（2）故障原因　由于拆卸或安装不当而损坏了雨量/光照/湿度传感器（G397），使得该传感器失灵，车内后视镜损坏，前风挡玻璃结雾。

（3）解决方案　按照以下方法正确拆卸和安装雨量/光照/湿度传感器，以防其损坏：断开点火开关，拔出点火钥匙；拆卸车内后视镜；断开图 9-25 中的导线连接器 3；将一把一字旋具 5 插入开口中，然后松开制动弹簧 2 的卡子；等待 1min，以便硅胶垫松开，这样撕下时不会有残留。

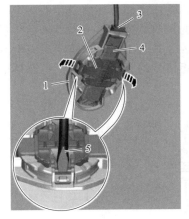

图 9-25　G397 的拆卸示意
1—G397 定位座；2—制动弹簧；
3—导线连接器；4—G397；5—一字旋具

第四节　本田扭矩传感器

一、本田扭矩传感器的结构

广州本田飞度轿车 EPS 系统采用电感式扭矩传感器，扭矩传感器安装在转向器小齿轮轴上，用于检测转向盘操作力矩的大小和方向，并把它转换为电压值传给 ECU。助力电机的助力大小与扭矩传感器的扭矩大小成正比，即扭矩传感器扭矩越大，助力电机助力作用越

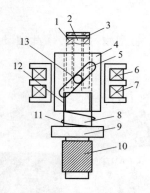

图 9-26 扭矩传感器结构
1—输入轴；2—扭杆；3—固定销钉；
4—阀芯；5—斜槽；6—线圈1；
7—线圈2；8—输出轴；9—蜗轮；
10—小齿轮；11—弹簧；
12—滑动平键；13—固定销

大。扭矩传感器的结构如图 9-26 所示。扭杆 2 穿在中空的输入轴 1 内，扭杆的输入端通过固定销钉 3 和输入轴固连在一起，扭杆的另一端和输出轴 8 固连在一起。在输入轴和输出轴的外面套有阀芯 4，阀芯为中空结构，通过其下端内部的滑动平键 12 和输出轴连在一起，阀芯相对于输出轴可沿轴向上下移动。在阀芯的表面上开有斜槽 5（上下各一个），与输入轴固连在一起的固定销 13 穿在斜槽中。弹簧 11 通过其弹力将阀芯向上推，用于消除固定销 13 和斜槽之间的间隙。

二、本田扭矩传感器的工作原理

当转向盘在中位时，固定销在斜槽的中间位置。从输入轴端看，当向左转动转向盘时，由于小齿轮处有转向阻力，于是输入轴和输出轴之间发生相对位移，扭杆发生扭转变形。由于输入轴向左转动，输入轴上的固定销也向左转动，固定销通过斜槽预推动阀芯向左转动，但因阀芯只能沿着轴线方向移动，固定销和斜槽之间的法向作用力产生使阀芯向上运动的分力，因此阀芯向上移动。转向阻力越大，扭杆变形越大，阀芯向上移动的距离越大。通过这种结构，可将扭杆的角变形转变成阀芯的上下直线位移。同理，当转向盘向右转动时，阀芯向下移动。当阀芯在感应线圈中上下移动时，感应线圈产生感生电压，电压信号经扭矩传感器中的集成放大电路放大处理后传送给 EPS 的 ECU。为保证扭矩传感器信号的可靠性，扭矩传感器中设计有两个线圈，向电脑同时输送主、辅信号，电脑将主、辅信号进行对比，判断力矩信号的正确性。扭矩传感器的工作原理及输出的信号电压如图 9-27 所示。

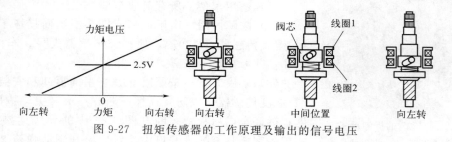

图 9-27 扭矩传感器的工作原理及输出的信号电压

三、本田扭矩传感器的检测

（1）故障码检测 将点火开关置于 OFF 位置，本田诊断系统 HDS 与仪表板下的 16 芯数据传输插接器连接后，如果传感器有故障，则必须根据本田 PGM 测试仪或 HDS 上的提示来清除故障码。

（2）电压检测 在点火开关打开、EPS ECU 的接线端进行电压测量、插头连接的情况下，利用数字式万用表，采用背插法对广州本田飞度轿车进行检测，扭矩传感器与 EPS ECU 的线路连接如图 9-28 所示。

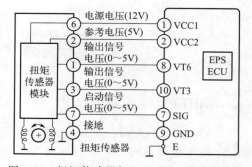

图 9-28 扭矩传感器与 EPS ECU 的线路连接

（3）传感器标准电压　广州本田飞度轿车扭矩传感器标准电压值见表9-1。

表9-1　广州本田飞度轿车扭矩传感器标准电压值

端子编号	导线颜色	端子符号	说明	测量（断开 ABS/TCS 控制装置的 47P 插接器）		
				端子	条件	电压值
1	棕	VCC1(12V)电压（公共 1）	扭矩传感器电源	1-接地	启动发动机	蓄电池电压
					点火开关 OFF	0V
2	红	VCC2(5V)电压（公共 2）	扭矩传感器参考电压	2-接地	启动发动机	约 5V
					点火开关 OFF	0V
6	黄	IG1(点火 1)	系统激活电源	6-接地	点火开关 ON	蓄电池电压
					点火开关 OFF	0V
7	灰/蓝	SIG(扭矩传感器 F/S 信号)	检测扭矩传感器信号	7-接地	启动发动机	短暂出现 5V
8	黄	VT6	扭矩传感器信号	8-接地	启动发动机	0~5V
9	白	GND(扭矩传感器接地)	扭矩传感器接地	9-接地	—	—
10	蓝	VT3	扭矩传感器信号	10-接地	启动发动机	0~5V

四、本田理念轿车记忆扭矩传感器中间位置的方法

对于广汽理念轿车，每次更换转向器或 EPS 控制单元时，必须记忆扭矩传感器中间位置。由于扭矩传感器对外界温度很敏感，因此记忆扭矩传感器中间位置时，环境温度必须高于 20℃。具体方法如下。

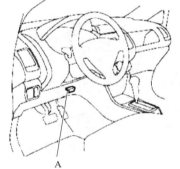

① 将点火开关置于 LOCK（0）位置，把 HDS 连接到驾驶员侧仪表板下的数据连接器 DLC 上，如图 9-29 所示中 A 处。

② 将点火开关转至 ON（Ⅱ）位置。

③ 确保 HDS 与车辆和 EPS 控制单元正常通信。

④ 从 HDS 的"EPS"菜单上，选择"MISCELLANEOUS TEST"（其他测试），然后选择"TORQUE SENSOR LEARN"（扭矩传感器学习），并按照 HDS 屏幕上的提示进行操作。

⑤ 将点火开关转至 LOCK（0）位置即可。

图 9-29　广汽理念轿车数据连接器 DLC 的位置

第五节　新款皇冠分相器扭矩传感器

一、新款皇冠电控助力转向系统的结构

电控助力转向系统是由转向控制单元控制转向电机工作来实现助力的转向系统，如图 9-30 所示。驾驶员操纵转向盘的转向，力矩通过转向齿轮和转向拉杆传到汽车的转向轮上；与此同时，电子控制单元根据目前驾驶员操纵转向盘而产生的转向力矩及当时行驶的车速，计算出所需的转向助力。而所需的转向助力是通过调整电机的电压和电流来实现的，

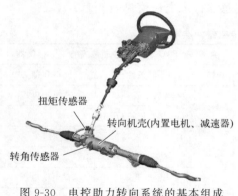

图 9-30　电控助力转向系统的基本组成

所以转向轮上最终得到的转向力矩，是驾驶员操纵转向盘所产生的转向力矩和转向电控助力之和（后者远大于前者）。电控助力转向系统直接使用电源，它不消耗发动机的机械动力，故不会直接影响发动机的运转，从而比传统的液压助力转向系统节省燃油。注：极限位置转动圈数为 3.4 圈。

该电控助力转向系统主要包括：由转向盘直接驱动的扭矩传感器，其下部的小齿轮驱动齿条；转向电机，装于转向管柱的中部；减速装置，采取与电机转子内壳配套的循环滚珠式减速齿轮；转角传感器，反映助力电机的转角和转向；齿条轴的外壳及左右横拉杆。

1. 扭矩传感器

扭矩传感器包括两部分，分别安装在转向盘的输入轴和转向小齿轮的输出轴上。

① 转子部分由上下两层构成，且均装有扭矩传感器，如图 9-31 所示。输入轴和输出轴由一根细金属销连接成一体，转子部分上方有销孔，如图 9-32 所示。输入轴和输出轴两者上部是刚性连接，由汽车转向盘的转轴即输入轴驱动。其下层转子带动小齿轮推动齿条的平移，驱动转向轮左右转向。

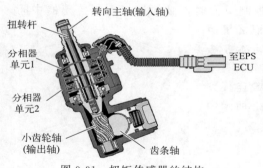

图 9-31　扭矩传感器的结构

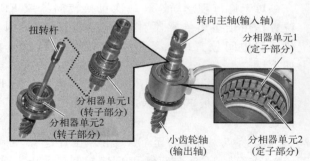

图 9-32　扭矩传感器分解

扭矩传感器的上层部分由转向盘直接驱动，由于下端没有负载，所以它的转动量与转向盘转轴完全同步。但扭矩传感器的下层部分带有转向小齿轮（有一定阻力），中间通过细扭杆驱动，导致下层转子的转动量相对较小，这就造成上、下层转子在机械上会产生相对角位移差。当汽车转向时，若在不同的道路条件遇到不同的转向阻力，输入轴与输出轴这两个转轴会产生与转向转矩大小相应的角度差。

② 定子部分亦有上下两层线，分别对应转子的上下部。定子线圈部分有两种线圈分布，分别是励磁线圈（A 信号）和检测线圈（B 信号），如图 9-33 所示，其上共有七根不同颜色的细导线与外界联系。其励磁线圈对转子部分的线圈通过电磁感应引起励磁作用；检测线圈则将输入、输出轴的上下角差（转向转矩）

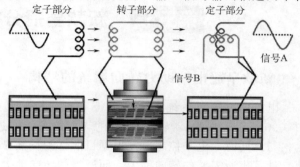

图 9-33　转向扭矩传感器线圈分解

检测出来，向电子控制单元输送电信号，这个电信号是以定子线圈上的两列正弦波的相位差，反映此时扭矩传感器检测到的转矩大小。

2. 电机

在转向器中部柱管内壁，安装有助力电机以及减速器，如图 9-34 所示，电机与齿条轴同心，由转角传感器、定子和转子组成。

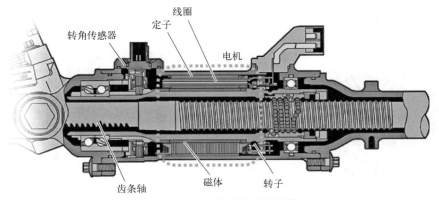

图 9-34　电机及减速器的结构

助力电机为无电刷的三相交流电机，如图 9-35 所示，其定子线圈为三相双星形连接，如图 9-36 所示，电机转子是强永磁式的。此电机设计的转动惯量较小，便于汽车行驶时的灵活转向操作。该电机的改变旋转方向极方便，只是将三相电源任意两相间进行换接即能实现迅速的转向助力操作。而且此电机具有低噪声、高转矩的特点，能克服在各种道路上行驶时的转向阻力，进行灵活转向操作。

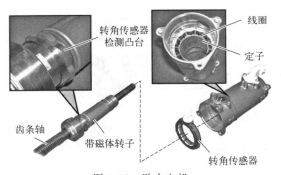

图 9-35　助力电机

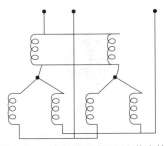

图 9-36　转向电机的双星形连接

供给助力电机的电源为 27～34V 的三相交流电压；此电控助力转向控制单元中，还专门设置有提升电压的逆变器和电感储能线圈，由类似三相桥式、能将蓄电池的电压转为 27～34V 的电路完成。当驾驶员操纵转向盘时，则会自动根据转向阻力大小，输出 27～34V 的可变电压；当驾驶员未打方向或车辆直线行驶时，电机不运转，此时电机的电压为 0。

通过控制助力电机的电流，来控制转向助力的大小。电控助力转向装置的控制单元接收扭矩传感器和车速传感器的信号，并且根据转角传感器的数据判断当前车辆行驶状况，决定施加给转向电机的助力电流大小，EPS 的工作情况如图 9-37 所示。转向电机还有过热保护功能，当温度超过规定值时，为保护电源和电机不致过载，此时应限制电机的助力电流，直至温度下降至规定的允许值为止。

3. 减速机构

为降低转向电机的转速，以获得更大的力矩，采取了与电机转子内壳配套的循环滚珠式减速装置。极小的钢珠在四个极光滑的槽内循环滚动减速，如图 9-38 所示，将动力传递给齿条轴做直线运动，推动两个转向轮左右摆动，以驱动汽车进行转向。由于钢珠极小，在精细加工的导槽内循环滚动，故传动噪声极微小。

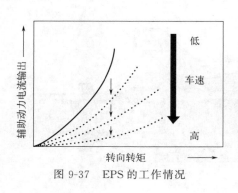

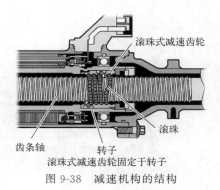

图 9-37　EPS 的工作情况　　　　图 9-38　减速机构的结构

二、新款皇冠电控助力转向系统的工作原理

如图 9-39 所示，当驾驶员操作转向盘时，驱动扭矩传感器的输入轴，经弹性转矩杆驱动输出轴，检测到输入轴与输出轴的转交差。扭矩传感器输出电信号，同时输出转向信号到电控助力转向控制电脑；同时电控助力转向控制电脑根据车速传感器和扭矩传感器计算出供给转向电机电流，获取助力；钢滚珠和螺母将电机旋转运动减速后，再转换为直线运动，以降低驾驶员的工作强度；转向控制单元将蓄电池电压提升到 27～34V，并且转换为三相交流电，增大转向功率；转角传感器反馈转向电机的转角大小及转动方向到电机控制电脑。

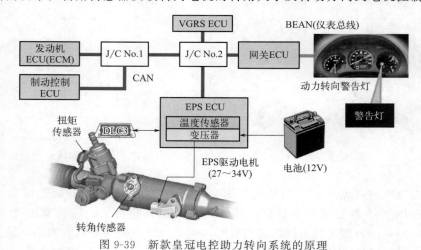

图 9-39　新款皇冠电控助力转向系统的原理

电控助力转向系统有以下功能。

（1）基本控制　根据车速和转向转矩计算辅助电流大小，并以此控制电机运转。

（2）惯性补偿控制　在驾驶员刚开始转动转向盘时改善电机的起始运动。

（3）恢复控制　在驾驶员将转向盘打到底后与车轮试图恢复的短时间间隔内，控制辅助恢复力。

（4）阻尼控制　当车辆高速行驶时可打方向调节助力大小，以减缓车身摇移率的改变。

（5）增压控制　在 EPS ECU 中将蓄电池电压增大，当驾驶员未打方向或车辆直线行驶时保持电压为 0，并在驾驶员转动转向盘时，根据负荷大小，在输出电压 27～34V 之间实现增压控制。

（6）系统过热保护控制　根据电流值和持续时间估计电机温度，如果温度超过标准值，即限制输出电流大小以保护电机，防止过热损坏。

三、新款皇冠分相器扭矩传感器的检测

（1）电阻检测　扭矩传感器与动力转向 ECU 总成之间的线路连接如图 9-40 所示，插头端子名称见表 9-2，标准电阻值见表 9-3。

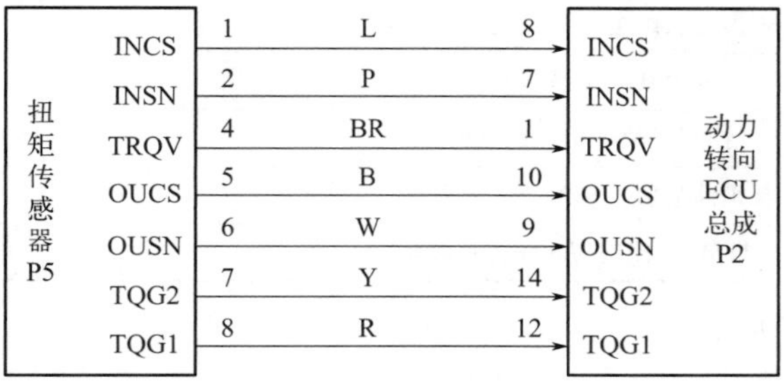

图 9-40　扭矩传感器与动力转向 ECU 总成之间的线路连接

表 9-2　插头端子名称

P5 端子	P2 端子	导线颜色	说明
P5-4	P2-1(TRQV)	BR	扭矩传感器电源（输入正弦脉冲信号）
P5-2	P2-7(INSN)	P	Sin 相位输出信号（扭矩传感器输入轴侧）
P5-1	P2-8(INCS)	L	cos 相位输出信号（扭矩传感器输入轴侧）
P5-6	P2-9(OUSN)	W	sin 相位输出信号（扭矩传感器输出轴侧）
P5-5	P2-10(OUCS)	B	cos 相位输出信号（扭矩传感器输出轴侧）
P5-8	P2-12(TQG1)	R	扭矩传感器电源接地
P5-7	P2-14(TQG2)	Y	扭矩传感器检测电路接地

表 9-3　标准电阻值

端子	电阻/Ω
P5-1(INCS)与 P5-7(TQG2)	90～170
P5-2(INSN)与 P5-7(TQG2)	300～430
P5-4(TRQV)与 P5-8(TQG1)	4～14
P5-5(OUCS)与 P5-7(TQG2)	90～170
P5-6(OUSN)与 P5-7(TQG2)	300～430

（2）EPS 故障码　EPS 出现故障时，EPS ECU 进行以下控制：点亮 VS 警告灯，启动失效保护功能。故障码见表 9-4。

表 9-4　故障码

DTC 编号	检测项目	P/S
C1531/25	ECU 故障	点亮
C1532/25		
C1533/25		
C1534/25		
C1541/13	车速信号故障	点亮
C1551/25	IG 电源电压故障	点亮
C1552/22	PIG 补充电源电压故障	点亮
C1554/23	补充电源继电器失效	点亮
C1555/25	电机继电器焊接失效	点亮
C1581/81	助力映射关系未写入	点亮
U0073/49	控制模块通信总线断开	点亮
U0105/41	与燃油喷射控制模块失去联络	—
U0121/42	与 ABS 控制模块失去联络	点亮

（3）失效保护　见表 9-5。

表 9-5　失效保护

DTC 编号	检测项目	失效保护运作
C1511/11	扭矩传感器故障	禁止转向助力控制
C1512/11		
C1513/11		
C1521/25	电机故障	禁止转向助力控制
C1522/25		
C1523/24		
C1524/24		
C1528/12	电机转角传感器故障	禁止转向助力控制
C1531/25	EPS ECU 故障	禁止转向助力控制
C1532/25		
C1533/25		EPS ECU 保护功能取消,保留转向助力控制
C1534/25		助力大小固定在对应车速为 100km/h 时的值
C1541/13	车速信号故障	助力大小固定在车速为 100km/h 时的值
C1551/25	IG 电源电压故障	禁止转向助力控制
C1552/22	PIG 补充电源电压故障	禁止转向助力控制
C1554/23	补充电源继电器失效	禁止转向助力控制
C1555/25	电机继电器焊接失效	禁止转向助力控制
U0073/49	控制模块通信总线断开	助力大小固定在车速为 100km/h 时的值
U0105/41	与燃油喷射控制模块失去联络	禁止转向助力控制
U0121/42	与 ABS 控制模块失去联络	助力大小固定在车速为 100km/h 时的值

DTC 编号	检测项目	失效保护运作
—	电机过热	限制电机助力电流直至温度下降

第六节　大众磁阻式扭矩传感器

一、大众磁阻式扭矩传感器的结构

利用扭矩传感器直接在转向小齿轮上计算转向盘扭矩，该传感器基于磁阻功能原理工作，它被设计成双保险（备用），以保证最高的安全性。

在扭矩传感器上，转向柱和转向器通过一根扭转棒相互连接。连接转向柱的连接件上有一个磁性极性轮，上面被交替划分出 24 个不同的极性区，如图 9-41 所示。每次分析扭矩时使用两根磁极。

辅助配合件是一个磁阻传感器，它固定在连接转向器的连接件上。当操作时，两个连接件根据施加的扭矩做相对转动。由于此时磁性轮也相对传感器旋转，因此可以测量施加的扭矩，并将信号发送给控制单元。

当扭矩传感器发生故障时，必须更换转向器。识别到故障时，将关闭转向助力。关闭过程不是突然进行的，而是"缓慢"进行。为了实现"缓慢"关闭，控制单元根据转向角和电机的转子角度计算出扭矩替代信号。故障将通过指示灯 K161 亮起红灯来显示。

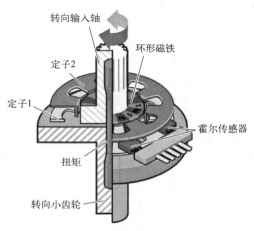

图 9-41　扭矩传感器结构

（1）转子转速传感器　转子转速传感器是电动机械转向助力器电机 V187 的一个组成部件，从外部无法接触到它。转子转速传感器根据磁阻功能原理工作，在结构上与扭矩传感器 G269 相同。它探测电动机械转向助力器电机 V187 的转子转速，来精确控制电机。

当传感器失灵时，将把转向角速度用作替代信号。转向助力将安全地缓慢降低，从而避免由于传感器的失灵而突然关闭转向助力。故障将通过指示灯 K161 亮起红灯来显示。

（2）车速　车速信号由 ABS 控制单元提供。当车速信号失灵时，紧急运行程序被启动。驾驶员获得完全的转向助力，但是没有电控转向助力系统功能。故障将通过指示灯 K161 亮起黄灯来显示。

（3）发动机转速传感器 G28　发动机控制单元根据发动机转速传感器的信号，探测到发动机转速和曲轴的准确位置。当发动机转速传感器失灵时，转向系统通过总线端 15 运行。故障将不会通过指示灯 K161 亮起来显示。

1. 电机 V187

V187 是无电刷异步电机，它能够产生最大 4.1N·m 转矩的转向助力。异步电机没有永磁场或电磁激励，异步电机在所施加的电压频率和电机旋转频率之间有一个偏差，这两个频率不相同，因此叫作异步。异步电机结构简单（无电刷），因此运行非常安全，如图 9-42

图 9-42　异步电机

所示。大众 CC 扭矩传感器与控制单元之间的电路连接如图 9-43 所示。

无刷异步电机的响应性能非常小，所以也适用于最快的转向运动。它安装在铝合金壳体内，通过蜗轮传动和驱动小齿轮作用在齿条上，从而传送助力转向力。控制侧的轴端部有一块磁铁，控制单元用它来探测转子转速，利用该信号计算转向速度。

异步电机的优点在于，它可以在无电压状态下通过转向器运转。这说明，即使当电机出现故障，不会因此而引起转向助力失灵时，也只需用少量力来运转转向系统，甚至当短路时电机也不会被锁止。出现故障将通过指示灯 K161 亮起红灯来显示。

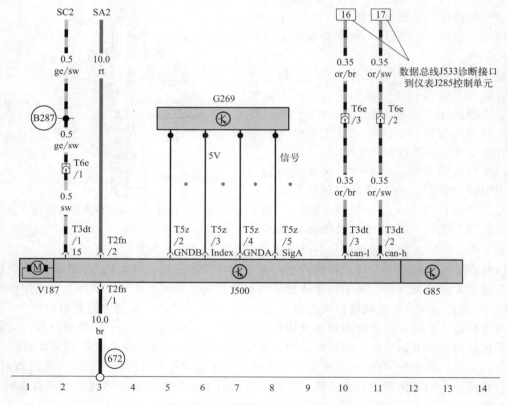

图 9-43　大众 CC 扭矩传感器与控制单元之间的电路连接

G85—转向角传感器；G269—转向扭矩传感器；J500—转向辅助控制单元；SC2—熔丝架 C 上的熔丝 2；SA2—熔丝架 A 上的熔丝 2；T2fn—2 芯插头连接；T3dt—3 芯插头连接；T5z—5 芯插头连接；T6e—6 芯插头连接；V187—电控机械式伺服转向电机；672—接地点 2，左前纵梁上；B287—正极连接 11（15a），在主导线束中；＊—适配导线

2. 转向辅助控制单元 J500

转向辅助控制单元 J500 直接固定在电机上，因此无须铺设连接转向助力器部件的管路，如图 9-44 所示。

　　控制单元探测到当前的转向助力需要的信号，计算激励电流的电流强度并控制电机。控制单元中集成了一个温度传感器探测转向装置的温度，当温度上升到100℃以上时，将持续降低转向助力。当转向助力低于60%以下时，电动机械转向助力器指示灯K161亮起黄灯，并在故障存储器中留下记录。当转向辅助控制单元损坏时应整套更换。控制单元永久程序存储器中相关的特性曲线组必须用汽车诊断、测量和信息系统VAS 5051激活。

　　（1）指示灯K161　指示灯位于组合仪表内的显示单元内，如图9-45所示，它用于显示电动机械转向助力器的功能失灵或故障。

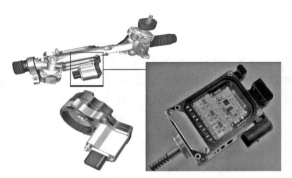

图9-44　转向辅助控制单元J500

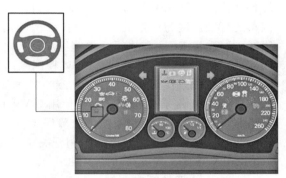

图9-45　电动阻力转向故障指示灯

　　指示灯在功能失灵时可亮起两种颜色：黄灯亮起说明是一种轻量警告，红灯亮起时必须立刻前往维修站查询故障。当指示灯亮起红灯时，同时还会发出三声报警音作为声音警告信号。接通点火开关时，指示灯亮起红灯，因为电动机械转向助力器系统在进行自检。只有当转辅助控制单元收到系统工作正常的信号时，指示灯才会熄灭。这种自检过程持续大约2s，发动机启动时指示灯立刻熄灭。

　　（2）特点

　　① 牵引。车速大于7km/h且点火开关接通，在牵引时也会提供转向助力。

　　② 蓄电池用尽。转向系统会识别低电压，并对此做出反应。当电池电压低于9V时，会降低转向助力直至关闭，指示灯亮起红灯。如果电压暂时低于9V，指示灯亮起黄灯。

二、转向助力大小的设定方法

　　用VAS 5051进入44-10-01，在VAS 5051屏幕内的条形块上选择某个合适的助力数值（1～16挡），按保存键，然后再按接收键。此时屏幕就会显示新设定助力大小的名称，然后再按返回键，退出即可。

　　注意：由中间位置向左或向右最大的旋转角度为90°。

三、大众磁阻式扭矩传感器的检测

　　① 用万用表检测端子T3dt/1的15a供电线、端子T2fm/2的30供电线（V187供电）和端子T2fm/1的搭铁线，检测结果表明J500、V187的供电和搭铁均正常

　　② 测量端子T3dt/3和端子T3dt/2之间的电压，工作时电压为2.5～3.5V，睡眠模式下的电压为0V，说明CAN总线通信正常。

　　③ 测量端子T5z/3和端子T5z/2之间的电压，正常电压应在5V左右。

第七节　丰田卡罗拉轿车巡航控制系统

一、丰田卡罗拉轿车巡航控制系统的组成及功能

1. 卡罗拉轿车巡航控制系统的组成

卡罗拉轿车巡航控制电路如图 9-46 所示，巡航 ECU 与发动机 ECU 合为一体。ECU 根据各种传感器送来的信号判断汽车的运行工况，并通过执行元件自动调节节气门的开度，使汽车的行驶速度与设定的车速保持一致。巡航控制系统主要由巡航控制开关、安全开关、传感器、发动机 ECU 和执行元件等组成。

（1）巡航主指示灯电路　ECM 检测到巡航控制开关信号并从 A50 的 A49、A41 脚通过 CAN 将其发送到组合仪表 E46 的 28、27 脚，然后巡航主指示灯亮起，巡航主指示灯位置如图 9-47 所示。巡航主指示灯电路使用 CAN 通信，如果此电路有故障，在对此电路进行故障排除前，检查 CAN 通信系统的故障码。

（2）巡航控制开关　巡航控制开关位于转向盘上，控制开关信号通过螺旋电缆接发动机 ECM 的 A40 脚，其电路如图 9-48 所示。

2. 丰田卡罗拉轿车巡航控制系统的功能

巡航控制主开关有 7 个功能：SET（设置）、－（滑行）、逐级减速、＋（加速）、逐级加速、RES（恢复）和 CANCEL（手动取消）。SET（设置）、－（滑行）和逐级减速功能共用一个开关，＋（加速）、逐级加速和 RES（恢复）功能共用一个开关。巡航控制主开关是自动回位型开关，仅在按箭头方向操作时才打开，松开后开关关闭。

（1）SET（设置）控制　在巡航控制主开关处于 ON 位置（CRUSE 主指示灯亮起）且车速在设置速度范围内（速度下限和速度上限之间）时，将主开关推向－（滑行）/SET，车速将被存储并保持恒速控制。

（2）－（滑行）控制　在巡航控制系统工作期间，将巡航控制主开关设置并保持在－（滑行）/SET 位置时，ECM 将"节气门开关为 0°"的指令信号发送至巡航控制系统。当巡航控制主开关松开时，存储且保持车速。

（3）逐级减速控制　在巡航控制系统工作期间，每将巡航控制主开关按至－（滑行）/SET（约 0.6s）一次，存储车速相应下降约 1.6m/h。当巡航控制主开关从－（滑行）/SET 松开且行驶车速和存储车速相差超过 5km/h 时，行驶车速被存储并保持恒速控制。

（4）＋（加速）控制　在巡航控制系统工作期间，按住巡航控制主开关上的＋（加速）/RES（恢复），ECM 指令节气门体总成的节气门电机打开节气门。巡航控制主开关从＋（加速）/RES（恢复）松开时，存储车速并恒速控制车辆。

（5）逐级加速控制　在巡航控制系统工作期间，每将巡航控制主开关按至＋（加速）/RES（恢复）（约 0.6s）一次，存储车速相应增加约 1.6m/h。但当行驶车速和存储车速相差 5km/h 以上时，存储车速不会改变。

（6）RES（恢复）控制　如果行驶速度在限制范围内用制动灯开关、CANCEL 开关或低速限制开关取消巡航操作，则将巡航控制开关推至＋（加速）/RES（恢复），可恢复取消时存储的车速并保持恒速控制。

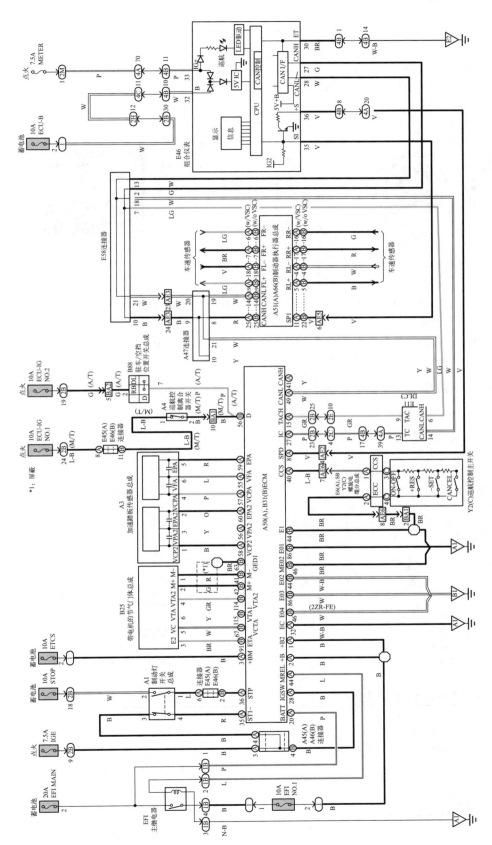

图 9-46 丰田卡罗拉轿车巡航控制电路

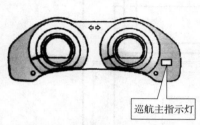

图 9-47　巡航主指示灯位置

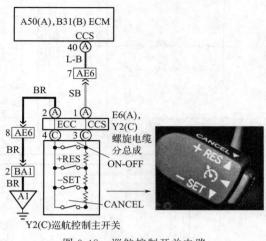

图 9-48　巡航控制开关电路

（7）CANCEL（手动取消）控制　巡航控制系统工作时，执行下述任何一种操作，都将取消巡航控制系统（仍保持 ECM 中存储的车速）：踩下制动踏板；踩下离合器踏板（M/T）；变速杆从 D 位或 3 位换到 N 位、2 位或 1 位（A/T）；将巡航控制主开关拉回 CANCEL；关闭巡航控制主开关（不保持 ECM 中的存储车速）。

二、丰田卡罗拉轿车巡航控制开关的检测

① 巡航控制主开关如图 9-49 所示，巡航控制主开关电阻值检测见表 9-6。

② 检查线束和连接器（巡航控制主开关与螺旋电缆）如图 9-50 所示，其阻值见表 9-7。

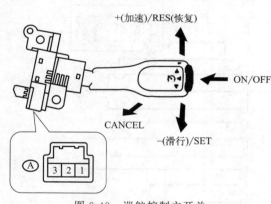

图 9-49　巡航控制主开关

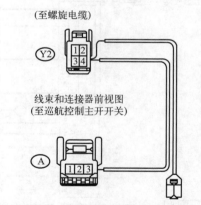

图 9-50　巡航控制主开关与螺旋电缆

表 9-6　巡航控制主开关电阻值检测

检测仪连接	开关条件	规定状态
A-3(CCS)-A-1(ECC)	中立位置	10kΩ 或更大
A-3(CCS)-A-1(ECC)	＋(加速)/RES(恢复)	235～245Ω
A-3(CCS)-A-1(ECC)	−(滑行)/SET	617～643Ω
A-3(CCS)-A-1(ECC)	CANCEL	1509～1571Ω
A-3(CCS)-A-1(ECC)	主开关打开	小于 2.5Ω

表 9-7　巡航控制主开关与螺旋电缆阻值

检测仪连接	条件	规定状态
A-1-Y2-4	始终	小于 1Ω
A-3-Y2-3	始终	小于 1Ω

③ 制动灯开关如图 9-51 所示，制动灯开关电路如图 9-52 所示。测电阻，制动开关阻值如表 9-8 所示。

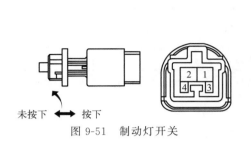

图 9-51 制动灯开关

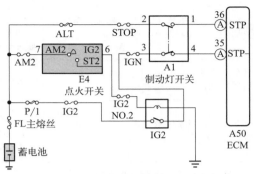

图 9-52 制动灯开关电路

④ 松开离合器踏板时，ECM 通过 1 号 ECU-IG 熔丝接收蓄电池正极信号；踩下离合器开关时，离合器开关向 ECM 的 B56 端子 D 发送信号，端子 D 接收到信号时，ECM 取消巡航控制。离合器开关电路如图 9-53 所示。将点火开关置于 OFF 位置，从离合器开关上断开连接器 A4，拆下离合器开关，测量电阻，如图 9-54 所示，离合器开关标准电阻值如表 9-9 所示。

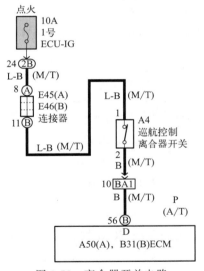

图 9-53 离合器开关电路

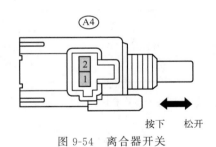

图 9-54 离合器开关

表 9-8 制动开关阻值

检测仪连接	开关条件	规定状态
1-2	开关未按下	小于 1Ω
3-4	开关未按下	10kΩ 或更大
1-2	开关按下	10kΩ 或更大
3-4	开关按下	小于 1Ω

表 9-9 离合器开关标准电阻值

检测仪连接	开关状态	规定状态
1-2	开关松开（踩下离合器）	10kΩ 或更大
	开关松开（松开离合器）	小于 1Ω

⑤ 巡航控制系统故障诊断表如表 9-10 所示。

表 9-10　巡航控制系统故障诊断表

症状	可疑部位
当车速降到低于速度下限时,巡航控制没有取消(CRUISE 主指示灯一直亮)	车速传感器电路
	如果上述部位检查完毕且证明各部位均正常,但症状仍然出现,则应更换 ECM(2ZR-FE)
当车速降到低于速度下限时,巡航控制没有取消(CRUISE 主指示灯熄灭)	更换 ECM(2ZR-FE)
踩下制动踏板不能取消巡航控制(CRUISE 主指示灯一直亮)	制动灯开关电路
	如果上述部位检查完毕且证明各部位均正常,但症状仍然出现,则应更换 ECM(2ZR-FE)
踩下制动踏板不能取消巡航控制(CRUISE 主指示灯熄灭)	更换 ECM(2ZR-FE)
踩下离合器踏板不能取消巡航控制(CRUISE 主指示灯一直亮)	离合器开关电路(C66M/T)
	如果上述部位检查完毕且证明各部位均正常,但症状仍然出现,则应更换 ECM(2ZR-FE)
踩下离合器踏板不能取消巡航控制(CRUISE 主指示灯熄灭)	更换 ECM(2ZR-FE)
移动变速杆不能取消巡航控制	变速器挡位传感器电路(U341E A/T)
	如果上述部位检查完毕且证明各部位均正常,但症状仍然出现,则应更换 ECM(2ZR-FE)
抖动(车速不恒定)	车速传感器电路
	组合仪表
	如果上述部位检查完毕且证明各部位均正常,但症状仍然出现,则应更换 ECM(2ZR-FE)
CRUISE 主指示灯始终闪烁	TC 和 CG 端子电路
	如果上述部位检查完毕且证明各部位均正常,但症状仍然出现,则应更换 ECM(2ZR-FE)

⑥ 巡航控制系统端子电压检测见表 9-11,巡航控制系统 ECM 控制端子如图 9-55 所示。

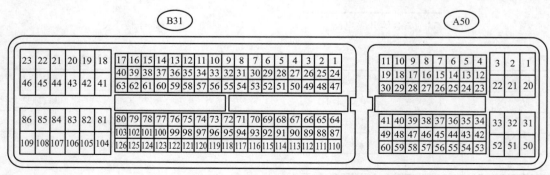

图 9-55　巡航控制系统 ECM 控制端子

表 9-11　巡航控制系统端子电压检测

符号（端子编号）	接线颜色	端子说明	状态	规定条件/V
A50-27(TC)-B31-104(E1)	R-BR	车身搭铁	点火开关置于 ON(IG) 位置	11～14
A50-27(TC)-B31-104(E1)	R-BR	车身搭铁	DLC3 的端子 TC 和 CG 连接时	低于 1
A50-35(ST1)-B31-104(E1)	R-BR	制动灯信号	点火开关置于 ON(IG) 位置，踩下制动踏板	低于 1
A50-35(ST1)-B31-104(E1)	R-BR	制动灯信号	点火开关置于 ON(IG) 位置，松开制动踏板	11～14
A50-36(STP)-B31-104(E1)	L-BR	制动灯信号	点火开关置于 ON(IG) 位置，踩下制动踏板	11～14
A50-36(STP)-B31-104(E1)	L-BR	制动灯信号	点火开关置于 ON(IG) 位置，松开制动踏板	低于 1
A50-40(CCS)-B31-104(E1)	L-B-BR	巡航控制主开关电路	点火开关置于 ON(IG) 位置	11～14
A50-40(CCS)-B31-104(E1)	L-B-BR	巡航控制主开关电路	CANCEL 开关置于 ON 位置	6.6～10.1
A50-40(CCS)-B31-104(E1)	L-B-BR	巡航控制主开关电路	－(滑行)/SET 开关置于 ON 位置	4.5～7.1
A50-40(CCS)-B31-104(E1)	L-B-BR	巡航控制主开关电路	＋(加速)/RES(恢复)开关置于 ON 位置	2.3～4.0
A50-40(CCS)-B31-104(E1)	L-B-BR	巡航控制主开关电路	主开关置于 ON 位置	低于 1
(＊1)B31-56(D)-B31-104(E1)	B-BR	D 位开关信号	点火开关置于 ON(IG) 位置，变速杆置于 D 以外的位置	低于 1
(＊1)B31-56(D)-B31-104(E1)	B-BR	D 位开关信号	点火开关置于 ON(IG) 位置，变速杆置于 D 以外的位置	11～14
(＊2)B31-56(D)-B31-104(E1)	B-BR	离合器信号	点火开关置于 ON(IG) 位置，踩下制动踏板	低于 1
(＊2)B31-56(D)-B31-104(E1)	B-BR	离合器信号	点火开关置于 ON(IG) 位置，松开制动踏板	11～14

第八节　奥迪 A4 轿车太阳能天窗

　　在一些高档轿车上开始应用太阳能天窗技术。太阳能天窗就是在汽车天窗玻璃的下方装置太阳能电池板，它可以将吸收的太阳能转换成电能，通过空调控制单元可以将其输送到汽车电气系统中，主要完成车内换气通风和对蓄电池的补充充电工作。

　　奥迪 A4 轿车太阳能天窗的结构示意如图 9-56 所示。图中 C 为随天窗可移动的太阳能电池板，它用热熔胶将天窗玻璃与太阳能电池粘接而成。A 为传输电能的动触点（在天窗的前边缘，左右各一个）。B 为传输电能的静触点（在固定天窗框架的前边缘，左右各一个）。当天窗关闭时动静触点紧密接触，太阳能电池板所产生的直流电能就可以通过触点传输到汽车内部。奥迪 A4 轿车太阳能天窗的主要电气技术参数见表 9-12。

一、奥迪 A4 轿车太阳能天窗的工作原理

　　奥迪 A4 轿车太阳能天窗的电路原理如图 9-57 所示。由图 9-57 可知，太阳能天窗电路只是在原自动空调系统上加入 C20 太阳能电池板。

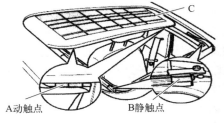

图 9-56　奥迪 A4 轿车太阳能天窗的结构示意

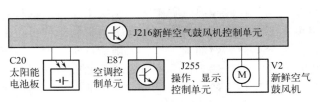

图 9-57　奥迪 A4 轿车太阳能天窗的电路原理

表 9-12　奥迪 A4 轿车太阳能天窗的主要电气技术参数

最大输出功率	最大输出电压	最大输出电流	开路电压	短路电流
36W	21V	1.72A	25.2V	1.86A

1. 新鲜空气鼓风机 V2 的工作条件

发动机运转时，V2 可以在空调控制单元 E87 的控制下，完成自动空调系统的取暖、制冷、通风、空气净化等工作要求。此时，V2 的电能由发电机和蓄电池提供。当发动机停止运行时，V2 才可能在 J216 的控制下接收太阳能电池板 C20 提供的电能，通过它连续运转，达到通风换气的目的。汽车进入此种运行模式（称为太阳能运行模式或新鲜空气运行模式），需满足以下几个条件：点火开关处在 OFF 位置时（即发动机停止工作），因为只要发动机工作，发电机就发电，V2 就不需要由太阳能天窗提供电能；滑动天窗关闭或外翻时，这是因为在以上 2 种状态下动触点与静触点接通导电，电能才能引到车内电路系统；要具备一定的阳光照射强度（阳光照射强度约在 $70W/m^2$ 以上），否则所产生的电能不足以使 V2 转动。

2. 太阳能运行模式的工作原理

驾驶员通过操作显示操作面板使车辆进入太阳能运行模式。首先按下菜单键进入空调设置，然后选择进入太阳能运行模式。在太阳能运行模式下，一旦发动机停止运行，储存在太阳能电池上的电能就可以通过太阳能天窗上的动触点 A 和固定在天窗框架边缘上的静触点 B 将电能传输到车内电气系统。此时 E87 和 J255 已经通过通信设码环节处在太阳能运行模式下，只有带太阳能天窗的汽车具备此功能。此时不管汽车运行时空调上的所有伺服电机在什么位置，只要点火开关断开，汽车就自动处于新鲜空气运行模式。如新鲜空气风门切换到打开位置、车内空气循环风门切换到外循环等，J216 定期查询来自太阳能电池板 C20 的输入电压，当满足 V2 运行条件时（最小电压大于 2V），V2 转动。转动的快慢与太阳能电池的输入电压有关，输入电压越大，转动越快。鼓风机的连续转动，使车内空气流通，保证车内环境温度不至于过高。在显示屏上可以显示出 V2 在太阳能模式下的运转时间。

3. 太阳能运行模式的三大功能

当车辆较长时间停留在阳光照射强度较强的场所时，将引起车内温度过高（即驻车高温现象）。通过实测得知，夏季阳光下的驻车车内温度可高达 70℃ 以上。高温使车内产生大量的有害气体，同时高温也使乘员感到明显不适。安装了太阳能天窗的车辆利用其换气功能，就可以减轻或避免以上一系列不良后果，下面介绍太阳能运行模式下的优越功能。

（1）降温、除臭、排毒功能　驻车高温时，车内的塑料制品、皮革、油漆、空调管道等将挥发出大量的有害气体。当乘员进入车辆时不但会因闷热感到强烈不适，而且经常处在被有害气体污染的环境中也会导致神经和呼吸系统受到伤害，不良后果显而易见。新鲜空气运行模式可以通过 V2 的不停运转，增加空气流通，及时将有害气体、烟臭味等排出车外，同时降低车内温度，使乘员享受无毒无害、有益健康的驾车、乘车舒适环境。

（2）节能环保功能　当启动驻车高温的汽车时，为了降低温度，驾驶员一般会马上打开汽车空调。在此降温过程中空调系统工作时间较长，且 V2 要高速运转，显然此过程要增加电能和燃油消耗。太阳能是一种清洁无污染的可再生能源，安装太阳能天窗的车辆就可以降低这部分电能和燃油损耗。若太阳能汽车天窗与汽车蓄电池相连，在强光下也可以实现对蓄电池自动充电，达到进一步节省燃料的效果，同时延长蓄电池的使用寿命。

（3）保护电器、减少意外事故功能　驻车高温对车内电器及电子产品的性能和使用寿命有一定影响，如加快电子器件的老化速度、降低材料的绝缘能力、缩短工作寿命等。另外，驻车时高温也能引起车内易燃易爆物品的爆裂，严重时能引起车辆自燃。通过新鲜空气运行模式的通风降温作用可避免以上不良后果的发生，提高了汽车的安全性和可靠性。

二、奥迪 A4 轿车太阳能天窗的检修

装有太阳能天窗的汽车，在已确定设置在"太阳能运行模式"的情况下，若仍出现驻车高温现象，可判定为"太阳能运行模式"出现故障（最好通过强阳光的实际测试）。一般可通过以下步骤进行检修。

① 将车辆停放在阳光照射环境下。

② 在特约维修站等维修场所进行检测时，为避免天气影响可以用 2 个普通的 500W 卤素灯照射太阳能天窗（有些车型如奥迪 A6L 等要求用 1000W 卤素灯），照射时卤素灯与太阳能天窗的距离要保持在 500mm 左右。此时太阳能天窗的输出功率约为 15W。

③ 应用 VAS 5051 测试仪的"引导型故障查询"功能，检查操作与显示单元的匹配（带太阳能电池滑动天窗的功能必须已匹配好）。

④ 断开点火开关（操作与显示单元黑屏），关闭滑动天窗。

⑤ 打开中部仪表板排风口并关闭其他出风口。

⑥ 感觉是否有气流从仪表板出风口中吹出。

⑦ 检查图 9-56 所示中两个触点的接触是否良好。此触点要保持清洁，只允许涂抹少量的导电良好的触点润滑脂，不可使用普通的润滑脂。

⑧ 断开点火开关。拆下排水槽盖板，打开汽车线束至进气单元（新鲜空气鼓风机控制单元 J216）的 3 芯插头连接 A。测量插头 B 的触点 2（来自太阳能天窗）和 3 搭铁之间的电压，电压值在 3～12V 以内为正常。也可将检测灯泡（12V，最大 5W）接在两点之间，观察灯泡是否亮起（亮度与阳光照射强度有关，一般灯泡只发出微光）。这样可以判定太阳能天窗系统功能是否正常。

⑨ 新鲜空气鼓风机 V2 的灵活性和是否正常可通过空调通风状态进行测试。

⑩ 新鲜空气鼓风机控制单元 J216 的好坏，可用替代法进行测试。

第九节　制动器摩擦片传感器

一、制动器摩擦片传感器的结构

大众 CC 轿车制动器摩擦片传感器用于检测汽车制动器摩擦片的磨损情况。制动器摩擦片传感器的结构如图 9-58 所示。摩擦片磨损情况的检测方法有两种，当制动钳摩擦片超过磨损允许的限度时，一种方法是使制动器摩擦片传感器本身被磨损，另一种方法是使其接触制动器摩擦片传感器。

制动器摩擦片传感器在盘式制动器上的安装情况如图 9-59 所示。制动器摩擦片传感器用一个安装在摩擦片中的 U 形金属丝检测，U 形金属丝的顶端就处在制动器摩擦片的磨损极限位置上，制动器摩擦片没有磨损到极限位置时，输出电压为 0，当摩擦片磨损到规定限度时，U 形金属丝部分被磨断，电路断开，这时输出电压为高电平，异常信号输入电控单元中或通过电阻 R 接通报警电路，使灯泡点亮，如图 9-60 所示为制动器摩擦片传感器工作电路。

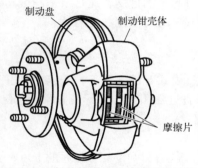

图 9-58　制动器摩擦片传感器的结构

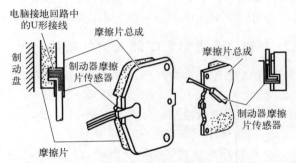

图 9-59　制动器摩擦片传感器在盘式制动器上的安装情况

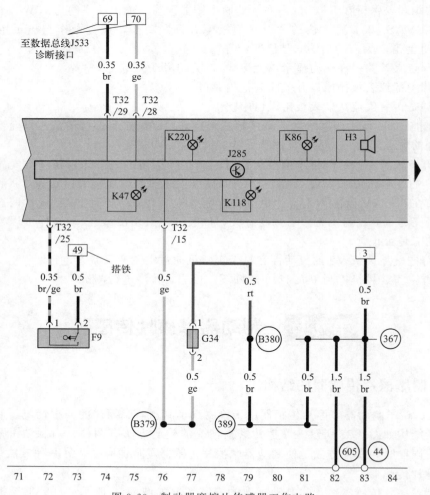

图 9-60　制动器摩擦片传感器工作电路

F8—手制动器指示灯开关；G34—左前制动器摩擦片磨损传感器；H3—警报蜂鸣器和警报音；J285—仪表板中的控制单元；K47—ABS 指示灯；K86—驱动防滑控制指示灯；K118—制动系统指示灯；K220—轮胎压力监控显示指示灯；T32—32 芯插头连接；44—接地点，左侧 A 柱下部；367—接地连接 2，在主导线束中；389—接地连接 24，在主导线束中；605—接地点，在上部转向柱上；B379—连接 1（制动器摩擦片磨损显示），在主导线束中；B380—连接 2（制动器摩擦片磨损显示），在主导线束中；*—仅用于配备制动器摩擦片磨损显示的车辆

二、制动器摩擦片传感器的检测

摩擦片过薄报警系统由带有传感器的特殊摩擦片、电子控制单元和报警指示灯组成。传感器的短接线置入该特殊摩擦片的一定深度处，当摩擦片磨损到只有 2.0～2.2mm 的极限厚度时，摩擦片便将传感器的短接线磨破而断路，该断路信号立即被输送到电子控制单元，电子控制单元便接通报警指示灯电路，使指示灯闪亮，发出警告信号。

在车轮制动器摩擦片过薄报警系统使用中，最常出现的故障是制动器摩擦片还未到更换时机，报警系统便报警，指示灯闪亮。从以上原理分析中可以看出，造成指示灯闪亮的原因有两方面：一是制动器摩擦片磨到了极限程度（正常），应该加以更换；二是报警系统本身有故障。报警系统检查步骤如下。

① 关闭点火开关，拔下左右轮传感器插头，若指示灯仍亮，则故障在仪表控制单元，应予以更换；若指示灯闪亮停止，则说明传感器线路正常，传感器本身有故障，需进行进一步检查加以区别。

② 在关闭点火开关的状态下，插入一侧传感器插头（不插另一侧）。当打开点火开关后，看报警指示灯的情况，若不亮，则说明该侧可能无问题；若指示灯闪亮，则说明该插入侧的传感器损坏。

③ 用同样的方法对另一侧传感器进行检测，若指示灯亮，也说明该传感器有故障。由于损坏的传感器不可拆修，故应更换新件。

④ 检查 T32/15 与车身搭铁的电压，约为 5V。

⑤ 检查 T32/15 与摩擦片传感器端子 2 之间的线路导通性，应导通。

⑥ 检查摩擦片传感器端子 1 与搭铁之间的线路导通性，应导通。

第十节　日照光电传感器

一、日照光电传感器的结构

日照光电传感器用于汽车自动空调控制系统中，该传感器由自动空调提供5V电压，位于仪表板中部、除霜出风口前的一个盖板下方。它不受环境温度的影响，能够准确地检测出日光照射量的变化，把日光照射量转化为电流，根据电流的大小判断日光照射量，并把信息送入自动空调控制单元，使自动空调控制单元根据此信号调整车内空调吹出的风量与温度。日照传感器主要由壳体、光学元件及光敏二极管等组成（图9-61），通过光敏二极管可检测

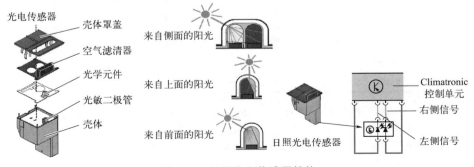

图 9-61　日照光电传感器结构

出日光照射量的变化。光敏二极管对日光的照射变化反应敏感，而自身不受温度的影响，将日照变化转换成电流变化，根据电流的大小就可以知道准确的日照量。

在日照光电传感器中，若某个光敏二极管损坏，空调控制系统将参考仍能正常工作的光敏二极管的信号，调用一个固定的替代值作为控制参量；若两个光敏二极管均损坏，空调控制系统将用两个固定替代值作为控制参量，以维持空调系统的正常工作。不过，此时空调系统的控制精度会有一定程度变化。

二、日照光电传感器的工作原理

日照光电传感器壳体中含有两个光敏二极管与一个光学元件。该光学元件分为两个腔室，每个腔室各含一个光敏二极管。当太阳光照射到传感器上时，光学元件本身的特性会使射线集中到左侧的光敏二极管上。因此，左侧的光敏二极管上产生的电流会大于右侧光敏二极管上产生的电流。当阳光从右侧照射时，那么右侧的光敏二极管的电流会明显地大于右侧光敏二极管上产生的电流。借此，自动空调控制单元就可以判断出车内的哪一侧正在受到日光照射的影响而升温，并采取相应的控制措施。

三、日照光电传感器的检测

① 拆下仪表板上的杂物箱，拔下日照光电传感器导线连接器，点火开关置于 ON 位置，用布遮住传感器，然后用灯光照射日照光电传感器，测量日照光电传感器连接器端子 1 与 2 间的电压值，在正常情况下，电压值应为 4.0～4.5V，随着灯光逐渐远离，电压不应超 4.0V。

② 用布遮住传感器，测量连接器端子 1 与 2 间的电阻值，在正常情况下应为不导通（阻值 ∞）。从日照光电传感器上移开遮布，使其受电灯光照射，检测端子 1 和 2 间的电阻值，为 4kΩ（电灯光移开电阻随之下降），相关控制电路如图 9-62 所示。注：正常情况下两

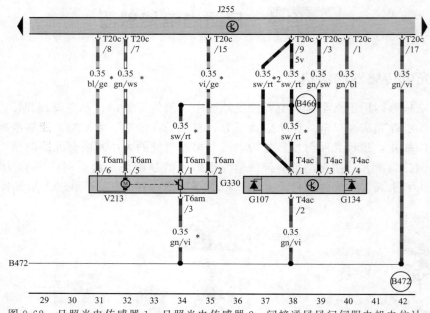

图 9-62　日照光电传感器 1、日照光电传感器 2、间接通风风门伺服电机电位计、
Climatronic 控制单元、间接通风风门伺服电机电路

G107—日照光电传感器 1；G134—日照光电传感器 2；G330—间接通风风门伺服电机电位计；
J255—Climatronic 控制单元；T4ac—4 芯插头连接；T6am—6 芯插头连接；T20c—20 芯插头连接；
V213—间接通风风门伺服电机；B466—连接 2，在主导线束中；B472—连接 8，在主导线束中

根导线阻值应小于 0.5Ω。

另外，还可以拔下传感器连接器，连接好蓄电池和电流表。将传感器放在强光区，测量 2 号端子与蓄电池负极间电流；再将传感器放在弱光区，测量 2 号端子与蓄电池正极间的电流。测量结果为强光区电流应大于弱光区电流，若不符合规定，则应更换传感器。

第十一节　**空气湿度传感器**

一、空气湿度传感器的安装位置与作用

各种测试方法表明，尤其是在外界温度很低的情况下，挡风玻璃上部的 1/3 会变得非常冷，因而容易起雾。为了能测量到该区域，空气湿度传感器 G355 安装在后视镜的根部，如图 9-63 所示。

来自除霜器通风口的小量连续气流确保传感器探测区域的空气可以良好地混合，这样就可以认为挡风玻璃上所测位置的空气湿度接近挡风玻璃的其他位置，如图 9-64 所示。空气通过传感器壳体上的一个缝隙达到传感器表面。若缝隙中有脏物则会导致传感器故障。

为了能够进行自动除霜功能的自适应控制，该传感器检测三个测量值：空气湿度、传感器处的相关温度以及挡风玻璃温度。所有功能都集中在传感器壳体中。

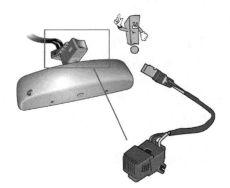

图 9-63　空气湿度传感器

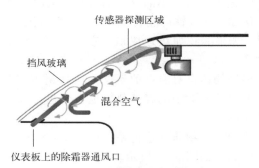

图 9-64　所测位置的空气湿度

二、空气湿度的测量

测量空气湿度，就是确定座舱内气态水（水蒸气）的所占比例。空气吸收水蒸气的能力取决于空气温度。这就是为什么在测量湿度等级时必须确定相关的空气温度。

空气越热，吸收的水蒸气就越多。若富含水蒸气的空气冷却下来后，水分就会冷凝。形成细小水滴并附着在挡风玻璃上。

湿度是通过薄层电容传感器测量的，该传感器的工作模式等同于平行极板电容器。

电容器的电容，即存储电能的容量，取决于电容极板的表面积、间隔以及两极板之间填充材料的特性。此材料叫作电介质，如图 9-65 所示。这种特殊的电容器可以吸收水蒸气。吸收的水分改变了电介质的电气特性，从而改变了电容器的电容量。所以测得的电容值就表示了空气湿度。传感器电子装置将所测的电容值转换成电压信号，如图 9-66 所示。

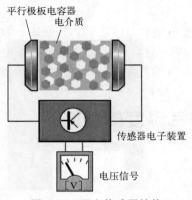

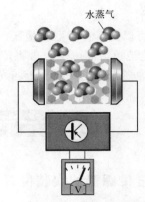

图 9-65　湿度传感器结构　　　　　图 9-66　电容值转换成电压信号

三、传感器处的温度测量

（1）基本物理原理　为了确定空气湿度，测量湿度位置附近的温度也必须确定。此相关温度是很重要的，因为空气湿度非常依赖空气的温度。若湿度测量点距温度测量点太远，则该空气湿度的测量值可能不准确，因为温度的差异会导致湿度的不同。

（2）测量挡风玻璃温度　每个物体都会以电磁辐射的方式与周围环境交换热量。此电磁辐射可能含有红外线范围、可见光或者紫外线范围的热辐射。但是，这三种范围的辐射只是整个电磁光谱的一小部分。辐射是"吸收"和"发射"。

例如：一块铁可能吸收红外线辐射（图 9-67），它会变热，也就是说这块铁也重新发射红外线。如果继续加热这块铁，它会发亮。此时它发射可见光范围内的电磁辐射以及红外线辐射。

根据物体自身温度的不同，所发射的辐射成分可能会有变化。例如，若物体的温度变化，发出的辐射中的红外部分也会变化。这样通过测量辐射出来的红外线，就可以无接触地测量物体温度。

测量一个物体（这里是挡风玻璃）的红外线辐射，是用一个高灵敏度的红外线辐射传感器进行的，如图 9-68 所示。

若挡风玻璃的温度发生变化，在平垫圈发出的热辐射中，其红外部分也会变化。该传感器检测这种变化，并且传感器电子装置将其转换成电压信号。

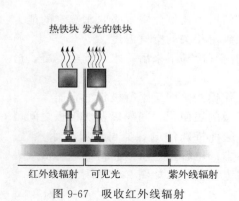

图 9-67　吸收红外线辐射　　　　　图 9-68　测量时表面温度信号电压

四、空气湿度传感器的电路

奥迪 Q5、A5、A4 等车型采用湿度传感器，传感器的电压在 0～5V 之间线性变化，由此可以通过湿敏电容湿度传感器测得相对湿度值，其控制电路如图 9-69 所示。

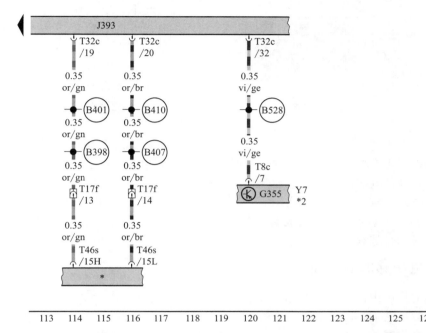

图 9-69　空气湿度传感器、舒适/便捷系统的中央控制单元、自动防眩的车内后视镜连接 2 电路

G355—空气湿度传感器；J393—舒适/便捷系统的中央控制单元；T8c—8 芯插头连接；T17f—17 芯插头连接，棕色；T32c—32 芯插头连接；T46s—46 芯插头连接；Y7—自动防眩的车内后视镜连接 2（舒适/便捷系统 CAN 总线，High）；B407—连接 2（舒适/便捷系统 CAN 总线，Low）；*—见适用的电路图；*2—见基本装备所适用的电路图

第十二节　空气质量传感器

一、空气质量传感器的安装位置和作用

该传感器连同新鲜空气进气道温度传感器 G89 一起安装在通风室的新鲜空气进气区域，如图 9-70 所示。它能够通过感应化学物质（比如 NO、NO_2 和 CO）来检测空气污染，如图 9-71 所示。根据进气空气的质量，它会自动打开车内空气循环模式（如果处于 AUTO 模式）。出于安全原因，如果外界温度降到 2℃以下或空调压缩机关闭（可能是挡风玻璃结冰），自动循环模式将中断。

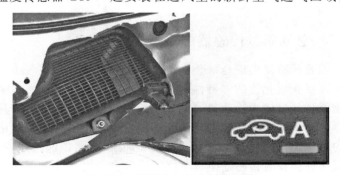

图 9-70　安装位置及内循环开关

空气中的污染物是以可氧化或可还原气体形式存在的，基于这一认识，该传感器得以开发和应用。Climatronic 控制单元需要该传感器信号来执行自动空气再循环功能。若此功能开启，在该传感器检测到新鲜空气中有污染物时，进气风门被自动关闭并且空气再循环风门打开。

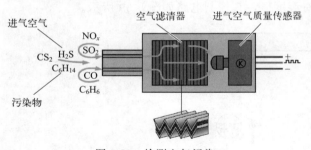

图 9-71　检测空气污染

在自动空气内循环运行模式接通的情况下，空气质量传感器会测量吸入空气中的有害物质浓度。如果空气质量传感器识别到有害物质浓度明显升高，则暂时接通空气内循环运行模式。当有害物质浓度下降到正常水平时，自动关闭空气内循环运行模式，以便重新向车内输送新鲜空气。接通自动空气内循环运行模式时，反复按压按钮，直到按钮上右侧的指示灯亮起。暂时关闭自动空气内循环运行模式后，如果空气质量传感器在有难闻的气味时未自动接通空气内循环运行模式，可以通过按压按钮手动接通空气内循环运行模式。按钮上左侧的指示灯亮起。重新接通自动空气内循环运行模式时，按下按钮超过 2s，按钮上右侧的指示灯亮起。关闭自动空气内循环运行模式时，再次按压按钮，直至按钮上的指示灯熄灭。

二、空气质量传感器的原理

该传感器的核心由混有钨的氧化物或混有锡的氧化物组成。当两种化合物接触到可氧化或可还原气体时，它们都改变各自的电特性。简而言之，当一种元素吸收氧时就发生氧化反应，当一种化合物释放氧时就发生还原反应，如图 9-72 所示。因此，可氧化气体试图吸收氧并形成化学键。另外，可还原气体试图让氧与其他元素或化合物结合。可氧化气体包括诸如下面的气体：一氧化碳（CO）、苯蒸气、汽油蒸气、碳氢化合物与未燃烧的或者燃烧不充分的燃油成分等。可还原气体包括诸如下面的气体：氮氧化物（NO_x）等。

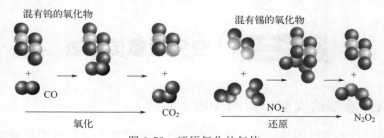

图 9-72　还原氧化的气体

三、空气质量传感器的功能

若传感器的混合氧化物接触到可氧化气体，该气体就会从混合氧化物上吸收氧，从而改变该混合氧化物的电特性，其阻抗下降。另外，若该传感器接触到可还原气体，该混合氧化物就会从气体中吸收氧，从而改变该传感器的电特性，其阻抗上升。

由于混合氧化物的化学与物理特性，它可以在可氧化与可还原气体同时出现时检测其中的污染物，如图 9-73 所示。对于污染物检测，这意味着：若传感器阻抗上升，一定含有可氧化气体；若传感器阻抗下降，一定含有可还原气体。

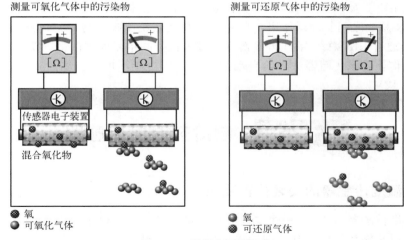

图 9-73　可氧化还原气体

四、空气质量传感器的控制电路

空气质量传感器的控制电路如图 9-74 所示。传感器的信号端子 T3p3 将通过 J519 将信

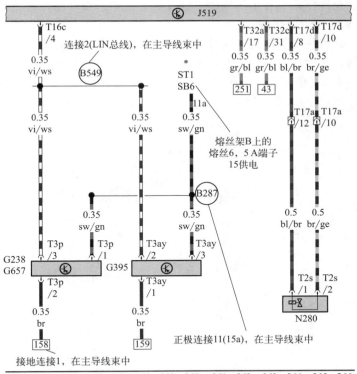

图 9-74　空气质量传感器的控制电路

G238—空气质量传感器；G395—制冷剂压力和制冷剂温度传感器；G657—新鲜空气进气道中的空气湿度传感器；J519—车载电网控制单元；N280—空调压缩机调节阀；ST1—熔丝架 1；SB6—熔丝架 B 上的熔丝 6；T2s—2 芯插头连接；T3ay, T3p—3 芯插头连接；T16c—16 芯插头连接；T17a—17 芯插头连接，排水槽电控箱左侧接线站；T17d—17 芯插头连接；T32a—32 芯插头连接；T32c—32 芯插头连接；B287—正极连接 11（15a），在主导线束中；B549—连接 2（LIN 总线），在主导线束中；＊—见熔丝布置所适用的电路图

息传递给总线 LIN，J519 连接在 CAN 数据总线上，它执行 LIN 的主功能。J519 在 LIN 数据总线和 CAN 总线之间起翻译作用，它是 LIN 总线系统中唯一与 CAN 数据总线相连的控制单元。J519 通过 LIN 总线给 J126 新鲜空气鼓风机控制单元提供信息，新鲜空气鼓风机根据控制信息工作，若该传感器失效，自动空气再循环功能不可用。注：端子 T3p1 与 T3p2 之间的电压为 12V。

第十三节　制冷剂温度传感器

一、制冷剂温度传感器的安装位置及功用

制冷剂温度传感器 G454 是一个温度电阻，安装在压缩机和冷凝器之间，该传感器接头上没有阀，所以只能在排出空制冷剂后才可以拆卸这个传感器，如图 9-75 所示。自动空调控制单元 J255 分析传感器 G454 的信号，制冷剂温度传感器 G454 现在不用于 V6 汽油发动机的车。

该传感器可以诊断出制冷剂缓慢泄漏。当制冷剂的温度超过允许值的时间超过了 30s，那么压缩机就被关闭。这些值以特性曲线的形式存储在自动空调控制单元 J255 内。

如果温度超过允许值，就表示压缩机可能过热并损坏；很可能是制冷剂泄漏。在制冷剂缺少 50％时，温度就会明显升高。

制冷剂压力不是与制冷剂温度一同进行分析的，而且在一定的使用条件下，即使制冷剂的充注量是正确的，制冷剂回路的温度也可能短时升高，所以只在下述使用条件下才分析传感器 G454 的制冷剂温度信号：发动机转速低于 1000r/min；压缩机至少接通了 2min；驾驶舱内的温度低于 40℃；在进行分析前，车速至少有一次高于 50km/h；当前车速低于 5km/h。

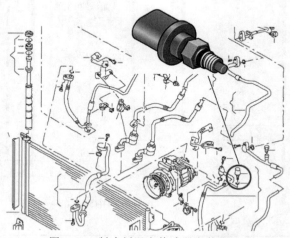

图 9-75　制冷剂温度传感器安装位置

二、制冷剂温度传感器的控制电路

制冷剂温度传感器的控制电路如图 9-76 所示，其端子 T3p1 与 T3p2 之间的电压为 12V。端子 T3p3 向 J519 车载电网控制单元提供 0～5V 电压。

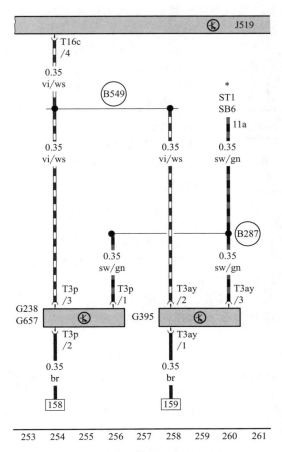

图 9-76　制冷剂温度传感器的控制电路

G238—空气质量传感器；G395—制冷剂压力和制冷剂温度传感器；G657—新鲜空气进气道中的空气湿度传感器；
J519—车载电网控制单元；ST1—熔丝架 1；SB6—熔丝架 B 上的熔丝 6；T3ay，T3p—3 芯插头连接；
T16c—16 芯插头连接；B287—正极连接 11（15a），在主导线束中；B549—连接 2（LIN 总线），在主导线束中

第十四节　散热器识别传感器

一、散热器识别传感器的功能

发动机散热器的整个散热表面都涂有特殊催化涂层。当空气流经这种带有涂层的散热器时，空气中所含的臭氧（O_3）就被转化成氧气（O_2）。臭氧是一种对健康有害的气体。

由于流经汽车散热器的空气量可以达到每秒钟 2kg，所以使用散热器的汽车可以大大减少靠近地面的臭氧。尤其是在阳光照射强烈和空气污染严重时，这种技术尤其有效。

因此就用一个传感器来监控这种特殊的散热器，这就是散热器识别传感器 G611。

二、散热器识别传感器的要求

散热器识别传感器 G611 用于防止：将散热器拆除；拆下散热器识别传感器 G611 并复

制电子系统和软件；将散热器识别传感器 G611 从散热器上卸下。采用下面的措施来满足对散热器识别传感器 G611 的这些要求。

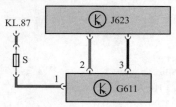

图 9-77 控制电路

G611—散热器识别传感器；

J623—发动机控制单元；

KL.87—主继电器 12V 供电；

S—熔丝；1—供电端子；

2—LIN 线；3—搭铁线

为了验证该传感器是否还存在，将预先定义好的识别特征（ID）存储在发动机控制单元内和散热器识别传感器 G611 内并交换。

这个通信是采用 LIN 总线根据主-从原理来工作的。也就是说：由发动机控制单元来查询散热器识别传感器 G611。在发动机启动后，会将 ID 加密后发送至控制电路（图 9-77）。如果这个代码不符合要求，就会报告有故障。

三、一体式温度传感器

一体式温度传感器（NTC，负温度系数）用来测量安装点的温度，测出的温度在发动机控制单元内与独立温度传感器 G62 测得的温度进行对比。

测出的这个温度经 LIN 总线传送给发动机控制单元。测得的值在发动机控制单元内与一条特性曲线进行对比并分析。

该温度传感器在传感器壳体上的一个形状特殊的栓塞内。在装配时，该温度传感器直接粘贴在散热器的固定座上，如图 9-78 所示。该传感器是用聚氨酯浇注而成的，安装完毕后则无法再拆下。如果随后试图将其拆下，那么传感器栓塞就从壳体上断裂，该传感器则彻底损坏（机械和电气系统均损坏）。

因此，这就可保证识别出任何改动。如果擅自改动，那么废气警告灯 K83（MIL）就会亮起，则必须更换散热器和散热器识别传感器 G611。

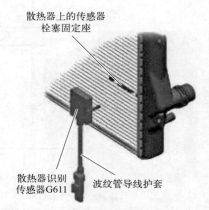

散热器上的传感器栓塞固定座

散热器识别传感器G611

波纹管导线护套

图 9-78 散热器识别传感器的安装位置

第十五节 挡位识别传感器

一、挡位识别传感器的功用

挡位识别传感器 G604 取代了以前的挡位识别开关 F208 和变速器空挡位置传感器 G701 并承担它们的功能。它支持下述功能和控制单元：触发倒车灯；车内后视镜/车外后视镜的自动防眩目功能和车外后视镜的收折功能；驻车辅助功能；挂车控制单元；起步辅助（电动驻车制动器）；启动-停止功能的空挡识别。

新增加：直接识别挂入的挡位；换挡显示的挡位识别（只有当离合器接合时，挂入的挡位才会显示在驾驶员信息系统的显示屏上）；改善换挡舒适性。

二、挡位识别传感器的安装位置

在换挡轴处于空挡位置时，挡位识别传感器 G604 就位于挡板的中间分隔板上方，如

图 9-79 所示。因此，传感器磁场明显增强，电子装置就把这个情况识别为空挡位置。

　　如果挂入了某个挡位，那么与这个挡位相应的挡板缺口就会处于传感器下方。与挡位相配的这些挡板缺口有不同的轮廓外形。因此，传感器磁场会向不同方向偏转，电子装置也就可以识别出到底挂入的是哪个挡位。

　　如果工作缸的挡板损坏，那么挡位就可能无法准确识别。

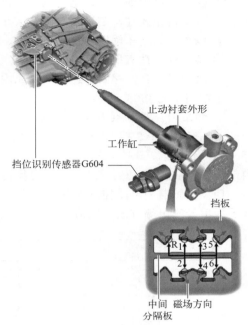

图 9-79　挡位识别传感器 G604 安装位置

三、挡位识别传感器的工作原理与结构

　　在挡位识别传感器的印制电路板上，装有 4 个霍尔传感器，印制电路板的背面有一块永久磁铁，如图 9-80 所示。工作缸挡板可以影响磁场的强度和方向。

　　挡位识别传感器电子装置利用这 4 个霍尔传感器来分析磁场的方向和强度，从而判定具体挡位。挡位信息被作为脉冲宽度调制信号（PWM 信号）送至发动机控制单元 J623。每个挡位位置有其固定的脉冲宽度，发动机控制单元对这些 PWM 信号进行处理后，将信息放到驱动 CAN 总线上。

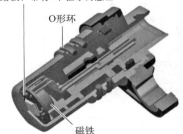

图 9-80　挡位识别传感器的结构

　　发动机控制单元 J623 能立即获知所挂入的挡位信息，不必再通过发动机转速和车速进行计算。这就显示出优点：在离合器接合时，发动机转速可以根据车速来与同步转速相匹配，这样就能大大提高了换挡舒适性。

　　以配备 FSI 发动机变速器 0B2 的车为例：从 4 挡降至 3 挡过程中，脱离 4 挡时，转速首先降至怠速转速。一旦识别出切换到 3 挡且离合器开始接合，那么发动机控制单元会将发动机转速升至与 3 挡相适应的同步转速状态。正在接合着的离合器这时由离合器位置传感器 G476 来判定状态。

四、挡位识别传感器的诊断

　　诊断通过发动机控制单元 J623 来进行。在离合器已接合且车速与发动机转速呈固定比例时来核对挡位信息的可靠性。倒挡信息通过"倒车"这个 ESP 信号来校验。在车辆停住、离合器接合且以怠速转速工作时来核对空挡信息的可靠性。如果在某个信号中断后又清晰地识别出挡位了，那么故障记录就被置于"偶然"这个状态。这时，除了对启动-停止功能的支持外，可以立即使用传感器的所有功能。要在新的行驶循环中才会再次支持启动-停止功能。

　　信号中断或者发动机控制单元内记录了故障码，会有如下影响。

　　① 启动-停止功能无法使用。

　　② 换挡显示中的挡位识别会延迟，因为需要从发动机转速和车速中计算出来。

　　③ 电动机械式驻车制动器在车辆起步时不能自动脱开。

　　④ 倒车灯和驻车辅助系统不工作。

　　⑤ 换挡舒适性有所降低。

　　⑥ 故障记录会保存到下述控制单元内：组合仪表内控制单元 J285；供电控制单元 J519；专用车控制单元 J608。

　　⑦ 测量值。挡位传感器，原始值，PWM 信号占空比：空挡 85.5%～86.5%；1 挡 37.5%～38.5%；2 挡 53.5%～54.5%；3 挡 69.5%～70.5%；4 挡 29.5%～30.5%；5 挡 45.5%～46.5%；6 挡 61.5%～62.5%；R 挡 13.5%～14.5%；中间位置 77.5%～78.5%；内部传感器故障 21.5%～22.5%，更换传感器。

　　挡位传感器的电路控制如图 9-81 所示。端子 T94/59 与 T94/48 之间的电压为 5V，3 号端子为信号输出端方波电压信号。

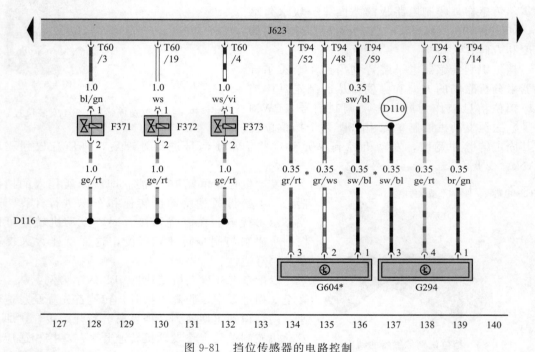

图 9-81　挡位传感器的电路控制

F371—凸轮轴调节元件 6；F372—凸轮轴调节元件 7；F373—凸轮轴调节元件 8；G294—制动助力压力传感器；G604—挡位识别感应器；J623—发动机控制单元；T60—60 芯插头连接；T94—94 芯插头连接；D110—连接 8，在发动机舱导线束中；D116—连接 14，在发动机舱导线束中；＊—仅适用于带手动变速器的汽车

第十六节　智能型蓄电池传感器

一、智能型蓄电池传感器的工作原理

　　智能型蓄电池传感器（IBS）内部安装的智能芯片通过电源线 B＋给其供电，同时提供蓄电池电压信号。其工作时可以连续测量下列数值：蓄电池电压；蓄电池充电/放电电流；

蓄电池电解液温度。智能蓄电池传感器如图 9-82 所示。智能芯片内部的软件还负责控制相关流程和与发动机 ECU 的通信，通过数据接口将数据传送至发动机 ECU。

(a) 结构

1—蓄电池接线柱；2—测量分流器；3—间隔垫圈；4—螺栓；5—接地线

(b) 智能型蓄电池传感器连接

1—智能型蓄电池传感器；2—接地导线；3—位串行数据接口（BSD）；4—接口 B+

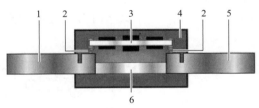

(c) 测量分流器的结构

1—铜；2—弹簧元件（鸥翼式）；3—带有电子分析装置的印制电路板；4—挤压外壳；5—铜；6—锰铜

图 9-82　智能型蓄电池传感器

车辆处于驻车运行模式时，会以周期形式查询测量值，从而节省能量。IBS 的编程要求是其每 40s 唤醒一次。IBS 的测量持续时间约为 50ms。测量值记录在 IBS 内的休眠电流直方图中。此外还计算部分蓄电池充电状态（SOC）。重新启动车辆后，DME/DDE 读取直方图数据。如果出现休眠电流错误，则在 DME/DDE 的故障存储器内进行记录。相关数据通过位串行数据接口传输。智能型蓄电池传感器（IBS）用于分析蓄电池的当前质量。IBS 带有自身的控制单元，是蓄电池负极接线柱的一个组成部分。

IBS 计算出蓄电池指标，作为蓄电池充电和正常状态的基础。蓄电池指标是指车辆蓄电池的充电和放电电流、电压和温度。使蓄电池的充电和放电电流保持平衡状态。始终监控蓄电池的充电状态，蓄电池电量不足时向 DME 发送相关数据。在启动发动机时计算电流特性曲线，以确定蓄电池的正常状态。监控车辆的休眠电流。IBS 具有自诊断功能。

二、智能型蓄电池传感器的结构及安装位置

1. 智能型蓄电池传感器的结构

智能型蓄电池传感器是电源管理系统的一个组成部分，安装在蓄电池负极。IBS由机械、硬件和软件三部分功能元件组成。IBS的机械部分由蓄电池负极接线柱及接地线组成。

IBS是一个自身带有微型控制器的智能型蓄电池传感器。IBS持续测量：蓄电池端电压；蓄电池充电/放电电流；蓄电池酸液温度。

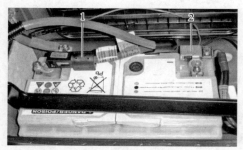

图9-83　智能型蓄电池传感器安装位置
1—安全型蓄电池接线柱；2—智能型蓄电池传感器

2. 智能型蓄电池传感器的安装位置

IBS直接安装在蓄电池的负极上，如图9-83所示。

三、智能型蓄电池传感器的功能

IBS微型控制器中的软件控制功能与上级控制单元之间的通信联络是由DME/DDE通过BSD完成的。在行驶过程中，DME/DDE从IBS获取数据。

此外，IBS中还集成下列功能：持续测量车辆每种行驶状态下蓄电池的电流、电压和温度；计算蓄电池指示参数作为蓄电池SOC和SOH的基础；平衡蓄电池充电/放电电流。

四、智能型蓄电池传感器电子分析装置

IBS电子分析装置持续获取测量数据。IBS利用这些数据来计算下列蓄电池指示参数：电压、电流、温度。IBS通过BSD将这些蓄电池指示参数的数据传递到DME/DDE，如图9-84所示。为了计算蓄电池指示参数，还要同时对蓄电池的充电状态SOC进行测量计算，如表9-13所示。

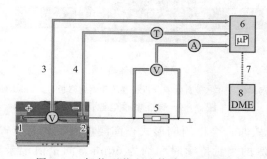

图9-84　智能型蓄电池传感器控制原理
1—蓄电池正极；2—蓄电池负极；3—蓄电池电压测量；4—蓄电池温度测量；5—电流测量（分流器上的电压降）；
6—IBS中的微控制器；7—串行数据接口；8—DME

表9-13　蓄电池的IBS测量范围

项目	IBS测量范围
电压	6～16.5V
电流	−200～+200A
休眠电流	0～10A

项目	IBS 测量范围
启动电流	0～1000A
温度	−40～105℃

故障案例

案例 1：大众尚酷巡航偶尔不工作故障

【故障现象】

一辆进口大众尚酷车 2.0L 排量轿车，发动机型号为 CBFA，行驶里程为 50000km，在行驶中定速巡航偶尔失灵。

【故障诊断】

大众尚酷轿车定速巡航系统（cruise control system，CCS）是发动机电控系统中的一个子系统。为了查找故障点，在原定速巡航电路上将动力总线、舒适总线和仪表总线、巡航电路绘制在一起，如图 9-85 所示。

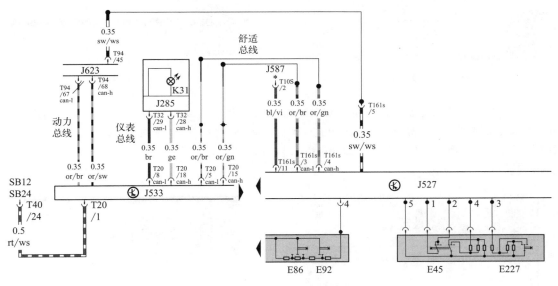

图 9-85　定速巡航系统电路

J533—网关控制单元；J623—发动机控制单元；J527—转向柱控制单元；J285—组台仪表控制单元；K31—定速巡航（CCS）指示灯；E45—定速巡航装置开关；E227—定速巡航设置按钮；J587—换挡杆传感器控制单元

从图 9-85 中可以看出，大众尚酷轿车的 CCS 硬件构成相对简单。装备定速巡航系统的大众尚酷轿车只是增加了定速巡航控制开关和定速巡航指示灯。变速器处于规定挡位，车辆行驶速度达到 30km/h 以上时，可实现定速巡航功能。当需要开启定速巡航时，首先要将定速巡航主开关拨到 ON 位置。开关 E45 的 1 插脚与 2 插脚连通。1 插脚是转向柱控制单元 J527 提供的 12V 左右的高电位。主开关闭合时，此高电位信号经过 E45 开关的 2 插脚传递到转向柱控制单元 J527 的 5 脚。转向柱控制单元 J527 再通过导线将 E45 开关的 ON 信号传递给发动机控制单元 J623。与此同时，转向柱控制单元 J527 将定速巡航开关 E45 及定速巡航按钮 E227 的状态信息，通过舒适 CAN 总线送到网关控制单 J533。网关控制单 J533 再将定速巡航开关状态信息，经过动力 CAN 总线传递给发动机控制单元 J623。发动机控制单元 J623 只有同时收到动力 CAN 总线传递的"定速巡航开启"信号，以及转向柱控制单 J527 单独传递的巡航主开关 ON 信号时，才能开启定速巡航控制功能。

定速巡航系统出现以下任何一种情况，其功能将关闭：动力控制系统出现故障；驾驶员踩制动踏板或踩离合器踏板（手动挡）；车速低于 30km/h；发动机控制单元收到定速巡航开关"OFF（关闭）"信号或"CANCEL（取消）"信号。

由于 CCS 是发动机控制系统中的一个子系统，所以其各项自诊断功能均在发动机控制系统中完成。查询该车的发动机控制系统，故障码如图 9-86 所示。

此车故障为偶发故障，但每次清除后还会重新出现。针对无法定速行驶这一故障现象，进行了检查如下。

① 检查控制单元定速巡航功能是否激活。大众尚酷轿车的定速巡航系统为选装，可以通过售后服务，在发动机控制单元中激活及关闭该功能。激活及关闭方法可利用诊断仪的功能引导（图 9-87）实现。

图 9-86　故障码

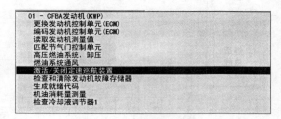

图 9-87　功能引导

发动机控制单元是否激活了定速巡航功能，可通过查看发动机控制单元版本信息及数据组 66 来进行判断，如图 9-88 和图 9-89 所示，通过观察此车的发动机控制单元版本号 MED17.5.20 后面有"G"标志，且 66 组数据 2 区"状态位"显示定速巡航功能处于激活状态"1"。

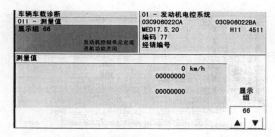

图 9-88　数据组 66 功能关闭

图 9-89　数据组 66 功能激活

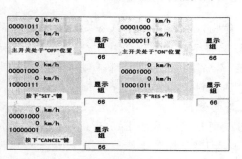

图 9-90　数据流 1

② 通过检查 01-11-66 组定速巡航开关状态数据（图 9-90），可以判断开关、相关线路是否正常。通过检查发现该车定速巡航开关状态数据正常。

③ 此时进一步诊断故障检查范围，发现多个控制单元有总线信息故障。检查网关控制单元 J533 数据流时发现，转向柱控制单 J527 及车身电气系统控制单 J519 的通信状态时断时续，如图 9-91

和图 9-92 所示。

图 9-91　数据流 2　　　　　　　　　图 9-92　数据流 3

此车转向柱控制单元及车身电气控制单元均通过舒适系统 CAN 总线进行通信，所以用示波器测量舒适系统 CAN 总线波形，如图 9-93 所示。根据波形判断舒适系统 CAN 总线信号受到了干扰。依次断开电气系统控制单元、转向柱控制单元、两个前门控制单元、空调系统控制单元后，总线信号波形均无变化，发动机中的故障码无法清除。

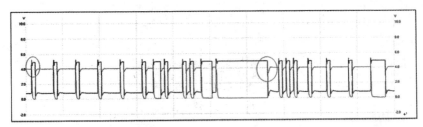

图 9-93　舒适系统 CAN 总线波形

经查发现此车改装过导航音响。误将改装过的导航音响插接头插到舒适系统 CAN 总线橙绿色端，是导致巡航偶尔无法正常工作的直接原因。导航音响控制单元属于信息、娱乐CAN 总线系统（颜色：橙褐色-can-l、橙紫色-can-h），不属于舒适系统 CAN，于是拔下导航音响线束插头中的 CAN 总线导线插头。

【故障排除】

将舒适系统 CAN 总线原线束插头插好，用示波器读取信号波形，恢复正常，如图 9-94所示。最后将导航音响控制单元插头与信息、娱乐 CAN 总线插接好，发动机控制单元及其他控制单元中的网络通信故障能够清除，于是开始试车，当车速达到定速、30km/h、60km/h、90km/h 时，分别开启定速巡航持续行驶了 50 多分钟，没有出现巡航偶尔失效故障，随后交车。过 2 天后再次打电话询问该车主，巡航再没有出现偶发不能使用故障，说明巡航系统功能恢复正常，故障彻底排除。

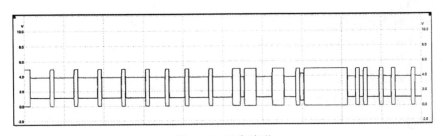

图 9-94　正常波形

案例 2：帕萨特新领驭车身稳定系统故障

【故障现象】

一辆新款帕萨特新领驭 1.8T 自动挡导航版轿车，行驶里程为 5000km。用户反映该车车身稳定控制系统故障报警灯常亮。

【故障分析】

维修人员查询制动防抱死系统/车身稳定控制系统控制单元的故障码，有转向角传感器 G85 未设定的故障提示。查阅测量值 5 组 1 区 G85 的数据为 0.0°，转动转向盘，数据没有变化。对 G85 进行初始化设定，选择安全访问功能选项，输入 40168 登录码，显示成功执行此项功能，选择基本设定选项，输入通道号 1，进入基本设定界面，屏幕显示转向角度传感器阻滞或异常。根据帕萨特车系测量值的特征，G85 在未做初始化设定时，如果转向盘未回正，5 组 1 区测量值数据不应为 0.0°，而当前无论转向盘处于什么位置，测量值总是显示 0.0°。基于这种情况，再加上基本设定不成功，表明故障确实存在。

帕萨特新领驭 1.8T 自动导航版轿车装备的是博世 8.0 制动防抱死系统/车身稳定控制系统，转向角传感器电路如图 9-95 所示。G85 外围电路有 5 条连线，其中 2 条线是数据总线，通过测量值 125 组 1 区数据能够正常读取，可以确定数据总线工作正常；另外 3 条线分别是 30 号常电（经熔丝 SC16，5A）、15 号电源（经熔丝 SC7，10A）和接地线。拔下 G85 的 T6S 黑色插接器，用试灯分别测量端子 T6S/4 与 T6SS/1、端子 T6S/5 与 T6S/1 的供电，试灯均点亮，表明 G85 的供电正常。G85 的外部电路均正常。表明故障在 G85 自身。

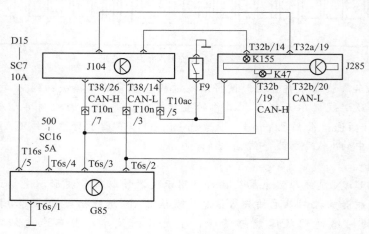

图 9-95　转向角传感器电路

G85—转向角传感器；J117—制动防抱死/电子稳定程序控制单元；J285—仪表控制单元；
F9—手制动开关；K155—稳定程序指示灯；K47—制动防抱死指示灯

【故障排除】

更换集成了转向角传感器的气囊螺旋电缆组件，检查测量值 5 组 1 区的数据，在左右转动转向盘时，数据出现变化。新领驭轿车制动防抱死/电子稳定程序控制单元在更换转向角传感器后无须对控制单元重新编码，只需进行 G85 的初始化设定。设定后，VAS 5052 屏幕显示转向角传感器正常。

案例 3：新款斯柯达明锐转向跑偏故障

【故障现象】

一辆新款斯柯达明锐 1.6L 轿车，搭载 CDF 发动机，累计行驶里程为 3 万千米。该车在行驶时始终向右侧跑偏，且助力转向指示灯会偶尔点亮（红色），在其他修理厂维修过并做了四轮定位，但故障依旧。连接 VAS 5052，读取故障码为 00573，如图 9-96 所示。助力转向系统有故障且助力转向指示灯点亮（红色），在不清除故障码的情况下，助力转向系统在应急模式下运行，转向助力故障依然存在；在断电清除故障码后，如果助力转向系统存在元件方面的故障，如转向扭矩传感器 G269、转向角传感器 G85 或助力转向控制单元 J500 有故障。

【故障分析】

首先检查 G269。G269 集成在 J500 内，转向系统电路如图 9-97 所示。用万用表检测端子 T2p/2 的 30a 供电线、端子 T5e/4 的 15a 供电线和端子 T2p/1 的 31 搭铁线，检测结果表明 J500 的供电和搭铁均正常。测量端子 T5e/1 和端子 T5e/2 之间的电压，工作时电压为 2.5～3.5V，睡眠模式下的电压为 0V，说明 CAN 总线通信正

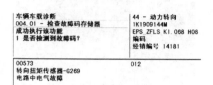

图 9-96　读取的故障码

常。测量端子 T5g/2 和端子 T5/3 之间的电压，为 0V，正常电压应在 5V 左右，说明 G269 供电电路有故障。拔下导线侧连接器直接测量导线侧连接器端子 T5g/2 和端子 T5/3 之间的电压，为 4.5V 左右，正常；再插上导线侧连接器测量，又无电压，这说明导线侧连接器内部线束存在断路现象。对该导线侧连接器进行处理后，故障码变为偶发，助力转向指示灯熄灭，但经试车发现车辆依旧跑偏。拆下 J500 的 15a 供电线的熔丝，让助力转向系统停止工作，查看跑偏是否是由四轮定位参数引起的，结果车辆行驶良好，由此确定还是助力转向系统有故障。该车助力转向系统有主动回正功能，即当车辆直线行驶时，如果 G85 检测到转向盘不在中心位置（转向盘转角为 0°），则 J500 会根据 G85 的信号控制助力转向电机 V187 工作，从而给转向盘提供一个回正扭矩，使转向盘回到中心位置。连接 VAS 5051B 观察 G85 的数据，将转向盘打正，车轮在直线位置，但转向角向左偏差约 30°，如图 9-98 所示。检查底盘，发现两侧转向横拉杆的调整螺纹长度相差太多，标准是两侧螺纹长度相差不得超过 3mm。将转向盘打到左右极限位置读取 G85 的数据，发现转向角偏差均在 34° 左右。拆下转向盘，发现转向盘的中心位置与转向柱的中心位置向左偏差 30° 左右。

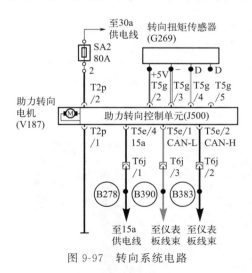

图 9-97　转向系统电路

图 9-98　转向角传感器的数据

【故障排除】

将转向盘和转向柱的中心位置对正安装，然后做四轮定位，最后用 VAS 5052 对 G85 做

零点基本设置。经试车，车辆行驶恢复正常，故障被彻底排除。当转向盘和转向柱的中心位置出现错位安装时，即使车辆四轮定位参数正常，在直线行驶过程中（转向盘打正），G85测量的转向角也会向左偏差约30°，此时J500根据G85的信号控制V187提供向右的回正扭矩，所以车辆始终向右跑偏。

图 9-99　故障显示

案例4：大众CC主动巡行无法使用

【故障现象】

一辆行驶里程约为5万千米的大众CC轿车，主动巡行系统失灵，仪表盘上显示"故障自适应巡行"，如图9-99所示。

【故障诊断】

用VAS 6150读取故障码，故障码如图9-100所示，显示"自动距离调节传感器误调机械故障（静态）"；进入13-距离调节读取数据流，第6组第1区实际偏差值显示异常，如图9-101所示。2区和3区显示为固定值，此值只与距离调节控制单元J428（集成在自动车距控制传感器G550内）本身有关，这说明主动巡行自动距离调节传感器位置偏移，需要对主动巡行控制单元进行校准。

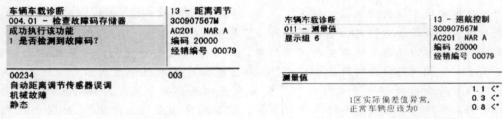

图 9-100　故障码　　　　　　　　　　图 9-101　测量块显示组

【故障排除】

对距离调节控制单元J428进行校准，进入功能导航→选择车型→进入"13-距离调节控制单元"，按照故障检测仪屏幕提示进行操作，对比发现VAS 6430的测量值与实际测量值之间有偏差，如图9-102所示，按照屏幕提示对主动巡行控制单元的调整螺钉进行调整，如图9-103所示，校准成功后，故障检测仪显示界面"已成功匹配距离调节控制单元-J428"，重新读取第6组数据流，1区显示为0，此值正常，表示调整正确，进行路试，主动巡行功能正常。

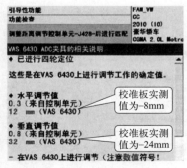

图 9-102　测量值比较

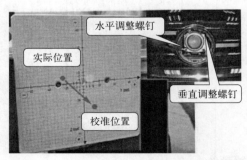

图 9-103　调整主动巡行控制单元的调整螺钉

说明：重新安装雷达传感器，进行功能匹配，匹配的顺序为进入"13-自适应巡行控制"→进入访问认可→输入"23092"→进入匹配通道将"1"改为"0"。

案例5：大众巡航间歇性失效故障

【故障现象】

一辆大众车，巡航故障灯报警，巡航间歇性失效。

【故障诊断】

接车后首先在平坦的道路进行了路试，故障灯亮时，车辆在速度为30～80km/h时开启巡航开关，按压巡航加速按钮，巡航始终无法开启；待故障灯熄灭时，巡航功能正常。故障现象和用户描述相吻合。

连接VAS 6150对车辆进行自诊断。VAS 6150显示4个系统（发动机电子装置、转向柱电子设备、收音机、数据总线诊断接口）分别存在故障。于是分别对上述4个系统的故障码进行了读取，如图9-104～图9-109所示。

图9-104　自诊断显示1　　　　　　图9-105　自诊断显示2

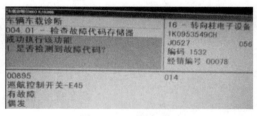

图9-106　故障码1　　　　　　　　图9-107　故障码2

图9-108　故障码3　　　　　　　　图9-109　故障码4

经查实，收音机无法进入的原因是该车收音机已改装，收音机系统及数据总线诊断接口系统所显示的故障码与本次检修无关。而发动机和转向柱单元皆将矛头指向了巡航控制开关E45，于是将E45拆下，结合电路图（图9-110）进行了开关功能的检测。

从图9-110上可以看出，巡航控制开关E45（GRA开关）分3个挡位，2个部分，其中左边部分分别标出了C/1和C/2针脚的连接情况；右边部分则标出了C/10与C/4针脚的连通情况。

假如将电路图（图9-111）中6个电阻依次从左至右分别命名为R_1、R_2、R_3、R_4、

R_5、R_6，那么该开关的工作情况见表 9-14。巡航按钮开关 E227（GRA 开关）则表示出 C/10 针脚与 C/3 的导通关系，见表 9-15。

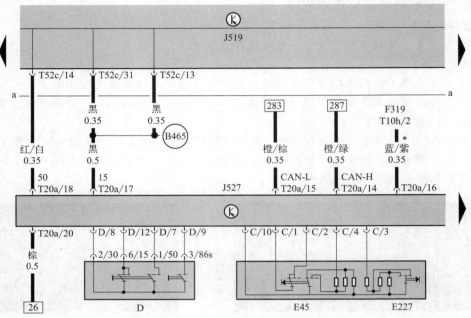

图 9-110　巡航控制开关 E45 电路

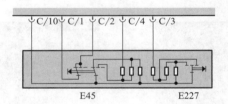

图 9-111　巡航控制开关 E45 内部电路

<table>
<tr><td colspan="3">表 9-14　巡航控制开关内部工作阻值</td></tr>
<tr><td>挡位</td><td>C/1 与 C/2 阻值和</td><td>C/10 与 C/4 阻值和</td></tr>
<tr><td>左边挡（开启）</td><td>0Ω</td><td>R_1+R_2</td></tr>
<tr><td>中间挡（停顿）</td><td>0Ω</td><td>R_1</td></tr>
<tr><td>右边挡（关闭）</td><td>无穷大</td><td>$R_1+R_2+R_3$</td></tr>
</table>

表 9-15　C/10 与 C/3 之间导通关系	
挡位	C/10 与 C/3 阻值和
左边挡（加速）	R_4+R_5
中间挡（保持）	$R_4+R_5+R_6$
右边挡（减速）	R_4

实车中该开关各连接导线如图 9-112 所示。J527 转向柱控制单元对应脚排列情况及导线颜色见表 9-16。

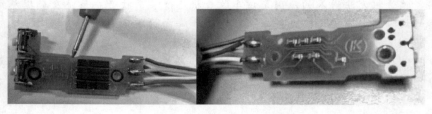

图 9-112　实车中该开关各连接导线

表 9-16 J527 转向柱控制单元对应脚排列情况及导线颜色

针脚	1	2	3	4	5～9	10
颜色	蓝	白	绿	红	—	黄

【故障排除】

判断巡航控制开关的好坏只需按照上述所列表格测出相对应的阻值即可（可参照电阻背面所标注的阻值）。在检测中发现绿色导线中铜芯线断裂，为了便于查看，将断裂处皮套切断，如图 9-113 所示。

图 9-113 导线断裂

将该线束修复后故障排除。路试时 GRA 开关数据流的对比如图 9-114～图 9-118 所示。

图 9-114 GRA 开关数据流 1　　　　图 9-115 GRA 开关数据流 2

图 9-116 GRA 开关数据流 3　　　　图 9-117 GRA 开关数据流 4

图 9-118 GRA 开关数据流 5

案例 6：大众迈腾雨量传感器故障

【故障现象】

一辆大众迈腾 1.8TSI 轿车，搭载 BYJ 发动机，行驶里程为 10 万千米。用户反映该车雨刮器没有自动挡。

【故障分析】

维修人员试车，发现该车的雨刮器在其他挡位工作正常。检测车身控制单元，没有故障码。往风挡玻璃上淋水后，雨量传感器所给出的数据变化不大。雨量传感器的雨量等级分为0～7，在大量淋水的情况下，等级仅从0变为1，说明故障原因是雨量不足以使雨刮器开始工作。

观察雨量传感器，并与正常车雨量传感器对比，发现故障车雨量和光照识别传感器光学元件透光性较差，如图9-119所示。结合雨量传感器数据异常的现象，怀疑其光学部分有问题。仔细观察前风挡玻璃，发现该车辆曾贴过太阳膜，问题可能由此引起。分析认为可能是贴膜时喷洒的洗涤液流进了传感器。

将正常车雨量传感器的导线分别与故障车雨量传感器的导线并联，并将2辆车的雨刮开关都放在自动位置。打开点火开关后向正常车风挡玻璃上淋水，此时，2辆车的雨刮开始同时工作，说明问题就出在传感器上。

【故障排除】

更换雨量传感器，故障排除。

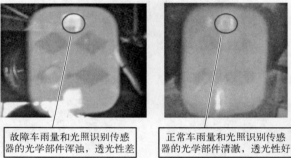

图 9-119　敏感元件处的透光性对比

第十章

新能源汽车及智能网联汽车传感器

第一节 新能源汽车传感器

一、驱动电机绕组温度传感器

驱动电机绕组温度传感器用于检测电机绕组温度信息，并提供给驱动电机控制器，再由驱动电机控制器通过 CAN 线传给整车控制器（VCU），VCU 根据电机温度信号做出相应控制策略，如冷却系统的大小循环控制、冷却系统风扇的低速控制、电机的过温保护策略。某车型驱动电机采用 PT1000 型铂热电阻，它的阻值会随着温度的变化而改变，如图 10-1 所示。

（1）电机温度保护　当控制器监测到驱动电机绕组温度传感器显示：120℃≤温度<140℃时，降功率运行；温度≥140℃时，降功率至 0，即停机。

（2）控制器温度保护　当控制器监测到散热基板温度≥85℃时，超温保护，即停机。当控制器监测到散热基板为 85℃≥温度≥75℃时，降功运行。

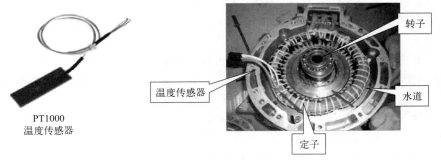

图 10-1　驱动电机绕组温度传感器

1. 驱动电机绕组温度传感器阻值测量

① 如图 10-2 所示为驱动电机绕组温度传感器接插件（黑色），检测前用手指压紧接插件母端两侧的卡扣，稍用力即可拔出母端接插件，确认插件内部情况。

② 温度传感器引脚定义如图 10-3 所示，3、6 脚为温度传感器，其余为空脚；使用温度传感器接插件母端作为简易工装，对准防错槽装配到电机绕组温度传感器接插件上，听到卡扣"咔"一声，表示接插件装配到位；若无工装，可直接测量引脚。

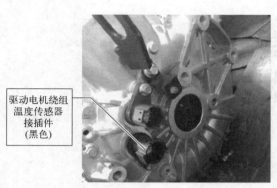

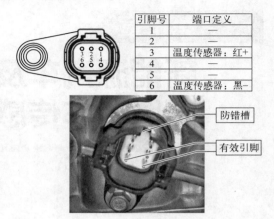

引脚号	端口定义
1	—
2	—
3	温度传感器：红+
4	—
5	—
6	温度传感器：黑-

驱动电机绕组温度传感器接插件（黑色）

防错槽
有效引脚

图 10-2   驱动电机绕组温度传感器接插件   图 10-3   温度传感器引脚定义

③ 将万用表调至电阻挡，在常温下使用测试探头多次测量驱动电机绕组温度传感器有效引脚阻值，并记录数据。

判断标准：-10～50℃时，阻值为 30.84～604.5kΩ。

注意：判断驱动电机绕组温度传感器阻值是否正常时，请在电机冷却后测量。

2. 驱动电机绕组温度传感器对机壳绝缘测量

① 将绝缘测试设备、器具选项调整至 500V 电压（无 500V 电压情况下需选择设备最大电压选项）。

② 从温度传感器的有效引脚引出 2 根引出线，并拧成一股，将仪表一端接拧成一股的温度传感器引出线，另一端接机壳任意裸露处；若无工装，可用导线将引脚引出，拧成一股后，使用测试探头测试引出线与机壳之间的绝缘。

③ 启动测试设备，待显示阻值稳定后，读取测试数据并完成记录。

判断标准：常温下直流电压 500V，通电时间 10s，绝缘阻值大于 50MΩ。

注意：此步骤需对不同处进行 3 次以上测量。

3. 驱动电机绕组温度传感器对三相绕组绝缘测量

① 将绝缘测试设备、器具选项调整至 500V 电压（无 500V 电压情况下需选择设备最大电压选项）。

② 从温度传感器的有效引脚引出 2 根引出线，并拧成一股，将仪表测一端接拧成一股的温度传感器引出线，另一端接 ABC 三相任意一相；若无工装，可用导线将引脚引出，拧成一股后，使用测试探头测试引出线与三相线之间的绝缘。

③ 启动测试设备，待显示阻值稳定后，读取测试数据并完成记录。

判断标准：常温下直流电压 500V，通电时间 10s，绝缘阻值大于 20MΩ。

注意：此步骤需对不同处进行 3 次以上测量。

二、驱动电机旋转变压器

1. 旋转变压器的结构

旋转变压器是一种电磁式传感器，又称同步分解器。它是一种测量角度用的小型交流电机，用于测量旋转物体的转轴角位移和角速度，旋转变压器用以检测电机转子位置，控制器解码后可以获知电机转速，如图 10-4 所示。旋转变压器的实物如图 10-5 所示。

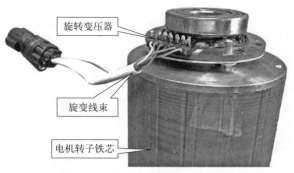

旋转变压器用于运动伺服控制体系统中，作为角度位置的传感器和测量用。磁阻式旋转变压器的励磁绕组和输出绕组放在同一套定子槽内，固定不动。但励磁绕组和输出绕组的形式不一样，两相绕组输出信号，仍然应是随转角作正弦变化、彼此相差90°电角度的电信号。转子磁极形状作特殊设计，使得气隙磁场近似于正弦形。转子形状的设计也必须满足所要求极数。可以看出，转子的形状决定了极数和气隙磁场形状。

图 10-4　旋转变压器的安装位置

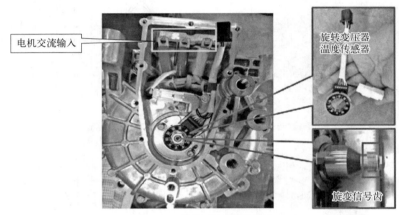

图 10-5　旋转变压器的实物

2. 旋转变压器的工作原理

旋转变压器的工作原理和普通变压器基本相似，区别在于普通变压器的一次、二次绕组是相对固定的，所以输出电压和输入电压之比是常数。而旋转变压器的一次、二次绕组随转子的角位移发生相对位置的改变，因而其输出电压的大小随转子角位移而发生变化，输出绕组的电压幅值与转子转角成正弦、余弦函数关系，或保持某一比例关系。其中定子绕组作为变压器的一次侧，接受励磁电压。转子绕组作为变压器的二次侧，通过电磁耦合得到感应电压。旋转变压器的结构如图 10-6 所示。一次侧作为转子，二次侧作为定子。随着两者相对角度的变化，在输出侧就可以得到幅值变化的波形。旋转变压器输出信号幅值随位置变化而变化，但频率不变。

旋转变压器的转动位置与输出电压的关系如图 10-7 所示。图 10-7（a）所示为在两线圈夹角为 0°时，输出电压的大小与输入电压的大小基本相同，频率也相同。图 10-7（b）所示为在两线圈夹角为 90°时，输出电压与输入电压相差最大，输出电压为 0。图 10-7（c）所示为在两线圈夹角为 0°～90°范围内时，输出电压小于输入电压但大于 0。图 10-7（d）所示为在两线圈相位差为 180°时，输出电压与输入电压相同，方向相反。

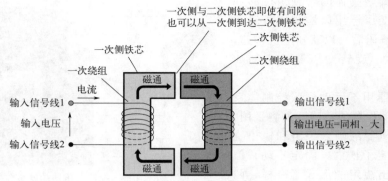

图 10-6　旋转变压器的结构

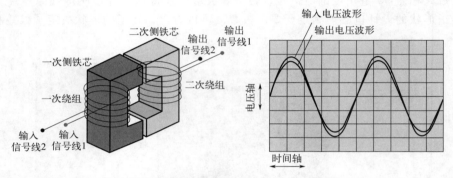

(a) 在两线圈夹角为0°时输出电压与输入电压的关系

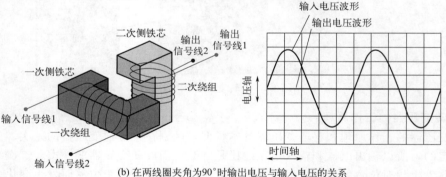

(b) 在两线圈夹角为90°时输出电压与输入电压的关系

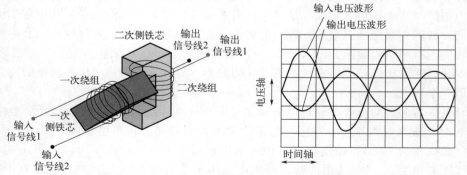

(c) 在两线圈夹角为0°～90°范围时输出电压与输入电压的关系

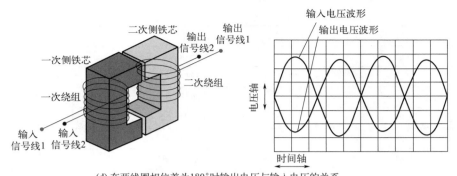

(d) 在两线圈相位差为180°时输出电压与输入电压的关系

图 10-7 旋转变压器的转动位置与输出电压的关系

3. 旋转变压器电路故障与排除

在电机与控制器低压线束连接正确时，如果旋转变压器出现故障，一般分为两种情况：一种是旋转变压器本身故障；另一种为控制器旋转变压器解码电路故障。不管是哪一种故障，都将会导致电机系统无法启动或转矩输出偏小。

检查电机旋转变压器是否损坏。首先检查电机控制器与电机连接低压线束无退针与虚接现象，检查电机控制器低压控制插件 12V 供电是否正常。

（1）检查线路的通断　旋转变压器电路与插接器如图 10-8 所示。脱开电机控制器插头，测量电机旋转变压器插头 35 的针脚至电机控制器针脚 19 针之间导线是否出现断路/短路情况。旋转变压器端子含义见表 10-1。

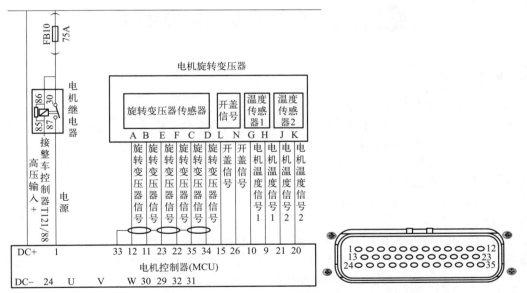

图 10-8 旋转变压器电路与插接器

表 10-1 旋转变压器端子含义

端子序号	含义	对应接口
12	激励绕组 R_1	电机旋转变压器接口
11	激励绕组 R_2	

续表

端子序号	含义	对应接口
35	余弦绕组 S_1	
34	余弦绕组 S_3	电机旋转变压器接口
23	正弦绕组 S_2	
22	正弦绕组 S_4	
33	屏蔽层	
24	12V_GND	控制电源接口
1	12V+	

（2）检查励磁绕组的电压　检查励磁绕组的电压，打开点火开关 ON 挡，测量插件端应有 3～3.5V 的交流电压。

（3）检查线圈的电阻值　用万用表测量电机旋转变压器传感器的阻值，正确的线圈阻值如下。

① 正弦绕组阻值：拔下插件测量传感器端子应有（60±10）Ω 电阻。

② 余弦绕组阻值：拔下插件测量传感器端子应有（60±10）Ω 电阻。

③ 励磁绕组阻值：拔下插件测量传感器端子应有（60±10）Ω 电阻。

若线圈的阻值超出正常范围，需更换旋转变压器。若阻值正常，则可能是控制器内部旋转变压器解码电路故障，需更换控制器主控板。

第二节　智能网联汽车传感器

一、视觉传感器

1. 视觉传感器的结构和原理

在汽车智能驾驶中，通过不同焦距和不同仰角的多个单目摄像头，可以获得不同位置的交通标志、信号灯和各种道路标志的检测及识别能力。例如，在长焦摄像头的成像中，100m 处的交通灯足够大，100m 处的交通标志上的数字也清晰可见。而在短焦距摄像头的成像中，100m 处的交通标志上的数字是完全不清楚的，但是能够获得近距离更广范围的环境信息。因此多个单目视觉传感器的组合方案在智能网联汽车领域也得到了广泛的应用，如图 10-9 所示。

智能网联汽车中使用的图像处理方法主要来源于计算机视觉中的图像处理技术。视觉传感器将通过数字化的图像对环境信息编码，编码的目的是使信息可以被计算机处理。典型的图像编码格式有灰度、RGB、CMYK 等，根据颜色编码、图像属性、分辨率、压缩方式等特征，一些标准的图像格式如 BMP、JPG（JPEG）、PNG、TIF、GIF、PCX、TGA、EXIF、FXP 等被定义，用于标准化和结构化图像的存储，以及在网络、各类操作系统和算法中的传播与使用图像，如图 10-10 所示。

图 10-9　多个单目视觉传感器

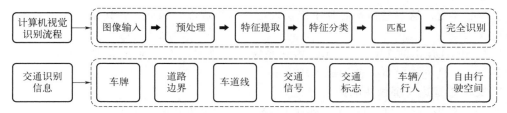

图 10-10　视觉传感器处理方法

2. 双目摄像头的标定

① 连接摄像头。

② 在 AGX Linux 系统中，按下 Ctrl＋Alt＋T 键进入终端，在终端中进入程序目录，进行标定程序："calib-i 摄像头 id-grid 8x11"，每个环规摄像头采集标定板至少三个不同位置的图片，如图 10-11 所示。

③ 摄像头矫正，执行"undistort 摄像头 id"，自动显示修正后的图片。

④ 文件重命名，在 calibration_results 文件夹下，0 号重命名为 left，1 号重命名为 front，2 号重命名为 back，3 号重命名为 right。

图 10-11　采集标定不同位置的图片

二、毫米波雷达

1. 毫米波雷达的结构和原理

毫米波雷达是通过发射和接收无线电波来测量车辆与车辆之间的距离、角度和相对速度的装置。毫米波是指长度为 1～10mm 的电磁波，毫米波的频带频率高于射频，低于可见光和红外线，相应的频率范围为 30～300GHz。目前，毫米波段有 24GHz、60GHz、77GHz、120GHz，其中 24GHz 和 77GHz 用于汽车。24GHz 主要用于 5～70m 的中、短程检测，主要用于盲点监测系统（BSD）、车道偏离预警系统（LDW）、车道保持辅助系统（LKA）、变道辅助系统（LCA）、泊车辅助系统（PA），77GHz 主要用于 100～250m 的中、远程检测，如自适应巡航控制系统（ACC）、前方碰撞预警系统（FCW）、自动紧急制动系统（AEB）等。

毫米波雷达系统主要包括天线、收发系统、信号处理系统等，其结构如图 10-12 所示。印制电路板是毫米波雷达的硬件核心。其中，收发芯片通常使用一种特殊的半导体，如

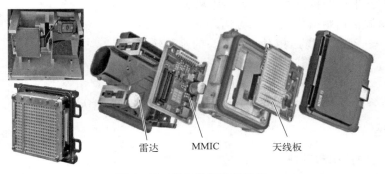

图 10-12　毫米波雷达的结构

硅锗双极晶体管。这些硅锗基芯片不能实现更高的集成度，因此，雷达系统通常需要多个芯片和外围设备。

基于 SIGE 技术的 77GHz 毫米波雷达系统可以满足汽车的应用需求，但它占用了大量的板空间，而且价格昂贵，使用成本较高。

2. 毫米波雷达与摄像头的融合标定

① 将毫米波雷达、单目摄像头连接 CAN 卡和计算机，调用标定软件。

② 将标定物置于位置 1，横向距离不大于 ±5m，纵向距离不小于 3m。

③ 利用标定软件粗调用卷尺测量 X、Y、Z，用角度测量仪测量 α（YAW）、β（ROLL）、γ（PITCH），摄像头与毫米波雷达坐标系各方向相同时（α、β、γ 的值均为 0），毫米波雷达的 6 个外参标定参数（X、Y、Z、m_1、m_2、m_3），直至毫米波雷达对于标定物检测点的识别点，能够出现在单目摄像头的视野范围之内。

④ 利用调试软件细调毫米波雷达的 6 个外参标定参数，直至毫米波雷达对于标定物检测点的识别点，单目摄像头的标定物，两者重合。

⑤ 读取点 1 的数据，并记录。

⑥ 将标定物置于位置 2，验证毫米波雷达对于标定物的检测点对于标定物识别点，单目摄像头的标定物，三者是否已经重合。

⑦ 若第⑥步骤满足重合，读取点 2 的数据；若第⑥步骤不满足重合，则返回第④步骤。

⑧ 通过三次不同位置的位置点调试，均重合后完成标定，如图 10-13 所示。

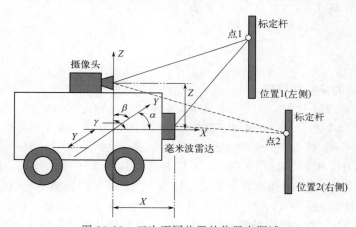

图 10-13   三次不同位置的位置点调试

X——毫米波雷达距摄像头的 X 方向距离。

Y——毫米波雷达距摄像头的 Y 方向距离。

Z——毫米波雷达距摄像头的 Z 方向距离。

α（YAW）——毫米波雷达相对于摄像头的水平转角度。

β（ROLL）——毫米波雷达相对于摄像头的翻滚角度。

γ（PITCH）——毫米波雷达相对于摄像头的俯仰角度。

$m_1 = \cos\beta\cos\gamma$；$m_2 = \sin\alpha\sin\beta\sin\gamma + \cos\alpha\cos\gamma$；$m_3 = \cos\alpha\cos\beta$。

三、激光雷达

1. 激光雷达的结构和原理

激光雷达（LiDAR）是集激光、全球定位系统（GPS）和惯性测量装置（IMU）三大技术为一体的系统，如图 10-14 所示。

激光雷达通过发射激光光束来扫描环境，并接收反射回来的光束获取检测数据，利用飞行时间测量法获取激光发射器到物体的距离，其原理如图 10-15 所示：激光雷达中的激光发射器在时间 1 发射出一束超短激光脉冲；激光投射到物体上后发生漫反射，激光接收器在时间 2 接收反射回来的激光脉冲；通过激光光束（以光速传播）的飞行时间和光速，准确计算出目标物体到激光雷达的距离。

图 10-14　激光雷达

实际应用中，激光雷达通过机械、电子等处理方式控制激光光束，实现多条光束对环境的扫描，产生的检测数据经过处理可以获得环境中物体的点云，用于实现对环境精确的三维测量。

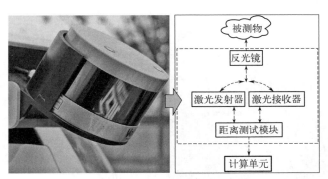

图 10-15　激光测量原理

激光雷达利用点和线段特征来描述环境；提取出当前时刻的点或线段特征，与已知地图进行匹配，从而得到车辆的位姿估计。这种方法需要建立环境的地图，并在已知地图的基础上进行定位，解决对环境地图的描述和地图自动生成的问题、环境地图的匹配问题以及定位的精度问题。

在无人驾驶系统中，为了实现障碍物的检测，常用的传感器有双目立体相机、激光雷达等。相比于双目立体相机，激光雷达在深度信息的准确性以及检测范围上要更为出色。

2. 激光雷达的标定

① 激光雷达标定可以参考红色点云图与实际周围环境进行比较。

② 如发现偏移角度的问题可以在上位机界面-Test-参数设置中进行修改。

激光雷达角度调整时和默认值进行比较，大于默认值则逆时针旋转，小于默认值则顺时针旋转。

四、惯性导航系统

全球导航卫星系统是应用最广泛的定位系统，它使用方便，成本低，定位精度可达到 5m。然而，定位导航系统的应用也面临着易受干扰、动态环境可靠性差、数据输出频率低、高层建筑卫星信号闭塞等问题。如果将卫星定位导航和惯性导航系统结合起来，两个导航系统可以相互补充，形成一个有机的整体，如图 10-16 和图 10-17 所示。

惯性导航系统（INS）是利用惯性测量单元（IMU）的角度和加速度信息来计算载体的相对位置的一种定位技术。IMU 利用陀螺仪或加速度传感器等惯性传感器的参考方向和初始位置信息来确定载体位置。惯性导航涉及力学、控制理论、计算机技术、测试技术、精密机械技术等，是一门综合性很强的应用技术。

典型的六轴 IMU 由六个传感器组成，这些传感器排列在三个正交轴上，每根轴上都有一个加速度计和一个陀螺仪。加速度计可以测量载体的瞬时加速度信息，根据计算获得载体的瞬时速度和位置；陀螺仪可以测量瞬时角速率或角位置信息，提供各轴（及其上加速度

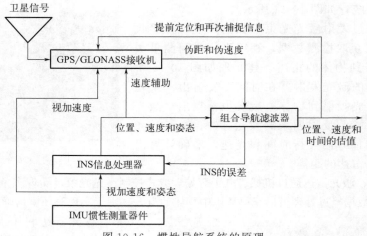

图 10-16　惯性导航系统的原理

图 10-17　惯性导航系统的构成

计）在各时刻的方向。

　　基于上述过程，空间载体的瞬时运动参数，包括直线运动和角运动参数，可以由 IMU 测量得到。惯性导航可以利用这些测量值来计算载体的空间位置和速度，并且通过 IMU 提供的三轴角速度数据，估计车辆姿态，如侧倾、俯仰和航向等，如图 10-18 所示。

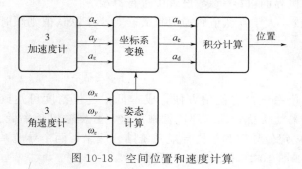

图 10-18　空间位置和速度计算

　　常用的微机电系统（MEMS）加速度传感器，根据加工工艺，可分为块状硅微加速度传感器和表面工艺微加速度传感器；根据不同的测量原理，可分为压阻式、压电式、隧道式、电容式和热式。MEMS 加速度传感器在车辆稳定性控制系统中早已得到普遍应用，在智能网联汽车惯性导航领域，也是重要的传感器之一。

　　智能网联汽车的导航系统，在高精度地图、高精度定位的基础上，充分利用高精度地图提供的静态、准静态甚至动态道路信息，利用车载传感器获取的动态信息，通过更加智能、精确、丰富信息的路径规划算法，为自动驾驶的实现提供道路指引。